余純順孤身徒步走西藏

余純順　著

余純順孤身徒步走西藏

作者：余純順

出版：天地圖書有限公司

香港皇后大道東109～115號智群商業中心十三字樓
電話：2528 3671　　圖文傳真：2865 2609
香港灣仔莊士敦道三十號地庫（門市部）
電話：2528 3605　2865 0708　　圖文傳真：2861 1541

承印：亨泰印刷有限公司

香港柴灣利眾街27號德景工業大廈十字樓
電話：2896 3687　　圖文傳真：2558 1902

發行：利通圖書有限公司（港澳）

九龍紅磡民裕街41號凱旋工商中心8樓C
電話：2303 1010（13線）　　圖文傳真：2764 1310

雅魯藏布江邊渡人之「牛皮筏」

江孜「抗英炮台」

在滇藏路最後一座高山──紅拉山下

露宿前抓緊時間記當天日記

在西藏隨處可見的瑪尼堆上的石刻及牛、羊角

在拉薩布達拉宮前

翻越喀喇昆侖山

左側挽余純順者為在獅泉河鎮贊助1752元的藏族女子嘎珍

在阿里崗仁波欽「神山」前（右後側為「神山」山頂）

在日喀則札什倫布
寺前留影

抵拉薩查閱西藏資料

余純順徒步行走的英姿

目錄

序

余秋雨

探險家終於倒在了羅布泊。正如他預言的，倒下時面對着東方，面對着上海。

此時此刻，我正在聽他的一個錄音，那是一個月前他與上海大學生的談話。他分明在説：歐洲近代的發展，與一大批探險家分不開，他們發現了大量被中世紀埋没的文明。在中國，則漢有張騫，唐有玄奘……現在，世界上走得最遠的是阿根廷的托馬斯先生，而他已經年老。中國人應該超過這個紀錄，這個任務由我來完成。……走在有的路段，每分鐘都可能死亡，但死亡不算甚麼，八年前的我早已死亡，走了八年，倒是從無知走向充實，從浮躁走向穩重，從淺薄走向高尚。重要的不是結果，而是過程，因此，在那遠天之下，有我遲早要去的地方……

——聽着這些語言我十分驚訝，一個長年孤獨地跋涉在荒漠野嶺間的靈魂，怎麼會馱載着這般見識、這般情懷！他究竟應該算是甚麼樣的人呢？

大地自有公論。據我所知，他早已獲得了一個尊稱。不管在哪兒，他聽到最多的聲音是："請停一停，壯士！"直到沙丘上那塊紀念木牌，仍然毫不猶豫地重複了這個古老的稱呼：壯士。

壯士，能被素昧平生的遠近同胞齊聲呼喊的壯士，久違矣。

與一般的成功者不同，壯士絕不急功近利，而把生命慷慨地投向一種精神追求。以街市間的慣性眼光去看，他們的行為很不符合普通生活的邏輯常規，但正因爲如此，他們也就以一種強烈的稀有方式提醒着人類超越尋常、體驗生命、回歸本真。奧運健兒的極限性拚搏也是一種提醒，而始終無視生死邊界的探險壯士則更是提醒我們作爲一個人有可能達到的從肢體到心靈的雙重強健，強健到超塵脫俗，強健到無牽無掛，強健到無愧於紗紗祖先，茫茫山川。壯士不必多，也不會多，他們無意叫人追隨，卻總是讓人震動。正如電視上那位新疆女司機說的：看着這個上海人的背影，心想，以前自己遇到的困難都不能叫困難了。

但是，"這個上海人"也有一點小小的苦惱："一路上很多人都不相信我是上海人，甚至硬要我說一句上海話作爲測試，因爲上海話很難冒充。"——爲此，上海人很難說甚麼，大家只記得紀錄片裏他與上海電視台的記者告別，彼此用的是上海話。餘音剛剛散盡，背影已飄浮進沙海，不再回歸。

好在探險家留下了許多作品，他的身影，他的目光，他的發現，他的驚喜，他急於要把眼前的罕見景象留下來呈示給人們的熱忱，都能在這些作品中找到。這是一個寂寞者寄給喧鬧世界的一份厚禮，這是一個遠行者交給自己家鄉的一筆遺產，當然，這也是今天的探險家遠比張騫、玄奘們幸運的地方，是壯士的另一種回歸。不久前當他的攝影作品在上海展出的時候，展覽館中曾出現過空前的轟動，成千上萬的上海人摩肩接踵，瞻仰着這位既熟悉又陌生的同鄉人遺留在遙遠異鄉的風采，這個熱鬧景象實在讓人欣慰。本文前部份文字，曾作爲那個展覽的序言刊出，現在他的遺著即將由上海文藝出版社及香港天地圖書有限公司出版，且略加數語，移作該書序言，再一次表達我對探險家的景仰。

一九九六年八月二十三日

第一章　挺進川藏路

1. 青藏高原，我來了！

一九九一年春，也就是我"孤身徒步壯行全中國"的第四個年頭，我由陝西翻越秦嶺進入四川成都。這時，我感覺到一個"偉大的時刻"即將來臨了。

記得兒時，曾看過一場名叫《五彩路》的電影，講述了幾位藏族少年，渴望由川藏路前往北京的動人故事。影片中展示了被稱爲"世界第三極"的青藏高原的壯美風光：那神秘蒼涼的氛圍，那高聳入雲的雪山，那遼闊無垠的大草原……深深地打動了我兒時的心扉，並就此埋伏下了我遲早要去那個遙遠地方的願望。

雄踞於偉大祖國西部的青藏高原，以其獨特的地理環境和民族文化著稱於世；是我們這個星球上，迄今尚未完全被人類探索清其底蘊的最後幾個地區中的一個。從本世紀初起，它的神秘面紗才逐步被人們揭開，不過，也僅僅是揭開了一個角而已。隨着我國"改革"開放的步伐加快，前往青藏旅行、探險的海內外人士愈益增多，聖城——拉薩便不約而同地成了人們注目的熱點，人們有的從空中去，有的從陸路去；或騎車，或步行，不一而足。

由內地到拉薩的陸路一般有五條，這就是聞名於世的被稱為"天塹"和"生命禁區"的川藏、青藏、新藏、滇藏和中尼公路。坐車、騎車或步行進藏的人們往往選其中的一至二條往返於青藏內外。還從沒有一個旅行家或探險家能步行將這五條"天險"全走下來。換句話說，也就是至今還無一人將青藏高原全方位徒步走下來。

世界上所有值得一做的事，都應該有人去做。我們人類就是靠了這種頑強不懈的探索和創造精神，才得以生存、發展下去的。兒時的夙願和"壯行全中國"的需要，使我決定應該由我去完成這個任務。這是一個破天荒的十分大膽的計劃。計劃所具有的內涵和將會產生的影響對我極具吸引力，我無法抗拒這一誘惑。這也就是我抵達成都時，會感覺到是一個"偉大時刻"即將到來的緣故。我喜歡迎接挑戰，尤其樂意和注重幹別人尚未幹過的事。古往今來，已經有無數傑出人物在探索未知領域的過程中，留下輝煌的腳印。時至今日，就連南極也響起了人類文明、進步的足音，剩下的機會已不多了。

在抵成都前，我都是身負背囊浪跡四方的。考慮到進藏途中的山高路險、人煙稀疏、野獸出沒無常等情況，我必須帶上足夠的裝備，以增強自己的食、宿及防衛能力。然而，這些裝備不是一個背囊所能裝下的。為此，我請求上海方面給我做了一輛手推車，由我父親隨長江輪運往重慶。遺憾的是，設計這輛車的人可能從未出過遠門，以為推車跋涉在海拔平均四五千米的高原上，如同在上海灘的柏油路面上一樣悠閒。在我向青藏高原挺進之前，就已非常無奈地提前為那輛車安排了"後事"。幾天以後，我又有了一輛當地贊助的新車，我給它取名爲"中華奮進號"。至此，進藏工作已基本準備就緒。根據季節和行進計劃的需要，我選擇川藏路爲進藏的"突破口"。我的安排還算得上週密，風格也十分鮮明，即由川藏路進藏抵拉薩後，由青藏路出；又由新藏路進藏，第二次抵拉薩後，再由滇藏路出；最後走中尼路。既嚴格按照這五條"天塹"的路線走，又同時考察青藏全境，並且訪問完該地區的所有少數民族。我必須成爲不僅要走完全中國，又同時是全世界第一個孤身徒步壯行完青藏全境，以及走完五條"天塹"全程的人。雖然這一計劃前途未卜，常要"與死神爲侶"，然而我始終充滿自信。

一九九一年四月十三日十七時，挺進青藏高原的號角吹響了。我於成都青羊宮蓋上了進藏的第一枚取證郵戳後，前往川藏路"零公里"碑處。在那裏，焦雪蓮小姐，及成都的愛國人士曾慶明先生爲我舉行了簡樸的壯行儀式：美酒代表了祝願，膠片留下了那激動人心的時刻。十八時，我揮淚向陪同我一起融入這一歷史時刻的兩位友人告別，心中默念着："青藏高原，我來了！"推着"中華奮進號"，開始向青藏高原挺進……

2. 遇楊孝玉、王洪母子

第一天的下午，僅走了三十六華里。第一站於十九時四十分停歇於雙流縣城。是夜，想起兒時的夙願終於能於二十餘年後的今日得以實施，心裏久久不能平靜。

次日九時，繼續前進。出成都西，仍走在土地肥庶、物產豐美的成都平原。當地人習慣將這片地區叫作"川西壩子"。四川也是個多山嶺的省份。此地則是蜀地少有的平坦地帶。此時的氣候也十分怡人，田地碧綠和金黃相間，四野香氣撲鼻，彩蝶飛舞，實在是趕路的好時機。然我心裏明白，這個"好景"不會長久。再往前一二百里，到了雅安、天全一帶，地勢便會明顯上升，人煙也會逐漸稀少，至於二郎山、東達山一帶的積雪是否已化，亦不得而知。

這日十八時五十分，經新津縣花橋鎮，二十時十分抵新津縣城住下。行程四十四華里。

第三天，即一九九一年四月十五日，多雲。剛出新津縣城，路況便不如成都至新津這一段平整、寬闊。已能明顯感覺到路面在逐漸提高。邛崍人的口音已不同於成都。在途中一小鎮買得六十響電光炮二十盒，賴以進藏途中防狼。據說，狼很怕此物發出的奇異響聲。一盒對付一次，估計二十盒或能堅持到拉薩。倘若二十盒用完，還有狼來，那就夠我忙的了。

已不斷有人向我提到前方二郎山的險峻，他們一致認爲我推着"中華奮進號"過不了二郎山。談虎者色變。然深受騎士風度之"害"、浪漫情調貫徹一生的我仍不以爲然。心裏堅信：我必定能翻越二郎山，連同我的車。

但人們的警告也使我産生幾分警覺。第四天在邛崍縣城我決定停止前進一天，前往邛崍縣交通局，請求提供一張川藏路詳圖。該局的工作人員倒是很支持，翻遍所有箱櫃後答曰：沒有。經交通局推薦，又前往駐縣某炮團，又未果。他們明確告示我："軍用地圖是有的。但你又不打仗。"我認爲可以理解。人要知趣，便不再强求。

那日下午，我前往位於該縣城的"文君公園"，參觀被譽爲"千古美談"的、據說是司馬相如和卓文君生活過的地方。據傳，園內那口保存完好的"文君井"，就是這兩位敢於衝破封建禮教的漢代青年當時當壚掌勺時汲過水的。

出得公園，在"文君街"遇一在臨街屋面設攤的熟知"周易"、"八卦"之女士。興許是見我"來者不凡"，提出要免費替我測算。結果一再告曰："命凶。"囑我改名。（哥們至今未改。）

在此後幾天裏，常逢雨天。我照常行路，至第十天，已進入位於天全縣的山區。地勢不斷抬高，坡陡彎急。推車已十分吃力，整日大汗淋漓、氣喘吁吁。過多處泥石流、"飛石"易發地區。路人警告：前不久，夜雨中，有泥石流將山坡邊一正在夢鄉中的全家老小悉數"活埋"。險崖上"飛石"落下，將正巧途經崖下的客車中人砸成死、傷。

途中，天全縣城五位高中生追至二十里外，邀我合影留念。

是夜，於大雨中堅持走至天全縣長河壩，宿長河壩私家食宿店。山區雨夜，陰冷無比。店主楊孝玉、王洪母子見我已類"落湯雞"，趕緊升火給我取暖，並替我烘乾衣褲。

此時距二郎山僅十三公里了。

3. 雨阻天全山區

得到了店主楊孝玉、王洪母子的善待，烘乾了衣褲，也幸免了感冒。但不曾料想，接踵而來的便是受阻於這不起眼的小山村三日。雖每夜起看蒼穹，至晨頻觀天庭，而迎來的，偏是持續的雨天。

着急也於事無補，權且在客舍內翻看些資料，等待老天爺的重新安排。

第二日下午，便有幾位山民冒雨前來拜訪。

天全山區，地處偏遠，除一條川藏路勉強從此間通過外，同外界的聯繫實在不多。山民們倒不失幽默，他們戲稱自己所生活的地方爲"老山前線"。山民們也耐不得寂寞，稍有來自異地他鄉的人，消息便會不脛而走，彼此開始串門。

雨愈下愈大，從窗内望出去，山嶺間如同掛起了一幅巨大的雨簾。

山民們將我團團圍在燃木炭的火盆旁。看得出，他們除了好奇外，其實是想讓我將"外邊的事"匀一點給他們聽聽。當然，雨天中，無事可幹，借聊天，也可打發時日。

山民們性格單純、樸實。聞喜，則形於色；聞憂，隨即會發出幾聲悲天憫人式的感嘆。

問他們，因何來此深山？答曰：大多於舊時爲避戰亂、私仇、災荒而來此。已歷幾代。

他們對自己的生存環境，沒有太多的抱怨。

山民們對我的"壯行全中國"之舉一律口中嘖嘖，臉部表情驚奇。但對於我居然想推車翻越二郎山，則不敢恭維。至於最終是否能安全抵達拉薩，更無一人敢持肯定態度。

在他們的觀念中，西去幾千里的那個叫拉薩的地方，是非常遙遠和難以企及的。

山民們介紹的情況，同資料中所載的一樣：二郎山，爲由蜀地入藏的第一座高山，海拔在三千米左右，相對高度落差大、坡陡、路險，均是它的特點。南坡山區是著名的"雨帶"，年均雨日三百天。山下小雨，山上則必定大雨或下雪。即便在晴天，翻車，死傷事故也常年不斷，故歷來被視爲川藏路東段之畏途。近年來，爲減少事故率，路政當局不得不採取定時、定量、單線放行的措施。

第三日上午，前方傳來消息：又有一輛個體車從二郎山南坡翻入山下的青衣江，兩名十九歲青年司機同時遇難。原因，自不待言。

楊孝玉、王洪母子聞訊後，一再勸我：不如將車寄存在他們家裹，輕裝前進。他們認爲：空身過山尚且很艱險，何談再拖一輛連自重加物品共達三百餘斤的車。

我明白他們的擔心不無道理。但如果捨棄 " 中華奮進號 " 不用，則我的那些準備應付茫茫高原的裝備，將何以同行？

下午，風光了幾天的雨突然停了。陽光從雲層內透射到山嶺間，長河壩一帶頓時變得清新而又溫暖。在陰冷的木屋裹龜縮了幾天的我，忙歡喜地跑出戶外……

一陣樹枝被攀援後發出的聲響，吸引了我的視線。只見，距食宿店屋後僅數十米的山崖上氣氛活躍。原來是一大群猴子，在密林間跳來跳去地戲耍，還不時發出嬉鬧的叫聲。

又見一些灰白色點在另一邊慢慢移動。凝目細看，原來是幾隻野岩羊，在坡度幾乎筆直的山崖壁側覓食。

這樣一個場面，讓我看得驚呆。雨後的長河壩，竟有這般景象！

那麼，那雨中的日子，這些小傢伙又在哪裏尋食呢？

晚上，夜空中繁星滿綴。我告訴楊孝玉、王洪母子：明日將繼續前進。幾日來，已同我難捨難分的十七歲少年王洪，乍聽此語，頓時面孔變色。

當我在夜空下的山澗邊獨坐時，王洪找到我，在我身邊坐下，將一張紙放在我手掌心。打開手電看時，原來是一張面值一百美元的紙幣。那少年迅即離去，對我説： " 明天，我幫你將車推過山去。 "

我回到屋裏。王洪的母親正在將煮熟了的帶殼的雞蛋往我的包裹放。

我問她： " 王洪給我的錢和他的決定，你都知道嗎？ "

她道："知道。那錢是他舅父返大陸探親時，送給他買摩托車的。他說你比他更需要。另外，你一個人是過不了山去的。"

我沒有再說甚麼。幾天來，囊中羞澀的我，早已被他們母子倆看破；而有關橫亘在前方的那座險峻高山的情況，他們要比我知道得多。

呵！這離繁華如此遠的大山，竟孕育出了距俠義如此近的人民。

許多年來，我一直在苦苦尋找的人與人之間的那種樸實真摯的情感，在這個地方，竟儲存得那樣的充分！

4. 翻越二郎山

翌日清晨我早早起來。因雨阻於二郎山南麓已三天四夜。我知道，必須抓住今日這難得的有利時機，爭取翻抵二郎山頂，這是最低限度。設若再連續來幾個雨天，恐怕我也會像當年伍子胥過昭關一樣——頭髮熬白在這進藏的第一座大山前。

出發前，我將一些可帶可不帶的物品悉數送給了店主母子倆。盡可能減輕份量，算不上回報。王洪則是"減"不下來了。儘管我再三謝絕，但這位少年郎要送我過山的決心已定。

僅僅過了幾個小時，事實便證明，幸虧有他這樣的決心。

八時正，始離長河壩。在岔路口，王洪的母親一再叮囑道："千萬要小心啊！萬一過不去，就返回來！"

我還在表示"最後的感激"，那少年郎已將車推出老遠。

十一時，抵天全縣的一個叫新溝的小鎮。這裏就是二郎山"真正的山腳"。我在小鎮的郵局蓋上取證郵戳後，迅即上山。上山時，我在前面拖，王洪則在車後助力。

南坡爲砂土路。前面十餘里，地勢稍平緩，至黃泥崗後，地勢開始大上。

黃泥崗，是南坡出名的險區。山路盤旋而上，並且總有一側晾出懸崖來。我們經過時，正有一群死者家屬在那裏會同幾個山民談判。他們意欲打撈前兩天出事的那兩名青年司機的屍骸。價碼是，只要將屍骸從青衣江揹上崖來，每具給五十元。這真是一筆令人心酸的交易。

我和王洪不忍多看那悲慘的現場，兩人相視無言，又默默地、小心翼翼地繼續前進。

十四時許，我們到了半山腰一個叫鍋圈岩的地方。那裏風景絕佳。左邊山崖上傾瀉下一道幾十米高的瀑布。公路，居然從瀑布的弧度中通過。四週有蒼松、翠柏和眾多的奇花異樹，白雲在山間繚繞……我們決定在此歇息，一則不能辜負了這一好風景；再說，王洪和我早已又累又餓。

我倆面對瀑布坐下，吃些乾糧。喝的，就是那瀑布淌下的水。我抽空拍了幾張照。

在我們休息時，有一隊軍車和貨車相繼超越我們，向前方駛去。但不久，他們就因來往車輛在一狹窄處無法交會而被堵住。幾十輛車，在山路上排成一條長龍。

起初，我和王洪還準備等一下再說，不料，就在此時，遠處又有隱約的悶雷聲傳來。我急忙抬頭看天，不禁大叫道：“不好！王洪，咱們得趕緊走！”

爲了搶在下雨前趕到山頂，我和王洪推着“中華奮進號”，專揀空檔，一輛一輛地繞過那些被堵的車，艱難地挺進着。不斷有司機邊好奇地詢問我們，邊幫我們抬車。有幾處實在擠不過去的，他們還特意發動車，給我們讓出些路面。有一輛大客車上下來了十幾位援藏醫療隊的醫護人員，竟不失時機地邀我就在路邊合影留念。其中，還有幾位感慨道："居然還有敢徒步進藏的，那我們就更有信心了。"

此時，雨，終於又下了起來，而我們還只在半山腰。

十九時三十分，在又前進了幾個小時，又繞過了幾次小規模的堵車，眼看就要到達山頂時，我們又被一次更大規模的堵車阻在了僅距山頂五公里的山坡上。聽說前方又遇泥石流塌方，車無法通過。這真正是急死人的事！

天漸漸地昏暗了下來。一百餘輛軍車、貨車在山道上排成了一條長龍。車上的來自各地，往返於川藏的漢人、藏民都被圍困在那泥濘不堪、崎嶇陡峭、風雨侵骨的山坡上，寸步難行。

已同我一起在艱險和風雨中搏鬥了十餘個小時的王洪，渾身都在發抖，打着哆嗦。

人的忍耐是有限的，況且他還是個少年。

面對着那淒風寒雨，那黑夜中冷酷地聳立在四週的山峰，王洪沮喪得要哭了。他好幾次對我說："余老師，今夜我們無論如何怕是過不去了。我們真的要凍死在這山上了。"

我只是輕輕地拍了拍他的頭和肩膀。我說不出話來。他又是為了甚麼呢?!我的心中充滿了感激和內疚。

僅有的一件雨披給王洪披上了。我的全身早已濕透，牙齒在不停地打戰。近三年的艱難跋涉，還沒有一次艱險能擋住過我，出生入死，在我已是常事，我從未絕望過。但像今天這樣的進退維谷、死活不得的局面還是頭一次呀！我一再叮囑王洪，千萬不能停止活動，更不能僵坐着。我已經作好了困守至天明乃至更長時間的思想準備。但我不忍心向王洪明說。我同時不懈地在附近的車隊中尋找着幫助……

有一輛車上的軍人在吃壓縮餅乾，我走近他們的車窗時，他們掰了兩塊給我，這是一種無言的理解。

彷彿漫長如幾個世紀的三個小時過去了。突然，前方車燈齊亮——道路在軍人的努力下疏通了。歡呼聲由前至後漸次傳來，車隊又一輛一輛地緩緩駛動了。

我的眼睛也亮了。我推醒了終於斜倚在小車邊打盹的王洪，抖擻了一下凍殭的身子，拚足最後一點體能，緊緊跟上車流，又一前一後地向那已完全融入黑暗中的山頂挺進⋯⋯

二十三時，在風雨交加的深夜，我和王洪終於抵達了距二郎山山頂還剩三公里的二郎山道班。

已進入夢鄉的道班職工們被我們的呼喊聲驚醒了。他們先是大吃一驚，當明白了怎麼回事後，便趕緊將我們讓進屋去，並即刻升火，爲我們煮麵條、烘衣服⋯⋯

道班班長對我說：在這條險路上，凡是過往的司機們，沒有一個不提心吊膽的。很少有人騎車或步行過這條路。這麼多年了，我們還是第一次見到拖車徒步翻山的。這個"紀錄"，也許可以寫進二郎山的公路史了。

是夜，我同王洪合臥一床。儘管人已困乏不堪，但腦子裏總回味着兒時曾聽過的"二呀麼二郎山，高呀麼高萬丈⋯⋯"那首歌，久久不能入睡。

翌日上午八時三十分，我咬咬牙將王洪從睡夢中叫起。此時，雨已停了。山頂上雲霧籠罩。十時三十分，我們又繼續出發。十一時三十分，走完剩下的三公里後，到達山頂。此時，王洪和我都不約而同地將車扔在一邊，雙雙躺倒在地上⋯⋯

二郎山頂是一塊不小的平地。一側豎有一塊寫着"二郎山頂，海拔三千米"的牌子。我們在雲霧散去的片刻，趕緊在牌子邊合影留念。同時，我發現，山頂的另一側，有幾個用石片壘成的金字型小堆，上面圍掛着許多寫有藏文的彩色小方型布片。附近，還有幾根旗杆，杆頂端有一些褪了色的旗幟隨風飄揚。

王洪告訴我：這些都是藏族同胞精心安置在這裏的。布片和旗幟是藏族的經幡。金字型石堆叫＂瑪尼堆＂分別是用來祈求平安和敬＂太陽神＂的。

這是我有生以來第一次在實地真正親眼見到的藏族人民的文化標識。我立刻意識到：我已臨近藏區了，企盼了許多年的時刻終於要到了……

我癡癡地緊盯着那些東西，任由淚水湧淌出來，我差一點跪了下去……

十二時，我又最後回望了一眼南坡下的那段終身難忘的來路，開始下山。剛下到北坡那側，便望見了遠處的峰巒重疊的雪山，而遠山底下的大渡河，也像一條綿長的銀帶展現在了我們的眼前……

下山也省不了力。稍不注意頂住，就會連人帶車衝下懸崖，或撞在山岩上，後果不堪設想。

北坡的自然環境同南坡迥然不同：四週皆是光禿禿的山，空氣要乾燥些，道路也改成了柏油路面。

在快要下到山腳時，終於發生了一件既是預料外、又屬預料中的事——＂中華奮進號＂的車箱散架了。萬幸的是，車輪和底盤還是好好的。

二十二時十分，我們終於翻越了整個二郎山脈，沿着浪濤翻滾的大渡河邊，摸黑進入了四川甘孜藏族自治州的瀘定縣城。

兩天以後，我和＂捨命陪君子＂的少年王洪，在著名的瀘定鐵索橋邊揮淚而別。

＂中華奮進號＂無法在當地修復。我將攜帶不了的帳篷、睡袋、望遠鏡等裝備寄回家中。又託王洪找便車將"中華奮進號"運回他家，暫寄存在他那兒。我告訴王洪，如果我能活着走完中國，若干年後，我會在得便時，專程前往天全看望他們母子，並接回我的這位負了傷的"伙伴"。倘若沒有這個可能了，從此就不復再見。

半個世紀前，中國工農紅軍在艱苦卓絕的長征中，曾在這座歷史名城，成功地避免了太平天國的石達開及他屬下的幾萬部眾飲恨大渡河的悲劇。而後，又靠着必勝的信念和一雙鐵腳板，一步一步地走向了成功。今天，我也來到了這裏。

人類的很多感情和理念是相通的。乃至用以達到某種境界的方式也常常會無獨有偶，並不在乎其強弱、多寡。

望着那座曾有無數中華民族的先民和傑出的人物經過的鐵索橋，我的胸中更添豪情。

我很自然地聯想到了陳子昂的那首名詩。畢竟年代不同了。我們不妨將那首詩的前兩句改爲：前能見先輩，後能見來者。滾滾向前的大渡河水不斷濺起浪花，那陣陣拍岸的濤聲像是在首肯着我的浪漫。

上午十時，我向淚眼矇矓的王洪及許多祝願我成功的大渡河的了孫們揮揮手，又揹起了背囊，向藏區的腹地挺進……

5. 櫻 桃 溝

四月二十九日上午，離瀘定縣城後的當天下午，即進入漢藏雜居的甘孜藏族自治州所轄的康定縣境內。

浪濤洶湧的大渡河仍頑強地繞過上游的崇山峻嶺，勢不可擋地朝下游奔湧而去。前往康定的公路反倒像個溫順的奴婢，一路緊貼在這條河的身旁。再沒有比在山水相兼的地方趕路更令我暢懷的了。

在西去康定的路上，方圓數十里內，我常看到一些山村的農舍前擺着一些籃筐，籃筐裏裝着一種色澤鮮紅、在陽光下顯得晶瑩閃亮的果子。那果子呈圓粒狀，稍小於葡萄。同時令我好奇的是，籃筐邊無人，四週也無人。及至看到籃筐邊放有秤，離得最近的那家農戶的門又是開着的，我便心裏有了底。

這是個寧靜山野中的村莊，古風猶存的地方。

雖說已走過千山萬水了，但印象中似乎還從未在別處見過這種果子，而且還那樣的誘人。

早就給自己立下過規矩：凡經過地方的特產，如果條件許可，都有必要領略一下。

我選了一處，朝最近的門戶洞開的那家叫了兩聲。裏面立即有人應聲，而出來的竟是一位身着藏裝的女子。

"你是藏族？"

這是我平生第一次這麼近地見到藏族婦女。

"是呀，我是藏族。"她邊走來邊回答。

"你們藏族怎麼也住這種房子？"

"我們這裏離四川近唄。"

原還打算問她何以會漢語，覺得多餘了。

"請問，這是甚麼東西？"

"是櫻桃。"

我的天哪！從前只在書上偶然聽說過的東西，竟在此地見到了。我禁不住拍了拍腦門。

"請問，這櫻桃是哪來的？"

"自家的。"她轉身指了指屋後，"你看，那些都是的。"

她家的屋後及週圍的山坡上，果然遍佈着一株株綠葉喬木的大樹，以我的標準視力，還能見着結在那樹上的顆顆紅點。

「很好吃的。你爲甚麼不先嚐一嚐？」我正在納悶自己先前也見過這種樹，卻爲何竟沒注意時，她已抓了一把櫻桃放在我的手上。

「哦，我要嚐的。我買上一斤吧！」

一斤才六毛錢。

秤砣翹得很高。她把櫻桃朝我的帽子裏倒時，問：「你是哪來的？」

「上海。」

「你們上海不是甚麼都有嗎？」

「聽他們胡說。我們那裏，就連這櫻桃也沒有。」

「噢，難怪你弄不明白。看來你這人還是有點吃福的。」

「爲甚麼？」

「過了我們櫻桃溝，再往前走一段，就不產這東西了。前面山高，到了那邊，你就要吃‘夾生飯’，喝‘不開水’了。」

她轉身欲返回屋去，我忍不住又追問：

「大姐，能告訴我，你的男人是漢族人還是藏族人？」

「漢族。」

「那麼你們生下的孩子算甚麼族呢？」

「‘半漢半藏’唄！但我們這裏都報藏族。」

「爲甚麼？」

「報藏族多少有些優待，孩子們以後考大學分數可以低些。」

「你們這裏也有上大學的？」

「有！走了兩個‘半漢半藏’的孩子了。我們這裏，大部份人家都是‘半漢半藏’。」

"噢，原來是這樣。"

我將櫻桃拿到河邊，用水洗乾淨後，趕緊往口中投入一顆。仔細品味，果然鮮甜無比！偶有幾顆略帶微酸，也能沁人心脾。

"才六毛一斤。如果能運到上海。保準會饞煞那些成年累月蟄居在混凝土大樓裏的人！"我邊走邊吃，邊吃邊想，"那藏族女子的臉紅潤得真好看，話音甜甜的，這一定和櫻桃有關。而'半漢半藏'又同這條溝有關。"

天底下，類似這樣的"溝"何止萬千！

其實，世上有許許多多珍奇的東西，偏偏都"隱藏"在一些深山僻野中，難爲繁華處的人們所享用；而繁華處人們的平常東西，也同樣是深山僻野中的人們所缺。這，或許倒是一種不公平中的公平。

櫻桃溝(我又把它叫做"半漢半藏"溝)，一條群山萬壑中的小小山谷，使我又平添了幾許明白！

6. 兄弟，這錢給你買車票

前往康定的山路，隨着海拔的抬高，愈來愈坡陡、彎急了。四週山嶺的頂上，去冬的殘雪尚未完全融化，這和相去才幾十里、已能日唻鮮果的櫻桃溝，真的是兩個不同的所在。

下午四時左右，已走出四十華里地，距當夜的食宿點——鴛鴦壩，尚有十餘里地時，我已明顯地感覺到大氣中供氧不足了。不久，在我翻越一個山崗時，我的呼吸突然急促起來，心臟也感覺像有尖針在刺着，左胸像壓了一大塊鉛似的又悶又脹，我難受極了。我唯有捂住胸口，並將嘴巴張大，朝着那空曠的山谷拚命地呼氣，吸氣，呼氣，吸氣……而那吸進的氣總不夠我用。最後，就連我的那已征戰了三年、跋涉過半個中國的雙腿，也僵直在那山崗的陡坡上，再也無力向前挪動一步了……

就像馬上要死過去的我，趕緊放下背囊，掙扎到一塊大石旁，全身癱瘓在了地上。我的眼前，是一片巨大的昏暗……

這種極難受的感覺，一直持續了約一刻鐘，漸漸地，我緩過氣來了，心臟部位的難受也鬆弛了些，我開始清醒地意識到，自己在地獄的門前躑躅了一番後，又很幸運地被趕了出來。

待喘氣差不多平緩後，我查看了一下海拔錶——指針停在了海拔三千六百米上。這是我徒步壯行全中國後，截至當時為止，所到達的最高高度。我意識到：我已進入挺進川藏路途中與我的身體適應情況相對應的艱險地段了。剛才的那種難受不是平白無故的，我將面臨能否順利挺進"川藏"，以及生與死的嚴峻考驗。這只是一個信號：海拔三千六百米處尚且如此，以後不斷要面臨的海拔四千、五千、乃至六千米的高度將如何過去?!

我找到水壺，喝了幾口。然後，將剩下的全部倒掉，以便盡可能減輕些負重。

其實，我這個人是萬不能斷水的。即便居家時也是如此。多年來，每晚看書寫作至午夜，便能喝掉一大暖壺水。在前三年的旅行中，無論在北方還是南方，草地或是山嶺，我首先會想到的就是水，只有在我實在不堪重負時，才會捨棄這一掬生命之源的。

當然，這也是要看具體情況的，這次是考慮到，至當夜的食宿點還剩一個多小時的路程，太陽也已垂到山後，山嶺間的溫度甚低，對水的需求相對小些了。而我那背囊裏的資料、筆記和相機等，是萬不能減去的，儘管已重達三十餘斤。

就在那時，有三個背荷行李的藏族人也從山崗下走來，他們先前就緊隨我後面走了好長一段路，剛才我遇到的麻煩，他們在盤山路上看得十分清楚。

這三個藏民走到我的身邊時，停住了腳步。三人的臉上同時露出了非常友善和關切的神態。他們將揹負的東西放了下來。

向來害怕連累別人，硬漢作風貫徹一生的我，估計他們馬上要開口說甚麼了，就搶先開口道：

"沒甚麼事，你們走吧！我只是想休息一會兒。"

看得出，他們還想說些甚麼。我便將臉轉向另一邊……

他們都有着一張十分生動的、只有這塊高原上的藏民族勞動者才特有的臉譜。他們走出很遠後，還不時回頭看看我……

終於，我一步一步緩緩地走上了那個山崗。儘管海拔又提高了些，呼吸仍感覺不暢，但情況不再變得更糟。

到了山崗後，我又放下背囊，在一堵土牆邊坐下，準備再喘口氣後，一鼓作氣趕到目的地。

此時，我又見到了剛才那三個藏族人，他們坐在附近的一塊車站木牌下，等着過路的客車。我朝他們笑了笑，便抓緊時機休息，避免一切消耗體力的舉動。

不料，當我揹上背囊，準備繼續前進時，那藏族中年漢子同三人中的那位少年逕直向我走來，俟他們走近時，我才發現那漢子手上拿着兩張十元錢的鈔票——他們要將這錢往我手上塞。我連忙擺手：

"不行，不行，我不能收你們的錢。"

那中年漢子見我不收，臉一下子漲得通紅，他急忙比着手勢向我說了幾句藏話。我只聽懂了"兄弟"這個詞。

那少年接着用漢話道："我阿爸說，你一定是沒錢了。這錢給你買車票。這路難走得很，你也走不動了。"

天啊！原來是這麼回事。我感動極了！

我連忙請他們坐下，解釋道：

" 我不是没有錢才走路。你們搞錯了。"生怕他們還不信，又補充道："我已經走了三年了。從上海繞了個大圈子才走到你們這裏的。"

那少年聽懂了，忙用藏話向他父親解釋了一遍。那漢子聽完，神情莊嚴地對我竪起大拇指道：" 亞哞、亞哞 "(藏語：" 好 "的意思)。

此時，我們仨都笑了。仍坐在那邊照看行李的，是那少年的母親。她也笑了。

當我掏出煙給他們抽時，那輛駛往康定縣城的大客車開來了。這父子倆還想再最後 " 爭取 " 我一下，但我不由分説地催促他們快上車，他們這才十分不捨地離去。天黑之前，這三位善良的人便可以到達康定。

一直到望不見那輛遠去的車後，我抖擻了一下精神，繼續前進。

在 " 孤身徒步壯行全中國 " 的漫漫征程中，我將嚴格按照徒步旅行的國際慣例行事，只有在三種情況下可以臨時藉助交通工具，即：

一，按原路退回時；

二，到達某地後，因原地參觀、演講等活動，暫不前進時；

三、涉江、河、湖、海，無橋可過時。

此外，每日均要作好詳實的筆記，取得郵戳及留宿處的證明材料，鞭策自己將這一 " 壯舉 " 進行到底。途中，無論於何時、何地，只要有一次犯規，即可被認爲是整個計劃的失敗！

不必諱言，我是個理想主義者。理想主義者追求形式和内容的"絕對"完美的動源，唯有他們自己最清楚。他們在追求自己心中的那種"理想境界"時所要求的水準，往往會達到某種近乎苛刻的程度。對於他們由此而表現出來的熱情，在通常情況下，許多人不是不屑一顧，便是認爲難以置信。然而，一般來説，理想主義者面對這兩種，甚或更多的"反應"均不會太在意。他們始終陷入在那種類似"不食人間煙火"的追求遙遠理想的過程中而"難以自拔"。他們所作的一切，均出於自覺。

這，就是我絕對不會接受那三位藏胞的錢的緣故。或者應該換一種説法是——絕對不接受坐車。

三年中，這種"上車"即可輕易到達前方的誘惑，真是太多了。但這種事對一個兒時就夢想"孤身徒步壯行全中國"的理想主義者來説，算不了甚麼，即或他的眼前正面臨着巨大危險。

然而，我確實接受了那三位藏胞對我的另一種誘惑，並幾乎立即使我消除了未進藏前的許多不必要的顧慮。在我剛踏上這塊神奇的、尚未被大多數人瞭解的高原時，他們的善良便爲我敞開了一扇可以由此窺測這片高原縱深處的窗户……

7. 康定姑娘的新"情歌"

四月三十日下午三時四十分，在又克服了幾次輕度呼吸急促、胸悶、頭暈後，我已前進至康定縣城以東不遠處的一個小村。此時，大雨突降，峽谷中陰風四起，我好冷好冷！

我找見村邊一個搭有涼棚的地方暫避一下。當我甩去頭髮上的雨珠時，無意中被站在附近的一個圍欄裏的一個黑糊糊的傢伙嚇了一跳。當我定神細看時，不覺叫出聲來："我的天神啊！這不就是高原上特有的、被稱爲'高原之舟'的牦牛嗎？"

我馬上放下背囊，躡手躡腳地走近去："哇！好一個龐然大物。"它全身披掛着濃密的黑毛。腹部、腿部、尾巴處的毛特長，幾乎垂到了地面。兩隻又粗又長的彎角讓人看了心驚膽顫。估摸一下，這傢伙的體重怕有一噸多重。此時，它那雙大眼也正直愣愣地盯着我這個不速之客。

雖然素來就知"牛大哥"是地球上同人類最親近的，然而，"此牛"非以往見過的"彼牛"，尚未熟悉它的脾性之前，最好還是敬而遠之爲好！況且它的主人又不在，萬一被當作盜牛賊，那就更沒趣了。於是我站在原地不動，沒有去摸摸它。

最後，我得出了結論：如果僅以外形而論，除去它身上那幾個部位的長毛，除了個頭大些外，似乎也和南方平原上的水牛並無二致。看來，其名中冠以"牦"字，是因其比所有同類毛長也。

不管怎麼說，這是我生平第一次見到的一頭牦牛，它在康定以束約二十里地、一個叫大河溝的原先未曾料想到的小村子裏。

後來，我又見過成千上萬頭牦牛，不再激動。

傍晚六時半，我冒雨進入康定縣城。

很多年以前，當我還在家鄉——南方的那個繁華城市裏編織着我少年的夢幻時，我便知道，在那遙遠的地方有一個充滿動人故事的小城。這是因爲我居住的那個街區，一俟夏夜來臨時，每每會有許多悠揚動人的歌聲，從月光下的遠處飄來。每逢此時，我便會靜坐在窗台前出神地聽着，然後就在心馳神往中漸入夢鄉。

在那些如泣如訴地述說生命，壯懷激越地歌唱生活的眾多歌謠中，總有一首著名的情歌，在向世人傳誦着那個叫“康定”的地方……

二十多年後的今天，我終於一步一步地走到了這片我兒時就夢魂縈繞過的地方……

康定縣城給人的第一印象是：絕大部份的房舍、店舖、商品、居民、乃至來往行人等，多是藏族的了。它同內地的縣城已有明顯的不同。

雨中，只能粗略地瀏覽一下，反正計劃要停留三天。當前，最主要的是先要找個住處安頓下來。

街道兩側有幾個私家旅社，我並不急於住進去。而是先找了一位中年幹部模樣的人打聽“行情”，憑我的經驗，這類人比較可靠，且又熟悉當地情況。那人果然很誠懇地介紹：小旅社人員混雜，民族地區的飲食、居住情況，初來乍到的外鄉人一時習慣不了。不如住州招待所，那裏比較舒適、安全，辦事也方便。

州招待所座落在縣城西側的一個小山包上。紅黃相間，類似大殿的建築氣勢不凡。它的存在，好像又在提醒來自異鄉民族的遊子——你已到了藏區！

總服務台設在民族氣息濃郁得奪人心魄的前廳一側。我拿出證件，請服務員登記房間。負責登記的是一位藏族小姐。接過證件後，她的兩隻大眼睛像是掃描一樣打量着我全身。我被她看得有些不耐煩，心想，有證件還不行嗎？

“你的，外地旅行的來了？”她終於開口了。

我忙答：“是的，從上海來的。”

“你的，後面的，揹的是甚麼東西？”

她的語法和聲音，使我想起了日本人說中國話。但我忍住了笑：

"噢，是照相機、資料等東西。"

"你的，出來多少時間了？"

"三年。"

"甚麼？你說三年了？怎麼會要三年呢？"

"沒錯，我是走路來的。從東北、內蒙那邊繞過來的。"

"甚麼？走路？不坐車？"

"是的，一步步的走。任何車的不坐。"我也學上她的腔調了。

"你的，我們這裏的到了，再哪裏的去？"

"你們這裏的到了，再拉薩的去。"

"拉薩的去了，再哪裏的去？"

"拉薩的去了，再要全國的去。"

"哎呀呀！"她嘰裏咕嚕說了幾句藏語，"我們這裏，還從來沒有來過像你的這種人。"她忙轉過身招呼裏面的一些人。

裏面出來了幾個身着藏裝，個個都長得十分健美的藏族姑娘。她們打量我時的眼神，像是見了個"天外來客。"

很快，內中的一位倒了一杯水遞給我："你的不要急，先喝點水。把你的東西放下來，先把頭上的水的擦一擦。"

擦頭時，眾人推舉管登記的小姐說："我們的，想看看你的照片，可以嗎？"

"可以，可以的。"我將隨身帶的一本袖珍相冊遞給了她們。她們就歡喜得圍攏在一起看，還不時問我照片上的地方，露出很羨慕的神態。

相冊還給我後，我對那主管登記的小姐道："我的，請給我登記一個最便宜的房間。"

"不不不。你的，我們幾個人商量過了，我們代表甘孜州招待所歡迎你，不收你的宿費。你的，吃飯的，也不收錢。你的，多住幾天，好好休息一下。我們會向總經理的匯報。"

我萬萬沒有想到："她們的"對"我的"是這樣的！

在"壯行全中國"的過程中，自籌經費是最困擾我的問題之一。雖然，在以往我曾得到過多種支持。而像康定招待所這樣主動、切實的幫助尤為需要。

在我以後的生命旅程中，我永遠不曾忘記，在我浪跡天涯的艱難行進中，親身體驗的這一曲由那首情歌發祥地的藏族姑娘們唱出的新"康定情歌"。

這首歌中所抒發的"情"和"愛"，不僅僅是針對我個人的。這種情感，也是生活在康定這個多情小城的漢藏同胞們，時刻期待着要向一切熱愛生活、勇於探索的人們所表示的！

這一判斷，在以後的幾天中，完全得到了證實。

8．"五一"的康定街頭

到康定的第二天，正趕上勞動節。早餐後，我便前往街頭觀光。

招待所左側百米遠處有一喇嘛廟，這是我昨天便觀察到的。順路先進去瞧瞧。

在内地，各類寺廟見過不少，藏傳佛教的喇嘛廟還是頭一回。

廟門口並無任何阻攔，我逕直踱了進去。進門是一個大天井，兩側是兩層的藏式樓房，正殿的大門緊鎖着。

看見幾個工匠正在廊下做活便心知不妙。原來此廟正在修繕中，"寶器"、"金身"之類的東西自然是一樣都見不着了。更不用説做法事。

這種時候，也只有我這樣的人才會冒失進來。

正朝外走，一披着袈裟的老喇嘛迎了上來。他面朝我，欠身，合十，口中有辭。雖然聽不懂他的表達，但他的好意已顯示在臉上。我也欠身，合十，口唸"扎西德勒"退步而去。

這是我生平第一次懵懵懂懂參觀的藏傳佛教的寺廟。

康定城不算太大，是群山環繞中的一座小城，座落在一狹長形的山谷中。城中流淌一條將城區"劈"成兩半的折多河，河水清盈。房屋依山傍水、鱗次櫛比。

總覺得同我先前的想像不一樣。兒時聽歌時，那句"月亮啊彎彎，康定溜溜的城喲"，常使我閉上眼睛想像：在跑馬山下一片廣闊的綠草原上，有一座美麗的小城，夜晚來臨時，便會出現在銀白色的月光下……

節日的康定街頭，熱鬧非常。最醒目的，是摩肩接踵的人群。康定是漢藏雜居的地區，人群中，以藏族居多。藏族人特有的臉型、氣質和服飾，讓我看得如醉如癡。

藏族男的，一律長袍、皮靴、長髮盤頭，耳綴耳環，腰佩刀劍，十分剽悍英武。藏族女的，長袍艷麗，細腰、降胸、長辮垂肩，耳朵綴耳環，頸項掛項鏈，胸前垂佛盒，手腕套手鐲，手指有戒指，環佩叮噹，健美端淑。

從末拍過藏區的照片，今日是個絕好的機會。在折多河橋上，選定一處有利地形，套上二十八——二百的變焦鏡頭，幾乎在完全不驚動對方的情況下，拍了不少較滿意的畫面。

有幾位藏胞對我的相機產生興趣，湊近我的鏡頭前，朝裏看究竟。在他們如同發現"新大陸"似地眉飛色舞時，我便趁機來幾張"特寫"。

康定街市十分活躍，國營商場、集體商店、個體攤床前，商品琳琅，顧客雲集。郵局不休息。我蓋上康定的郵戳後，便在深巷中那一幢幢石砌的藏族房舍前流連忘返。

很詫異這樣一個山谷中的小城，本地居民本不多，附近也只有如許幾個村莊，何以一下子湧來這麼多人？打聽後才知，縣城四週的山裏還有許多鄉村，許多人幾天前便坐車、騎馬動身來這裏。

縣城中心廣場上，有為節中助興的籃球賽；電影院、錄像廳前，觀眾如潮；百貨大樓前，好些藏胞在喇叭擴音中爭購"有獎彩券"。在一邊靜觀的我，不禁訝然而笑。

一日中，好幾次同五個身披袈裟、光頭布履的小喇嘛相遇。他們在逛街的人群中也不甘寂寞：或持冰棍，或嚼泡泡糖；這邊瞧瞧，那邊瞅瞅。瞧着他們不過十一二歲的那一張張童稚純淨的臉，我心頭掠過一陣莫名的感傷。

9. 我的第一位藏族朋友

郎里阿彬是我的第一位藏族朋友。

五月二日起床晚了些，錯過了開飯時間，我便去街上一四川人開的小飯館吃飯。不久，店內又來了兩位英俊的藏族青年，其中一位，就是郎里阿彬。

他在旁邊一個桌旁坐下後，朝我點了點頭，開口就問："師傅，哪來的？"見他很誠懇，便直言相告。他大吃一驚，不容分說就邀我同桌共餐。

他告訴我，他們全家都在甘孜州歌舞團工作，他是搞器樂的，除了正常上班外，每晚還搞些"副業"——舞廳伴奏。

他倆的國語說得不錯，都着漢裝，很"漢派"。郎里阿彬在西北民族學院受過高等教育。

飯後，他問我準備去哪兒？我說隨便走走。"還沒有到藏族人家裏作過客吧？"他又問。

"没有。"

"那好。上我家去。我就是你的第一個藏族朋友！"他拍了一下我的肩膀。

没想到，一樁心願這麼容易就實現了。

他家就在歌舞團大院裏。房子挺寬暢，全藏式的傢俱和擺設。屋内瀰漫着奶油和香料味。見過他父母後，他便請我在地毯上的一個小方桌前坐下。

請坐，但卻没有椅子。我便很自然地盤腿席地坐下。

坐定不久，他便從裏屋端出一把茶壺，將一種黄色液體倒在了我面前的小碗内。"請喝茶。余老師。"他用手掌作了個"請"的姿式。

"謝謝！這一定是酥油茶了。"我立即作出了判斷。

完全準確。

真的，很多年來，當我即將臨近某一個陌生地方，見到某一個異民族前，我常會對可能出現的事物先就有一種預感，而這種預感不久便會得到證實；與此同時，在我的一生中，我也常常會耿耿於懷於一些在別人看來根本無須經意的事物。我不知道，這是否是一種"準備"？是否算得上是一種與生俱來的"能力"？

在"壯行全中國"的過程中，這種"準備"和"能力"給我帶來了極大的便利。

10. 有了藏文證明

郎里阿彬五月三日要外出。分別前，他留了幾位拉薩友人的地址，讓我到拉薩後找他們。最後，我們相約經常保持聯繫。

與郎里阿彬分手後，我突然產生一個想法，便逕直前往州政府。政府辦主任朱定貴接待了我。我向他介紹了"壯行全中國"的目標及進入西藏可能面臨的困難後，他向我表示了充分的理解，並代表州政府歡迎我的到來。

隨後，我提出請州政府屬下的翻譯部門替我將上海教育學院開的證明翻譯成藏文的請求。他馬上撥通了給州政府翻譯局的電話。不一會兒，來了一位翻譯局的藏族幹部，那幹部請我稍等一會兒，由他親自給我譯出來。

接着，朱定貴拿出稿紙説："我來寫篇有關你的報道，登在我們當地的報上。這樣的事，應該多讓一些人知道。"

"採訪"結束時，那位未及問其姓名的藏族幹部也將譯好的證明送來了——一份用藏文美術字照原件譯成的證明。朱定貴又在上面加蓋了一枚"甘孜州人民政府"的公章。

順便提一句，在我請求翻譯證明時，我特地強調務必在原文結尾處加上："藉此機會，余純順本人謹向全區藏族人民表示最誠摯的敬意！"

朱定貴和那位藏族幹部向我表示了謝意，並當場就滿足了這一請求。

這份藏文證明，在我後來的極其艱難的在"世界第三極"的漫漫長途中，起到了意想不到的作用。尤其在離康定不久，被圍困在川藏路歷年來罕見的"八百里泥石流、山洪暴發"的險區的驚心動魄的日子裏幫了我的大忙。

11．忍痛割捨跑馬山

以我這種人的性格，到康定後隨即就會上跑馬山的。然而，這次卻很反常，拖到第三天下午，還未決定上還是不上。

跑馬山緊靠城東，方圓不過一里，垂直高度百米左右。三天中，我所能做的，僅僅是隔岸觀火似地望了它幾次。這種近在咫尺，路並不太難走，而又不去走的情況，在三年中是少有的。我從未如此"膽怯"過。

說起原因，我也覺得夠慘的。因爲到康定後，我的胸部仍處於間發性悶痛狀態，呼吸依然急促，還沒有恢復正常，更談不上已適應這裏的海拔高度。我知道，必須在康定盡可能恢復體力，向西五十里外，便有海拔四千二百九十六米的折多山在等着我，那是我平生從未上過的高度。對此，我憂心如焚，哪還敢輕舉妄動！

不過，我也無暇躺在招待所靜養，我得去瞭解一下有關前方的情況。

甘孜公路段辦公室唐主任接待了我。他詳細介紹了前方、特別是折多山的路況後，問我到康定後身體感覺如何？

"不好。胸悶，呼吸急促。"我把那天翻小山崗幾乎要死過去的情況也如實說了。

他半晌不語。之後，他說了一件很悲慘的故事：

"十年前，胞弟畢業後分配到康定任電影放映員。他很愛這工作，常年奔忙於高原各地。那年，放映隊在前往折多山附近的一個山區放映時，他得了感冒。這在海拔低的地方本不算一回事的，但由於那裏高原缺氧，很快轉成肺氣腫。當隊友們急忙用牦牛將他駄下山來，希冀還能挽救他年輕的生命時，他終於沒能熬過來，死在了途中。那年，他才二十一歲。”

講完後，我倆都黯然地抽着煙。半晌，他又道：“當然希望你能安全地過去。但是，我弟弟自小在高原上長大，歲數還比你小得多呵！”

見我仍沒有回話，他又問：“你的家鄉海拔是多少？”

“幾米左右。黃浦江的水面甚至還超過了部份陸地。”

“難哇！一個常年生活在海拔才幾米地方的人，居然膽大包天到要來闖我們這片海拔三千五百、四千、五千米以上的高原，你就等着瞧吧！”

我們都笑了。

又點了支煙後，我道：“膽大包天倒是談不上。我的優勢在於，我是一步一步走上來的，並不是一夜之間用直升飛機將我扔到這裏的。”

“是啊，正因爲看到你這一點，才放心讓你從我們的眼皮底下溜過去，否則，我們也放心不下呵！”

告辭時，他握着我的手：“派車送你過去，你肯定不幹。這樣吧！我給總段下屬的幾個分段打一下招呼。你往前走時，他們都會幫你。記住：我們康定人祝你一路順風！”

出得公路總段，又望了一眼跑馬山自言自語：“爲了畢其功於一役，對你老兄只能忍痛割捨了，儘管，你還那麼‘小有名氣’。”

每年，當春暖花開的時節來臨時，康定的各族人民都要上一次跑馬山頂，在那裏搭上帳篷，燃起篝火，等到“月亮兒彎彎，康定溜溜的城喲”時，便唱起康定情歌，盡情地表達他們熱愛自己的家鄉、熱愛生活、歡迎四方的人們的美好願望。這個節日，我沒趕上，也等不及了。

然而，我又覺得，也未必非得等到那一天，跑馬山下的每一天，不都在唱着同樣的情歌嗎！

12．翻越折多山

在康定停留三天，五月四日九時五十分繼續前進。不管此去如何艱難，當日的進程是翻越海拔四千二百九十六米的折多山，抵川藏路第二十七道班宿營。

天氣晴朗，是個翻山的好時機。

出康定城前往折多山全爲上坡。很顯然，會走得十分吃力。

十一時，經路邊一小村，見一藏族漢子在役使牦牛耕地，他的後背駄着一個用布包裹着的孩子。泥土在犁鏵後不斷翻着身，那孩子垂向一邊的頭也在不停地晃動着……這個動人情景讓我看得淚濕眼眶！

人類得以不斷繁衍的勞動和生養兩大要素，在這樣一個平常舉動中，便表現得那樣濃縮和充分——縱然是在這萬里之遙的高原上，一樣的萬變不離其宗！

"那麼，孩子的母親呢？是因爲擠奶、煮飯、放牧忙不過來，還是……"我不敢想下去。

不管怎麼樣，那份生存的艱辛是擺在那裏了！

十四時十分抵折多山下。方便麵和着冷開水充作午餐後，又繼續前進。必須在天黑前翻過山去。

十五時十五分，抵折多山半坡時，風雪突降。繼而狂風、雨點、雪珠、冰雹紛至沓來。我迅速披上塑料雨披繼續前進。

風、雪、雨愈來愈大。我常常被風颳得無法前進，甚至還朝後跟蹌幾步。尤其是雪珠和冰雹(當地人統稱爲"雪彈子”），密集型地不斷飄打在我的頭上和臉上。打在頭上，還可以忍受；打在眼睛裏，就十分疼痛，疼得我不敢睜眼看路面。

這條山路上隨時有車衝下來。風雪中，路面打滑，視野不清，我隨時都有面臨車禍或墜落懸崖的危險。怎麼辦？停在半坡上不走，海拔已在四千米左右，危險極大；退回去，也不是上策，折多山的風雨是天天有的。

我想出了一個辦法：將頭垂到“雪彈子”飄打不到我的眼睛的低度，身子緊貼在公路右側、距路基邊沿約七十公分的內檔行走。這樣，既可以睜開眼看清方圓約三平方米的路面得以繼續前進，又可以前避來車、右防滑入外側的懸崖。

十六時四十分，終於在狂風和“雪彈子”的交加中翻過折多山山頂。

山頂上堆掛着一些藏族經幡，一塊鐵牌上寫着：“川藏三千里，祝君平安歸。”（後來據我實測：由成都至拉薩爲四千三百四十四華里。）

此時，我的內衣已被汗浸透，褲子則被雨雪濕透，全身在山頂的嚴寒中發着抖。

爲防感冒，我不敢戀戰，僅在山頂停留三分鐘，又最後瞥了一眼四週的群峰便急速下山。

下山時，我的眼淚奪眶而出。這是我生平第一次翻越過海拔四千二百九十六米的高度，又是在如此惡劣的環境中。

令我不解的是：在整個上山的過程中，除了比往日吃力很多以外，居然未感覺任何不適。“‘機會主義者’運氣真不錯，又闖過了一關！”我嘴裏喃喃。

“既得隴，復望蜀。”下山不久，我很快就對剛被征服的東西不再感興趣，也來不及想世上別的事。腦子裏只有一個念頭：既然已能過這個高度，那麼，再接着闖前方的海拔五千○八米的東達山，以及青藏路上五千二百三十一米的唐古拉山、崑崙山的可能性，也就不會不存在了。

十七時二十五分，連趕路帶翻山共前進七十四里後，安抵川藏路二十七道班請求借宿。在風雪交加、前不巴村後不巴店的茫茫荒原上，這是我當夜唯一能找到的安身之處。

詐正祥班長熱情地接納了我。進屋後第一句話便是："小心，千萬不能感冒！"他替我烤乾了衣褲，並煮飯給我吃。

是夜，道班中的一位"半漢半藏"的青年員工邀我到他的屋裏喝酥油茶。小屋外面的高原上，是無垠的漆黑與風雪肆虐着的世界……

13. "半農半牧半金"的地方

在這之前，只知道山海關以北的東三省為"關外"。殊不知，偉大祖國大西南的川藏路中途，也有一個"關外"——當地人將折多山山頂視為"關內外"的臨界點。

自然，山頂以西便是"關外"無疑了。在很多中國人的心目中，"以西"這個詞，似乎總是同諸如大西北、大西南或寒荒、冷寂、遼遠之類掛上了號的。

那麼，當日我便算進入了川藏路中途的"關外"了。

九時二十分，離折多山西側的川藏路二十七道班繼續前進。下到山下二十華里處，便見到一處處典型的藏族村莊。這些村莊多座落在山原上的平緩處，少量的依山傍水。

村莊邊，靜臥着大片青苗勃發的田地；山坡上，漫遊着成群的牦牛、馬群、羊群及少量的豬與雞；畜群的週圍，眾星拱月似地裹着一些搭在河谷、又緊挨着河畔的氈包。這一切，說明了此地爲半農半牧的地區，這裏的人們享有既無糧、菜之虞，又有肉、奶受用的富足。

這是一個名爲瓦澤的藏鄉。

近前去細看那些氈包和房舍時要時刻留神，總有無比高大強悍的藏地牧羊犬就在附近隨時恭候着你的前往，但這些"忠誠的衛士"一般情況下，總是被拴着的。有時，它們的"歡迎儀式"難免過火，那家的主人便會適時地出來"假裝"呵斥幾聲，如果他們屆時在屋裏的話。手上先就預備一根棍子或土塊也是有必要的，我就常常如此。但必須掌握適度，要嚴格遵循"狗不犯人，人不犯狗"的古訓，否則，那家的主人就會不樂意，不要說酥油茶之類的東西肯定由此泡湯，就連你想走近前去也會艦尬得很。

此地的民居純藏族風格，建材用的是遍佈當地曠野和河谷的石塊和鵝卵石，看不到有水泥的痕跡。屋架、門窗和樓面則是木結構，沒有鋼筋預製板之類。房舍多爲兩層，樓面有一角空出作曬台。整個外型爲正方形或長方形，外牆塗以白石灰，屋檐多爲紅色，窗戶開得適中，排列有序。房舍前總有一院落，圍攏着屬於這一家的"領地"。

此地的"氈包"一律是呈凝重感的黑色外表，形狀就像內地的用以量米的倒置的斗，全用牦牛的毛編織而成。

這同我曾在內蒙時見過的那種蒙古包大相徑庭。蒙古包多爲給人以鮮明感覺的白色外表，呈圓柱尖頂形，用厚帆布做成。我想，兩種區別的原因之一是內蒙古沒有黑毛披掛的牦牛。

無論是固定的或不固定的房舍，都給我們這樣一個啓示：當人類脫離茹毛飲血、穴居群處的生活之後，生活在不同地域的人們，在營造各自的風格迥異的房舍時，都是本着因地制宜、就地取材的思路去做的。他們無法不這樣做。每一間房舍就是一件傑作，就是該地區人民的審美觀及自然條件的"綜合說明書。"

天氣風和日麗，公路上便會不斷有身着鮮艷民族服飾的藏民來往。山野的小河邊也總能見着在洗衣、放牧或戲耍的藏民。

我總覺得藏民族是個十分好美的民族，他們尤愛大紅、大綠和深黃色。這種審美觀，或許同當地的色彩比較單調的自然環境有關——除了少量綠原和田裏的青苗以外，四週多爲重山；荒原呈灰褐色，同遠天形成蒼茫一色。

在這樣一個單調的氛圍裏，不管哪裏出現一點大紅、大綠、大黃……那裏便會多少給人增添些許溫暖、豐富和鼓舞的感覺。我自己走在那茫茫高原上時，也實實在在地感受到了這種作用——我常常被荒原上僅有的一株黃花，或青稞地裏的一件紅袍撩得心旌搖蕩。

14．陽光照耀下的一家人

那藏族男子和他年輕美麗的妻子恰巧就男躺女坐在我路過的村莊邊的綠草地上。我從他們身旁經過時，看到那女的十分溫柔地輕撫着她男人的頭髮；而那男的雙手枕頭，眼睛愛憐地看着他女人的臉。不想當"電燈泡"的我，便及時放輕了腳步，準備繞開些過去。

然而，燦爛陽光下的那幅實打實的風情畫實在是太耐看了！猶豫了片刻，終於還是停住了腳步。

走到他倆身旁，笑盈盈地說了句："阿夏，曲阿你朵！"（藏語：朋友，你好！）

那女的抬起頭來後便漲紅了臉，下意識地推了推她男人。那男的坐起身來，詫異地看着我。

　　我蹲下身去，將兩個大拇指靠在一起道："你們兩個的，亞哞、亞哞！"（"亞哞"藏語：好）

　　那男的馬上笑了起來："噢，你的也亞哞、亞哞。請坐、請坐。"他一開口，便露出一臉的憨厚相。"你的、酥油茶的喝？"

　　"喝、喝。我的很喜歡喝！"

　　那女的見狀，就站起身，將放在一邊的茶壺拿來，用長袍的下擺將一隻木碗擦了擦，隨後便將一碗濃濃的酥油茶放在了我面前。

　　我掏出煙給他們每人都遞上一根。那女的沒抽，將煙塞在她男人的懷裏。

　　"你們今天休息？不放牛羊，也不種地了！"我邊喝邊問。

　　"對，我們的今天休息。牛羊的自己的在山上吃草。地的已經種下了。我的在山裏挖金子的休息了。"那男的抽着煙答。

　　"你們這裏的還有金子？"

　　"對，我們這裏金子的很多。在那邊的山溝裏。"那男的轉過身指着他們村莊後的那片山巒。

　　"你們的怎麼個挖法？挖到了沒有？"

　　"我的和村裏很多人的一起到金礦上挖。天天的挖到了。"說話時，他露出一顆金牙。那女的也是環佩叮噹。

　　真沒想到，這裏不僅"半農半牧"，而且還是個"半金"的地方。難怪這小夫妻倆在這好天氣裏，有此閒暇"知足常樂"了。

"你們的孩子的有不有？"

"兩個。都是男的。在那邊的騎馬玩。"

"把他們叫來。我給你們全家拍照的好不好？"我同時作了個拍照的手勢。

"啊，好的好的！我們拍照的，要走很遠的路。錢的，我們給。"

"錢的，不要！"

"啊，那不行。錢的，一定給。"

"你的酥油茶的喝，錢的要不要？"

"不要，不要。酥油茶的，怎麼能收錢！"

"那好。我的拍照的，也不能收錢！"

以其矛，攻其盾。那男的答不上來了。而那女的則始終未開口說一個字，總坐在一旁淺淺地笑着，一副端淑純樸的模樣。

他們之間嘀咕了幾句藏語。那女的便站起身，示意她男的代替她再替我斟滿茶後，向草灘上飛奔而去。我驚嘆那輕盈的身姿哪裏像兩個孩子的母親！

不一會，兩個鬈髮、大眼的健壯男孩隨他們的母親一起奔跑着來了。

我支起三角架一共拍了兩張：第一張是"全家福"中多了一位"成員"；第二張是夫妻照中多了一位"第三者"。

那男的給我留下姓名、地址。

七月二十二日，我歷經艱辛安抵"聖城"——拉薩後的第四天，便將照片給他們——安居在康定縣瓦澤鄉水橋大隊的孔薩扎西一家寄去了。

非常懷念：我曾造訪過的那片人世間少有的、單純和富足如此兼容的高原。

15. 翻越高爾寺山所見

昨日，由二十七道班出發，暮至新都橋鎮。到養路分段借宿後，方知甘孜州總段的唐主任果然已打了招呼。他是個講信義的人，同時也不希望我重罹其弟之禍。

今日八時三十分，新都橋分段的文書將一張請該分段各道班容我留宿的便箋交給了我，我便開始向高爾寺山前進。

新都橋也是個漢藏雜居的小鎮。離開時，我生平第一次認識了藏地的特產——青稞。此時此地的青稞就像散種的麥子一樣，僅長到三四寸左右，外行人暫時還辨不清兩者間的區別。

其實，我在昨天就已見到整片的青稞子，但當時我以爲那是麥子。

走過該鎮及附近的農舍時，只見四週的牆上，均密密麻麻地貼滿了一個個像鍋蓋那樣大小的棕黃色圓餅狀的東西，細看後便大笑出聲。原來此物的原料其實是牛糞。

我又感慨良久，因爲它使我想起了兒時讀過的一則笑話故事：

草原上的某懶漢總是白日作不勞而獲夢。某日，人們均在忙着撿拾牛糞，他卻躺在一邊曬太陽。偶見公主髮辮上的寶石甩落於一塊牛糞餅中，便謊稱有法術而輕而易舉地前去邀功請賞。不久，事敗，遂被逐回原地。然其性難改，仍白日作夢，不久凍餓而死。

那顆蠱惑人心的寶石不會再出現了，其實從來就沒有出現過。但那個故事中的牛糞卻保存在了生活中，出現在世界各地的草原，並依舊讓它貼在牆上，陪伴着放牧牛羊的民族世代炊煙不斷。

我終於明白了，所有的"笑話"總有它幾許務實的含意。在這片四野荒涼，別無大宗燃料的高原上，將牛糞如同可以激動人心的標語一視同仁地弄在牆上，你能說這不是一種務實的做法嗎？

相比之下，城市裏能用煤氣或電飯煲烹煮各類美味佳餚的人們真是有福呵！爲此，一直耿耿於懷於自己又有三年未盡孝母之道的內疚感竟釋然了不少——我媽還有煤氣做飯。

川藏路由成都至東俄洛皆爲單線，到東俄洛即分爲南、北兩線：南線奔雅江、理塘、巴塘、芒康、左貢至邦達；北線走道孚、爐霍、甘孜、德格、昌都至邦達，兩線匯合於邦達後直抵拉薩。

我於十一時三十五分抵達東俄洛。經過慎重考慮，我選擇"南路"前進。

剛從東俄洛處的分岔口拐往"南路"，原先的柏油路面消失，改成了砂土路面。這意味着：步行更加艱難，且每日要"吃"灰塵若干。

不出所料，剛走上"南路"不久，即遇上來往的軍車和貨車運輸隊，那車輪下不斷掀起的鋪天蓋地的灰塵，常使我被圍在"五里霧"中。

十五時四十五分，於小雨中翻抵海拔四千三百一十二米的高爾寺山。同在折多山一樣，身體又無任何不適，而高度又上升三百一十六米。爲此，我更添繼續前進的信心！

高爾寺山頂無任何標誌，空氣稀薄，有少量積雪。

在山頂停留五分鐘後，找到了那條當地人曾囑咐過我的小路下山。

高爾寺山頂爲康定、雅江兩縣的天然屏障，至此，始入雅江縣境內。

拋開了無數令人厭煩的盤旋山路，我始終沿着那條直切山下的幽徑，一路小跑着下山。不久，我又找見了一條更近的"路"——那是一條乾涸了的、佈滿枯籐老樹的小山溝。當我攀援着一串串緊密相連的枯籐直直地下到溝底時，便像個天兵天將似地突然飄落在"川藏"路第二十九道班前。

這個道班座落在高爾寺山半山腰的一個山谷中。

面色黧黑的陳洪高班長熱情接待了我。他已在這條路上堅持了二十餘年，他的家鄉卻遠在樂山大佛的腳下。

吃了陳班長贊助我的晚飯——一碗不敢恭維的麵條(海拔高，煮不爛)後，便前往下山時就觀察到的、搭在道班附近的幾頂氈包去看個究竟。去前，陳班長告訴我，氈包裏是前往拉薩"拜佛"就地宿營的藏民……這使我愈發好奇。

16. 小 央 宗

暮靄已深，星、月尚未昇起，山谷裏寂黑了下來。然而，隨着微風飄散過來的牛糞同酥油混雜在一起的氣息，氈包縫隙裏透出的幽幽亮光，卻頑強地證實着這個地老天荒的山谷裏還有生命存在。

沒有聽見狗吠聲，我便放膽向那邊走去。

在臨近氈包前的山澗邊，我看見一個黑影在晃動，打開手電看去，是一位藏族女子正用木瓢將山澗裏的水一瓢一瓢地舀進一隻桶裏。看到她在黑暗中摸索着做着這一切，我的手電光便停留在了她舀水的地方。很快，她朝着我這個方向瞥了一眼，又埋下頭繼續舀水。此後，我的手電光又一直伴隨着她，到她要進的那個氈包。

快要進門時，她回頭朝我這個方向看了一眼，猶豫了一下後，走了進去。在此期間，她沒說一句話，我也甚麼都沒説。

一共有三頂氈包，邊上停着兩輛人力板車，還有幾件晾曬在繩索上的衣袍。

我沒有進去，在距他們不遠處的一塊大石頭上坐下。方才那頂氈包的門剛好是開着的，因着夜色，裏面的人很難看見我，而我卻能看清裏面。

藉着氈包裏的燭光，我看到裏面席地對坐着兩個人。一位藏族老漢在飲茶，他的手上在不停地數動着佛珠；對座是一位藏族老媽，她的手上在不停地轉着一個小經筒，口中似乎唸唸有詞。經過了一天的辛苦跋涉，臨睡前，他們仍不忘做着這貫徹一生的功課。

又見到了那位女子，她在忙這、忙那，還不時給那兩位老人加倒酥油茶。同所有的藏族女子一樣，她的身材很健美，烏黑的頭髮瀑布似地垂到腰際，但我始終看不清她的臉。

過了一會兒，那女子出了氈包，在距門口幾步的地方停住，邊用手攏着頭髮，邊張望着剛才打水的那個方向。半晌，她又走回氈包。

我始終在黑暗中屏息不動，抽煙時將煙頭朝手掌心。面對着我窺視到的這一切，我沒有一點犯罪感，我彷彿是進了人類的遠古，我好感動！

我想起陳班長告訴我的話：「在這條路上，每年有好多藏族人扶老攜幼，窮其多年乃至一生的積蓄，不辭千里，一步一步地由他們的家鄉，前往拉薩‘拜佛’。其中，不乏三步一仆地，一直到拉薩的人，人們管這叫‘磕長頭’。由於山高路險，氣候惡劣，往往有一些年老體弱者從此再也回不了家鄉……」

一條纖細的投影在剛昇起的星、月下慢慢延伸到了我的面前。抬頭驚看，方才的那位女子已悄然地走到了我的身旁。我慌忙站起身來，心中便在感嘆：高原上練就的一雙好眼睛着實使她如此靈便！

"婆摸，曲阿佩朵！"(藏語：姑娘，你好！)我彬彬有禮地說了一句。

"曲阿佩朵！"她回了一句，聲音很輕。

我又換成漢語，明知故問地："你們的，哪裏去？"

"嗯，嗯，"她機械地答着，又搖搖頭。

知道她不懂漢語了，我便拿起筆記本，打開手電，查找不久前剛"批發"來的一些日常藏語。

而一直站在一旁的她就上前一步，拿過我的手電，幫我照在筆記本上，以解我手忙腳亂之窘。

"曲嘎拉卓？"(藏語：你上哪兒去？)終於找到了那句要問的話。

"拉薩。"她回答得既快又乾脆。

"我的，也拉薩的去。"我指着自己的胸。

"嗯、嗯，亞唪、亞唪。"(藏語：好，好)她笑着點頭。

"嘎里烏。"(藏語：請坐。)我邊指着筆記本，邊示範着坐下。

她坐了下來，緊挨着我身邊，還打着手電。

往下，再也找不到合適的、能繼續交談的話了。"扎西德勒"(藏語：吉祥如意。)我突然又冒出這句背得滾瓜爛熟的話來。

"扎西德勒"她撲哧一聲笑了出來。

我也笑了。這時，我趁機看清了她那張很清朗美麗的臉。黑暗中，她的牙齒顯得很白。她至多 20 歲上下。微風中，我感覺到了她身上散發着的芬芳如青草和奶香的味道。

"恰通？"（藏語：喝茶？）她突然問了我這一句，並做了個喝茶的姿式。

"不、不！"我一面説，一面擺擺手。

此刻，我才不喝那酥油茶呢。

手電一直拿在她的手上。手電光終於開始從我的腳下，慢慢移至我的胸前，最後，竟毫不客氣地直射在我的臉上，直到我被迫眯起眼睛時，她才又笑出聲來。

我如法炮製，奪過手電，但手電光到她的頸項處便停住了。我守住了"手電光不能直接照別人臉，那是對人不禮貌的"訓條。

在我照她時，她並不躲讓，還特地端正了一下身姿。她的眼睛深深的。

她穿着綠粗布面、細羊毛裏子的袍子，腰間繫一根紅綢帶，腳穿黑面布鞋，頸掛項鏈，佩一把牛角小彎刀。

我不知道藏語的"名字"、"哪裏人"怎麼個説法，就指着自己一字一頓地："余純順，上海。"又站起身做了個揹背囊走路的姿式。

"女蠢生，香孩；女蠢生，香孩。"她一字一頓地認真學着。

我不去糾正她。隨後用手指指她："你的？"

"小央宗。"她用手指着自己的心窩。

在我點頭表示明白時，她拿過我的筆記本並示意我幫她打手電。有漢字的，她一律略過，只很認真地看插頁上的那些風景照，嘴裏不住地發出："呀、呀……"的讚嘆聲。

"小央宗——"終於，氈包裏傳出了那位藏族老媽的叫聲。

那天夜裏，我在輾轉反側中睡去。

第二天上午，又是一碗"夾生麵"後便準備出發。行前，才知那"三頂氈包"早已上路，於是，便腦殼裏一片空白地朝着陳班長指給我的又一條貼着溝底的小路懵懵懂懂地朝山下走去。

　　高爾寺山西側，是塊溫暖、濕潤的"小氣候"地帶。溝底澗水清盈，坡岸遍佈鮮花雜樹，有許多紅肚、黑背、白嘴的小鳥在歡叫雀躍，我的呼吸也順暢了不少。不久，溝底上坡處出現了大片密密匝匝、且又排列有序的、直徑須一人或二三人才能合圍的枯樹樁——這顯然是火災後留下的遺蹟。這樣的遺蹟大約延續了十餘里地，一直在無聲地向人們"傾訴"着那片原始林區昔日的輝煌……

　　我一直沿着溝底前進，既免卻繞那些無休無止的盤旋山路，又可以避免車禍和"吃"灰。看到那些汽車"高高在上"地在我頭頂上方艱難地爬行着，我產生了一種很滑稽的、乃至"幸災樂禍"的感覺。

　　中午時分，我正斜躺在溝畔的草地上啃方便麵，一陣陣"吱嘎、吱嘎"的聲音由遠而近。我轉過臉去："天哪！那不是小央宗他們嗎?!"

　　他們一行十人，拖着兩輛板車，正從我頭頂前方的山路上走來。他們的身後揚起着團團灰霧。

　　我馬上站了起來，揮着手迎着他們漸漸走近……

　　板車沒有停下，但裹在中間，幫着推車的小央宗已發現了我。她迅速離開板車，站定到山路邊距我約五十米的懸崖上也向我揮着手。

　　"小央宗，扎西德勒！小央宗，扎西德勒！"站在懸崖底下的我眼裏噙滿了淚水……

　　"拉薩、拉薩！"這是她從崖上傳下來的最後的呼喚。

小央宗終於走了，跟隨着她的家人又繼續奔赴那千里之遙的、他們心中膜拜着的地方去了。僅以走路來説，我多麼明白那風雨迢遙中的諸多艱辛啊！

小央宗既不擺弄佛珠，也没見她手搖轉經筒，她的胸前甚至也没掛佛盒。那麼，她步行去那麼遙遠的地方是爲了甚麼呢？是追隨她的父母，還是佛祖？

小央宗用手電照人時不按" 規矩 "，這反而是她的淳樸可愛處。活脱脱一個山原上出來的天然樣，没有人會介意。

她偏偏有一個" 缺點 "，就是不會漢語。她也許永遠也聽不到我想奉獻給她的" 你真是一位善良美麗的藏族姑娘 "的這句話了。我知道，其實她是願意聽的。

我還能再見到她嗎？

冥冥中的造物主呵！請你讓純情和平安永遠與小央宗同在。拜託了！

17. 雅江風情

下午三時，下完了高爾寺山，我來到了山下一個沿着長長的峽谷伸展開去的平坦谷地。谷地中，散佈着一個個以農爲主的藏族村莊。爲了看得仔細，我索性抛棄公路，從農莊中穿行而過……。

農莊四週皆是碧綠的青稞田。海拔低了許多，氣候就要相應溫暖些。因而，這裏的青稞長勢快是很明顯的。

經過這些青稞田時，正遇到許多藏族婦女在鬆土、鋤草；田地間歡笑聲不斷。除了她們的紅衣袍在遍野的綠色中格外撩人外，印象更深的是，她們用的鋤柄都偏短，都不超過一米；幹活時，腰彎得很低。有十餘年農場生涯的我，在一旁看了，總覺得這樣好累。當然,她們一定不是裝不起長鋤頭柄,這樣做,總有適合當地或當時的理由,也許是苗嫩、草細,人不低下,就看不清吧!

觀察了許久,在幾十里地的鋤草者中,沒有一位男性。或許,這在當地是一種"默契"。

除了青稞以外,這片農區還有少量玉米和菜田。

經過該地一小供銷社,偶見貨架上居然陳列着一排啤酒,這使我喜出望外。能翻越那幾座大山的人,應該來瓶啤酒犒賞。

站在櫃枱邊喝啤酒時,就同那售貨員閒聊。問他此地的藏民是否用化肥種地?答曰:"從不。"他們還不習慣,而青稞產量也不低。

發現這裏的物價普遍很低。他說:"政府對這裏的藏民實行着一系列'傾斜'政策。多少有些'暗貼'的。"

正在慢慢品嚐那啤酒時,感覺有人在扯我的衣褲,低頭看時,好幾個藏族小孩不知甚麼時候已將我團團圍住。逐個的瞧過去,雖然玩過泥巴的小手髒兮兮的,又多半拖着鼻涕,但模樣挺可愛的,身體也壯實,都笑容可掬地看着我。他們中的男孩子都大大咧咧地摸摸我這個,指指我那個;而女孩子則站得稍遠些,瞪大着她們的雙眼。有兩個小男孩在甜甜地對我說着藏話,搞不清他們說得是甚麼意思。但我一下子喜歡上他們了。

爲了回報這群小天使的歡迎,且又一個不拉,我想出個辦法:我請那售貨員給我稱上一元錢水果糖以替代"茴香豆"。藏族孩子真實得很,既不爭先,也不推辭,一個個都攤開小手,靜靜地等着那糖落進手裏。

有一位後來的小姑娘,剛巧撞了進來。也許自覺是"落伍

者 ",不會有她的份了,便掰着自己的小手斜倚在一旁的櫃枱邊。但她的眼睛畢竟忍不住,看看我,又看看那些公然不斷將糖塞進嘴裏的小伙伴們。我便及時勻出一份,近前去給了她,她低着頭,羞羞地攤開了雙手。

咳,這些小傢伙!我總納悶:這人世上的各地的小孩子們竟然都是一樣的精怪!他們的小腦瓜裏也一點不少地裝着我們小時候曾裝過的東西⋯⋯

只要假以時日,只要神州各地經濟、文化的條件不斷改善,誰能説將來這些孩子不都是有用之材呢?!

距雅江縣城不遠了。從一個高坎下經過時,兩個提籃的藏族姑娘從坎上飛快地下到我的眼前,先就令我吃驚的是,她們都打着赤腳。

"你的,哪裏去?"帶頭的那位開口便問。

"我的,拉薩去。"

"你的證件有沒有?"緊接着冒出了這樣的一句話。

我怔了一下,心想,莫非是遇到女民兵之類的了。"你們的,又不是公安局的,怎麼能看我的證件!噢,你們以為我是特務呀?!"口氣便是不客氣了。

"不,不。我們從來的沒有看過你們漢族人的證件,很想看一看。"

原來是這麼回事。

眼前的這兩位姑娘,身着勞動時穿的舊衣服,模樣兒都挺周全。雖然高原上的紫外線將她們的臉裝扮成紅黑色的,然從敞開着的衣領和挽得很高的袖子間,可以瞥見她們的膚色原本也是白的。她們青春勃發,"野性"十足,儼然就是山野間無拘無束地長大的姑娘。

"你們的,在幹甚麼?"我問。

“我們的，在挖草藥。”總是先頭那姑娘說。

“你們的，怎麼會說漢話？”

“我們的，都是‘半藏半漢’。”

原來如此，也許她們看慣藏族的了，便想看看漢族的。

我掏出了身份證、持槍證，遞給了她們。

她倆翻來覆去，仔細看了幾遍，還自言自語道：“原來漢族的，是這樣的。”那帶頭的看着照片，又端詳了一下我：“你的，瘦多了。”

“是啊，瘦多了，又老又醜了。”

“啊！不，不！你的不老。你的還是和照片上一樣好看。”她倆一起雀躍着說着這話。

我的天，她們還真會抬舉人！

我放好了證件，看了看天道：“天要下雨了，我得走了。謝謝你們！”

“你的，能送個紀念品給我們嗎？”她們馬上攔住我的去路，又都很誠懇的樣子。

我想了想，也只有名片可以給她們了，再說，她們不是喜歡看漢族的證件嗎？

我給了她們一人一張。並告訴她們，名片上有我這個人的介紹。

我開步走時，那帶頭的一再囑咐：“下回你的，再走這裏的，一定要到我的家的來玩，噢？”

心裏是知道的，這一輩子，多半是不可能再經過她們的家鄉了。但怎忍心拂了她們的誠意，憋了好長時間，終於應聲道：“噢——”

我至今仍沒有弄明白：人世間有那麼多好看的東西，而當時我又揹着一個裝滿東西的背囊，爲何她們偏偏只提出要看證件這類乾巴巴的東西，並且，又決不是出於要"審查"我。

也許，"半藏半漢"的人們本身，就是些很有意思的傢伙，因爲，類似這樣的事，我已不止一次地遇到了！

雅江縣，因雅礱江而得名，藏語爲"亞曲喀"，即河口之意。人口三萬六千餘，藏族佔百分之九十點三四。

雅江縣城，座落在雅礱江畔的懸崖峭壁之上，形成一個很大的落差，素有"小山城"的美譽。不過，在我看來，那城其實不能算很"山"的，是因爲江"低"，而將其襯托了出來。

當晚，我住進縣府招待所。

第二天上午，便在縣城參觀。城區由一條主街貫連，兩邊擠滿着商店和各類機關。街上往來者多爲藏族，常有牦牛也大搖大擺地"逛"着街市，無人干涉。因而，它們便趁攤主們不注意時，叼起一些蔬菜就跑。

主街兩側有幾條石階路通往山半坡的後街。後街多爲居民和經營各類民族用品的小店。來自最遠的是做甘肅燒餅買賣的。

一切節奏緩慢。

在縣郵局蓋上取證郵戳後，應一位司法局的藏族幹部之邀，到縣府大院小坐。幹部們皆憂心忡忡地告訴我：該縣的經濟尚不發達。農業，主要就是青稞。大宗收入要靠外銷木材，由於條件有限，目前仍處於"伐多種少"的"掠奪性"開伐階段。

雅江有一特產——雅江松茸(又名青杠菌)，是一種頗受日本、東南亞青睞的野生食用菌，素以營養豐富、馥香撲鼻、肉質細嫩、味美可口而久負盛名。全縣十五個鄉的山野間皆盛產此物。每年七至九月間，各鄉的藏民便踴躍採集。據介紹，年景好時，可達一百五十至二百噸，能換來不少外匯，不啻是對這個貧困縣在經濟上的小補。

可惜，我到得不是時候，錯過了一次嚐鮮的機會。我總是"到得不是時候"。

晚飯後，住同一招待所的一位甘孜藏族自治州稻城縣的副縣長上我房間訪我。稻城縣緊挨雅江縣，兩地情況相近。這位雄心勃勃、有志於改變家鄉窮困面貌的副縣長覺得我到過的地方多，想請我談談對當地的觀感和建議。

當然不想"下車伊始"，但既然是討論式的，我們就從如何充分利用當地資源、人力、物力，揚長避短搞活當地經濟等方面作了些討論。而一系列的設想，又往往被缺乏人力、傳統觀念頑固、缺乏資金、交通不便等現狀困擾住了……

那天晚上，我睡得很晚。我是個極愛才的人，也想幹一番事業。因此，我特理解這位副縣長的美好願望。事實上，我的一些"嘴上談兵"，也是他們早就或正在考慮中的事。他們的問題，也是我國數百個仍未擺脫貧困的縣份大同小異的問題。

以雅江縣為例，我在想，此地種的青稞，主要在維持口糧；松茸季節性很強，況且，愈來愈"僧多粥少"；那麼，一俟"吃祖宗飯、造子孫孽"的僅有一些林木被"掠奪"完之前，還拿不出切實的辦法來，那麼，此地的經濟騰飛及民眾生活不斷提高的前景又在哪裏呢？

真的，我替他們捏了把汗！

18. 翻越剪子彎山

五月十日上午，天氣多雲，是個翻越剪子彎山的好時機。前方的"給養點"，要走到"世界高城"——理塘才能接上，中間須四天的路，一路山高人稀。

離雅江前，在甘肅人開的燒餅舖買了五隻"特大號"的燒餅作爲後幾天的乾糧。儘管，三年跋涉，基本上每餐必乾糧，故一見到乾糧就會本能地掉轉頭去。然而，要維護生存並繼續前進的話，又少不了它。

以路程計，本應該再多帶些的，但我的負重早已到了"極限"，餘下的，只有在沿途的道班化緣了⋯⋯

由雅江縣城至剪子彎山頂共六十六華里，全上坡路。行前，不少人告訴我，翻山時可以一日歷四季。我經歷過的那一天，證實了此言不虛。

出發後不久，即進入樹木蔥蘢的林區，景致非常可人。抵達海拔三千一百米左右時，忽聞林間有知了叫聲不斷傳來，方信這山中原來真有夏。此外，這是否就是知了所能生存的最高限度？記在這裏，聊爲昆蟲學家佐證。

生平第一次見到的這麼多的磨房是此地的一大特色——在山下和山半坡的每個半農半牧的藏村前，必有幾個這樣的磨房。這種磨房都築在山澗的水中，多爲底部架空在山澗上的木屋。其原理簡單：是利用終年不斷的澗水推動屋下的木質翼板，以帶動屋內的磨盤工作。

也有某些地段，水道較淺且寬，故澗水的流速緩慢，沖擊力也不大。於是便能見到藏民們在針對翼板的方向築起的小型水渠，以便使水流能發揮準確、集中的作用。

此外，在水渠的前端，總有一扇木質的擋水板及第二水道。這樣，工作時便將擋水板插入第二水道，使水全部流入主道；反之，則將擋水板插入主道，讓水從第二水道排走。

靜觀了聰明的藏族人設計的這套"程序"後，我悟出，他們似乎是在告訴人們這樣一個箴言：磨盤是有限的，而水是無限的。

在我經過時，正有兩個藏族婦女在磨青稞麵。既然水這個有時會很"搗亂"的"壞小子"已被馴服，她們工作時就既經濟又省力。而那些毛驢們也得以在磨房四週的山坡上悠閒地吃草，它們甚至連頭也懶得抬一下。

在我先前走過的黃土高原一帶的村莊裏，至今仍在用牲畜與人力推磨，那裏的人們在這一點上所以如此費力，僅在於缺水少河。

進入藏區後，我個人認爲，藏族同胞還有一個方面讓人覺得他們似乎不太省力：他們在以人力運載大部份的東西時，既不用扁擔，又不用背簍，往往就用一根牦牛毛編織成的繩子，將裝在牛、羊皮或布袋裏的東西捆綁在背後，馱起來就走。

無論是在藏區的城市、公路、村莊或田野，總能看到腰彎得很低、頭垂至膝、兩隻手在胸前扯緊着繩索的藏民在吃力地走着。高爾寺山下磨麵的藏族婦女吃力地馱着偌大一個布袋的情景，就給我留下過深刻印象。

相比之下，用扁擔或背簍肯定是要輕鬆些的。那麼，他們爲何不用呢？是因爲缺乏做扁擔和背簍的材料？未必盡然。是因爲山區上、下不便？但是，其他地方的山區，也用扁擔或背簍的。

這是因爲我看到不少年歲較大的藏胞中，不乏腰彎、背駝者，才有感而發的。

十六時五十五分，翻抵剪子彎山山頂。在整個翻山過程中，我的身體仍能勉強挺住，但我確已一日歷"四季"：山下和半山爲"春、夏"；山頂則爲"秋、冬"。

剪子彎山頂，海拔四千二百九十六米。山頂積雪厚達數尺，空氣稀薄，寒風凜冽。令我驚訝的是，在這樣的高度上，仍有大量牦牛在漫遊、吃草，其適應性如此之強，真無愧於"高原之舟"的稱號！

然而，更令我萬分讚佩、叫絕不迭的是，在山頂的兩側，仍有不少藏族牧民的氈包笑傲於高高山頂的風雪之中。氈包的頂上，炊煙飄拂。那裏沒有水，也沒有多餘的動植物，只有冰雪和枯疏的牧草。那裏沒有人群，更沒有電，自然也不會有商店等一切設施，甚至，連人類賴以生存的最基本的空氣也稀少得可憐……

呵，天啊！這是怎樣的一個民族呵！他們竟然如此地能吃苦耐勞！人世上，還有甚麼民族能千百年如一日地、如此堅毅頑強地生活在這茫茫的高原上?!

兒時曾學唱過的一首藏民歌中，有一句"藏族人民就這樣啊，生活在高原上"的歌詞，永遠留存在了我的夢中。而今日的眼前，就有如此真實的存在，使我更充分、真切地感悟出："……就這樣啊"這四個字的意蘊，是何等的深沉！

請允許我說句不動氣的話，世上所有不同國度、不同地域的農、牧民族中，我最同情和讚佩藏民族。因爲，他們實在是太難、太不容易了——他們無愧於"世界屋脊"的兒女！

19. 又一次逃脫"死神"

十七時十五分，趕抵川藏路新都橋養護段一百零二公里道班。代理班長周光強等熱情地接待了我。道班位於高爾寺山西坡，已下到了海拔四千一百米。

剛踏進道班，天空中就像赴約會似地又鋪天蓋地地下起了"雪彈子"。道班的員工們都說我"福份"非淺！

半夜，在睡夢中，我間隔性地前後有六次，因胸悶和呼吸接不上來而突然從床上驚坐起來。我極其難受，心臟跳動很沒規律，呼吸急到隨時都有憋死過去的地步。我一邊大口喘氣，一邊暗想：今夜，我可能要死在這海拔四千米以上的高原上了……我擰亮了手電，掙扎着想摸出紙筆，意欲寫幾句託付道班的員工們轉告我家人的話。此時，我想到了遠在千里之遙辛苦和受累了一輩子的父母，想到兒時的凤願及三年的艱苦跋涉，竟要就此功虧一簣，我暗暗掉下了眼淚……

我在黑夜中掙扎了好長一段時間。我一直不敢深睡。躺下去，又坐起來，反覆多次。這種症狀終於奇蹟般地慢慢平緩下去了，這或許是我及時改用鼻子和嘴巴同時呼吸的緣故。我再一次從"死神"的門檻邊逃了出來！事後，周光强他們告訴我，高原上的很多人就是這樣"長睡不起"的，其中還包括不少體檢合格，坐車到高原服役的軍人。

高原的四野又拉開了新的一天的帷幕。走出戶外，那湛藍的天空仍然似乎伸手可接，肆虐了一夜的狂風和"雪彈子"已成強弩之末。我在想，那山頂上的氈包裹的藏族牧人們昨夜又是怎樣捱過來的呵？他們也是血肉之軀的人呵！

20. 澤仁扎西

五月十二日，我又開始了翻越卡子拉山。一路上的海拔始終保持在四千米上下。山路兩側的山谷間仍有小片的杉樹和松樹林，它們之於我，僅僅是一種供看的東西，對走路沒有實際的意義。人們告訴我，縱深處的山谷中，有狼、熊、鹿、狐等野獸在那裏棲息，但它們一般白天不上公路，用不着害怕。

走至"一〇五 K"路碑時，看見崖邊豎有一小簇藏族經幡。正在納悶，這荒原野外的，怎麼也有這些，卻又看見崖下的深谷中橫七豎八地"躺"着兩輛汽車的殘骸。兩相一對照，我便懂了：這經幡是在爲那些遇難者的亡靈祈福。爲此，那些

"家屬們"一定走了很遠的路。

在這樣的高原上，無論是人和車，倘若不慎墜落崖下，很少再能"完好無損"地返回崖上的。

十二時四十分，"雪彈子"又降臨在我的頭上，我便頂着"彈雨"前進。十四時二十五分，"改"爲下雨，我便又冒雨前進。十四時五十分，途經"一一二K"道班，大喜，喝退兩條兇猛的大狼狗後，躲進該道班暫避。在那裏，我結識了澤仁扎西和他的伙伴們……

澤仁扎西是位二十三歲的豪爽、英俊的藏族青年。其實，他也是個"半藏半漢"，普通話説得挺棒。他在前方的"一五八K"道班，頂替他的幹了三十餘年養路工的父親，也成了這片高原上的一名養路工。今天，他是搭便車來這個道班看望他的一位朋友的。

我走進道班，澤仁扎西一問明我的情況後，就馬上幫我將背囊卸下，又儼然像主人似地將炭火加旺，讓我烘烤衣褲。

在澤仁扎西和他的朋友商量要爲我做飯時，我趕緊謝絕道："不必了。我自己帶有乾糧，稍稍填一下飢後，還要繼續趕路。"

我只要了些水。我最擔心的，就是怕沒有開水。

在我吃乾糧時，澤仁扎西同他的朋友突然想起了甚麼。不一會兒，他倆拿來了一根黃瓜，十分高興地放到了我面前。

"真不好意思，沒啥招待你。我們這裏海拔太高，啥都種不了。前不巴村，後不挨店的，我們常年吃不到蔬菜。買東西，要去很遠的山下。這根黃瓜，是開車的朋友經過這裏扔給我們的。咳，你還真有口福！"他倆很誠懇地解釋着，表示歉意。

我望着那根已開始由綠泛黃的黃瓜，心想："這區區一根黄瓜喲，如果在内地的平原上，又算得了甚麼呢?!"

我當然要堅辭不食的。儘管我知道自己的嘴唇早就開裂了。

吃完乾糧，我掏出煙來，給他們每人遞過一根。此時，我瞥見澤仁扎西和他的朋友的眼睛都情不自禁地一亮。接過煙後，他倆相視一笑。"啊——太好了！想不到你還帶着煙。我們已好些天沒煙抽了。我今天來看朋友，就是來找煙的。結果，他這裏也斷頓了。"澤仁扎西毫不掩飾地倒出了他的委屈。

到底誰有口福呢？

喝夠了水，雨也下得小了，便起身告辭。行前，我從背囊中挖出兩盒煙來，給了他們一人一盒。這是江湖上的規矩。

瞅着他倆像是"耗子掉進了米缸裏"的高興勁兒，我也挺得意。

"哎，不行，不行！這黄瓜歸你。"澤仁扎西抗議道，執意將那黄瓜往我背囊裏塞。

"好吧，好吧，就交給我來幹掉吧！塞在我衣兜裏好了。"

"我現在就同你説定：明天，你得住在我們道班，我在那裏等你。"澤仁扎西最後同我敲定。

感謝澤仁扎西盛情。其實，明天我不"下塌"那個道班，在這荒僻的高原上，我又能棲身何處呢?!

剛走入第一個山拐角處，回望"一一二K"道班只露出一個屋頂了，我便立馬掏出那根黄瓜，三口並作兩口地將它"幹"掉了。那清爽濕嫩的滋味，使我想起了我那遠在萬里之外的美麗溫暖的可愛的家鄉……

卡子拉山，海拔四千四百八十七米，爲挺進川藏以來的第五座高山。同澤仁扎西分手後第二天的十五時四十五分，我便順利地翻抵山頂。一個多小時後，我便從白雪覆蓋的山頂迅速下行到了澤仁扎西所在的"一五八Ｋ"道班前。

在這之前，我早就望見了四壁皆漆着黃色的道班房前，有一個人站在門外，朝我這個方向張望着，俟我再近些時，便看清了是一位姑娘，她正轉身對着道班內高喊："來了，來了，澤仁扎西的朋友來了！"

"余哥，告訴你一個好消息，你又有口福了，我特地為你打到了一隻野兔！"迎上前來的澤仁扎西劈面就報告了這件事。

"你別得意得太早，這個消息並不好。告訴你，哥們屬兔，長這麼大，從不吃兔肉的。"我半開玩笑地説。

"甚麼？你屬兔？屬兔就不能吃兔肉了嗎?!"他着急了。

"我們漢族人有這個'規矩'。"

"甚麼屁規矩！我們藏族人可不講這一套！"

"你不是'半藏半漢'嗎！"

"'半藏半漢'又怎麼樣！'半藏半漢'就更不講這一套！"

澤仁扎西將我逐個地介紹給了他的同事們。他們一共十個人。估計是針對沒人願到這種鬼地方來相親這一"老大難"問題——這個道班正好安排了五男五女。

玩笑歸玩笑。自記事以來，我真的是一貫拒吃兔肉的。然而，這位"半藏半漢"堅持不理這一套。

"老弟從昨天回來後，就張羅到現在。天神有眼，總算讓我逮到一隻，你還不吃？告訴你，在高原上，這可是一級補品噢。吃！"他撿起一塊兔肉就往我嘴裏塞……

終於，有生以來，第一回開了自己吃"自己"的先例了。

味同嚼蠟，不自在得很！

"余哥，你那背包裹都裝着些甚麼呀？能給大家瞧瞧嗎？"他邊說，邊向旁邊的幾位同事眨了眨眼睛。他們都詭譎地笑了，甚至還包括姑娘們。

"別兜圈子了！不就是想抽煙嗎！你老哥還給哥們留着幾盒呢！"

房間裏的氣氛更活躍了。

21．生也高原，死也高原

劉黎明，是澤仁扎西道班的最好的伙伴。小伙子今年二十四歲，四川人氏。那晚在一起喝酒時，就驚覺他的酒量很大。澤仁扎西告訴我，即便沒有下酒菜，小劉也照喝。他飯可以不吃，但酒不可一日沒有。我聽後心裏很不安，便直言喝酒應有節制，然小劉總是以微笑作答，仍自慢斟慢酌。

那晚，正巧輪到小劉值班，他的舖也就讓給了我睡。半夜又被氣悶驚醒時，卻見他在以酒作伴，便覺得他很有些特別。橫竪也睡不着，就躺在床上同他閒聊了起來……

他告訴了我有關他的一段很感人的身世："我的父親為'和平解放'西藏時的一名軍官。那時，這一帶匪患嚴重，道路又不通，條件非常艱苦。父親所在的部隊一邊打仗，一邊修路向西藏挺進。就在那時，我的姐姐出世了。部隊行軍時，父母就將她挑在蘿筐裏。高原上缺吃少藥，姐姐一直病弱得很，但總算活了下來。

"'平叛'後，父親轉業到地方上，任甘孜藏族自治州公路段黨委書記。不久，便因高原心臟病去世了，那時。他才五十多歲。

"父親去世後，母親便帶着我回四川老家。母親在高原上時，就患上了高原肺氣腫病，回老家不久，也緊跟着父親走了。

　　"我的姐姐那時已在康定工作，没有跟我們回老家。父母去世不久後的一天，突然來了份電報，說我姐高原心臟病突發死於康定。那年她才三十四歲。

　　"我那時還小，由外婆家撫養成人。前幾年甘孜州公路段落實'內招'政策，派人來問我，是否也願意上高原？我就來了。"

　　"高原上環境如此惡劣，你決定要來前應該想過的。"

　　"我是想過的。我自己也是生在高原上的。既然我們一家人都同高原有關，我就不選擇別的地方生活了。我來時，將母親的骨灰帶到了父親身邊，這樣，我們一家人便'團聚'了。常常，我覺得孤單時，就上父母和姐姐長眠着的地方去看看……"

　　我不忍心再問下去了。聽着子夜時分從窗前掠過，又呼嘯在荒原上，不斷發出尖厲聲響的狂風聲，我在想：我們這個有着廣闊土地、多民族人民共存的國度之所以能夠維持和發展，這片環境如此冷酷的高原之所以能脱離洪荒，從此人煙貫通，就因爲有這麼多像劉黎明全家那樣的與世無爭，又有情有義的人們在默默地奉獻、前赴後繼地努力着呵！

　　讚美天底下所有勞動者的激越、慷慨悲壯的史詩中，是萬不可少了傳頌高原上人們的那一章的！

　　原本説好，第二天上午一起到附近的藏民們那裏去體驗如何挖"冬蟲夏草"的。不料，昨夜的一場大雪使這計劃落空了，再等幾天，覆蓋在山坡上的雪也是不會化的，只有等以後再找機會了。於是我便謝絕了他們的挽留，準備繼續前進。

行前，澤仁扎西向我提出，用我的相機同道班的全體員工合個影，以作永遠的紀念。

這其實也是我的願望。

於是，我們便有了那張以道班房和白雪覆蓋的山巒爲背景的珍貴照片。

當我又揹起背囊時，澤仁扎西代表全體員工贊助我五十元錢，我知道，這是他們從集體伙食費中勻出來的。推辭不過，便非常感激地收下了。

我們一一道別，輪到劉黎明時，我拍了拍他的肩膀輕聲道："少喝些酒，你還年輕。"他笑着點了點頭，或許，因爲這是"最後一次了"。

"你也要保重，前面的路更難走了。"澤仁扎西也在一邊道。我在他的胸前捶了一拳，深深地看了他最後一眼，便掉頭西去。

不管怎麼説，我只是路過那裏，對那片土地不負有任何責任。不久，我還能回返我那溫暖的南方平原上去。而澤仁扎西和他的伙伴們還要在高原上堅持很多年……每想到這些，我的心裏就有一種説不出的惆悵，即刻又會湧上來那種喘不過氣來的感覺。不是爲我自己。

高原是無情的，但它卻需要澤仁扎西他們作它的忠誠的"情人"，不渝地守衛在它的身旁……

22. 狼來了

據説，坐落在川藏路東段、海拔四千一百八十七米處的理塘縣城是世界上位於海拔最高處的一個縣城，故素有"世界高城"之稱。五月十四日九時三十分，我由"一五八Ｋ"道班出發，一路提醒自己：必須疾行九十四華里，於天黑前抵達這個世上最高的城市。這僅僅是基於能接上食宿點及避開其他麻煩的考慮。在平均海撥拔四千米以上的荒原上孤身跋涉的旅人，如果不善於解決這些問題，那就無疑是在拿自己的生命開玩笑。

昨夜的一場大雪，使四週的山巒一下子變成了"雪山"，到處是銀白色的一片。高原上本來紫外線就強烈，雪中的反光又對我形成了夾擊之勢，這便很容易灼傷眼睛了。我心裏也很清楚，在這種情況下，一副墨鏡應該是必不可少的，但我從來就不曾戴過。其原因是：高原地勢險要、環境複雜，戴上墨鏡後，眼睛只能平視，不能充分利用眼梢環顧左右兩側；眼睛的有效使用範圍就會相對減少，且各種反應能力也會受到影響，不足以迅速應付隨時隨地可能來的突發情況。爲此，我唯有眯着眼睛在荒原上前進，盡可能少地同雪原對視。

孑然一身在百里無人煙的地方跋涉，必須眼觀八路、耳聽四方，時刻保持高度警惕。事實上，這樣做，並不是毫無道理的。

十三時五分，正當我走至一個峽谷中時，突然聽到右側山崗上一群牧羊藏族少年的吆喝聲，抬頭看去，只見他們邊吆喝，邊向我這邊揮手示意。

起初，我並沒有理解他們的意思，還以爲同平時一樣，僅是爲了招呼我，想從我這裏要一根煙或泡泡糖之類。但我很快就感覺到這次的氣氛不對了，因爲有些孩子手上揮着鞭子朝山坡下飛奔，有的在用石頭朝山坡上擲。我便順着那方向看過去，頓時大吃一驚：一條大灰狼正從距我處右側約一百五十米方位的草甸子中狂奔而來！幾乎不假思索的我立即扔下背囊，"嗖"的一下從腰間拔出了佩刀……

那狼早已發現了峽谷底下的我。在跑至距我約二十米處時，突然來了個＂緊急刹車＂。頓時，我和那狼，一個站在公路上手持利刃，隨時準備搏擊；一個站在草甸子裏，兇相畢露，算計着如何處置我。雙方對峙了約十五秒鐘後，那狼回頭望了一個吆喝聲愈來愈近的牧羊少年，又低下頭在原地慢慢地轉了一個三百六十度，接着，它又抬起頭冷冷地狠盯了我一眼，隨後便突然起動，如閃電般地從我右前方的斜刺裏飛身躍上了公路，然後，便朝我左前方的山坡上狂竄而去。很快，它的身影便消失在山坡上的亂石堆中了。

　　五分鐘以後，我又繼續上路了。

　　山坡上的那些藏族少年們見狼已跑遠，都停住了腳步，一個個慢慢地回頭走去。剛才他們的吆喝聲，使我想起了兒時聽過的＂狼來了＂的故事。所不同的是，這次是藏族牧童的現場＂表演＂，而且，狼真的來了！

　　爲了感激這些藏族少年對我發出的警告，我向他們揮了揮手。他們也一個個且走且向我揮手……

　　在＂壯行全中國＂的三年中，這已是第三次在野外同狼遭遇了。前兩次，分別是在黑龍江和內蒙古，且都是我單獨一人。

　　我曾經衡量過：若遇到不超過三條以上的狼，也許我還有能力拚死一搏；如果不期同狼群遭遇，我只有坦然地接受這一事實——那是＂天＂要滅我；至於我終於未能走完＂孤身徒步壯行全中國＂的全程，安返桑梓，也乃＂非戰之罪＂也！

　　人在西部的荒原上遭狼襲擊，以致喪命的事，沿途常有所聞。就連奔跑能力很强的馬，和抵抗力甚强的牦牛也都常常難以幸免……

23. 在"世界高城"理塘觀光

進入"世界高城"的地界後，天氣狀況就是不一樣，變化無定是它的特點。我當日的記載是這樣的：

上午，微風、多雲。

十四時五十分，小雨夾雪，小風。

十七時三十分轉陰天，微風。

十八時，轉爲"雪彈子"，大風。

十九時，轉雪花，狂風，氣溫驟然下降。

十九時三十五分，於暴風雪中，從一個山坡上拋開盤旋公路，直插理塘縣城。此時，我全身凍得瑟瑟發抖。爲防感冒和補充體能，進縣城的第一件事，便是"衝入"一家飯館，馬上要了一份砂鍋豆腐和一瓶葡萄酒。

"壯行全中國"以來，在很多次的被凍得一塌糊塗的情況下，我總是靠着這類東西又將自己暖活了過來。記不得有多少次了，在滴水成冰的嚴寒中，已在風雪中跋涉了一天的我，抖瑟着身子，眼睛裏閃爍着無限企盼的光亮，於剛抵達的某個鄉村、小鎮或縣城的街上，挨家逐舖地尋找着麵舖或有葡萄酒供應的店家……常常，在我終於能迫不及待地將一碗湯麵、開水或幾大口葡萄酒吞下肚子裏去以後，我就會想到：如果這些東西再晚幾分鐘下肚的話，我恐怕真要支持不住了……

"世界高城"自然更不會"便宜"了我！

理塘縣，原名"理化縣"，因原名有污辱少數民族之嫌，遂改成今天的這個名稱。在藏語中，理塘爲"銅鏡壩"之意。

第二天上午，我便去縣城參觀。因人口不多，故這一帶縣城的規模一般都不會太大，類似於內地的一個小鎮，甚至還不如。理塘縣城自然也是這樣。

縣城內，多藏族民居。道路和街市正在"基本建設"中。近幾年新添了一些漢式樓房，是一個漢、藏風格並存的高原小城。街上往來者百分之九十以上爲藏族，多爲騎馬來去的牧民。街上到處是他們的坐騎，就隨便拴在電線杆上，不用上"鎖"。

此地没有農區，海拔高的緣故。

由雅江至理塘的幾百公里的荒原中没有一家郵電所，也没有必要有。爲此，我在理塘縣郵局一下子發了好些信。出得郵局，見一揹牛糞的藏族婦女抓不住捆紥的繩頭，便上前幫了一把，她笑着衝我説了聲："亞哞、亞哞。"

"高城"給人的最大印象是：時值初夏，還没有給人一丁點兒溫暖的感覺。走在寒風凜冽的街上，在時停時下的雪中，從當地人笨厚的冬衣，以及屋裏閃出的爐火中，我感覺到了在這個地方過日子的艱難。

"高城"也各有一家影劇院和錄像廳。從緊閉的大門可以看出，這裏不可能每日都有"客滿"的熱鬧。但在不需要太多玩客的台球攤前，倒是蠻熱鬧的。看到打球的幾乎全是藏族青年，在一旁的我不禁莞爾一笑。想不到，台球的"大衆化"是如此的勢不可擋。在不過幾年的時間，便連這"世界高城"也有了它的一席之地。

青年人就是精力充沛，離不了一切正當的文化娛樂，不管是漢族，還是少數民族；是讀書、做工的，還是在那茫茫荒原上放牧的。

下午，我去縣誌辦公室，想瞭解些該地區的情況。縣誌辦由一位女主任負責。她認爲我正在做一件很有意義的工作，歡迎彼此間的交流。

她告訴我：理塘縣的地形、氣候等條件，是十分惡劣的，氧氣只是平原地區的百分之四十八，常年雨、雪，冬季可達零下三十七至三十八度。因爲主要靠牧業，這裏的經濟文化都不發達。文教事業最成問題：藏族群眾不願送子女上學者竟然佔多數。政府爲鼓勵上學，每天給每個藏族學童零點三零元的補貼，但這並不解決問題。令人哭笑不得的是，有時候某一個學童上了一段時間後，又改爲其兄妹或姐弟來"換班"，僅僅是爲了頂每日可支零點三零元的缺。故這裏文盲普遍，尤其是婦女。近兩年，此地開起了金礦，希望能改變一下落後的現狀。

　　過後，她又幫我上檔案局找了些資料，由於沒有複印條件，我便揀重要的抄了部份。

　　在抄資料時，我問她："有説甘孜州的石渠縣城才是真正的'世界高城'，不知你以爲如何？"她回答道："我們理塘人不承認。因爲他們那裏測高度時是以喇嘛廟頂上的旗杆頂端爲準，而我們則以縣城中心的路面爲準。"

　　我告辭時，理塘縣的一位姓洛的藏族副縣長前來接見我，並在刷有"迎接西藏和平解放四十週年"、"反對極少數'藏獨'分子的陰謀活動"等標語的縣府大門前合影。

　　第二天，我仍未繼續前進。因爲白踏上高原後便患上的"腸胃功能紊亂症"，加上這幾日"世界高城"免不了要"款待"我的"不開水、夾生飯"後，我的肚子又唱起了"咕嚕、咕嚕嚕"曲，且腹脹不已。此外，我又開始便血，這樣一來，便將我搞得上下、裏外都不自在得很。爲此，我決定再休整一天，以待後效。

　　在這種尷尬情況下，是不便多走路的。我便在中午踱進了招待所對門的一家個體美髮店。

　　店主爲從四川內地來的一對小夫妻。男的理髮，女的幫助洗頭和做飯。問他們爲何偏要到這種"鬼地方"來開店？那男的告訴我：他原籍湖北人。復員後，娶了這個四川女人回老家，老家不給地。他便跟女人到四川，四川也不給他們地。沒有啥子法子喲！便學了這門手藝。等手藝學成後，内地已是"店滿爲患"。後來，聽說此地店少，他女人在縣府有個親戚，便投奔這裏來了。

"這裏是藏區，藏族男女都留長髮，你能有幾個生意喲？"我的祖籍是湖北人，便用湖北話同他交談了。

"夥計，你就看着吧！藏族人現在剪頭的也多了。縣城的就更多了。我這裏就長包着幾個燙髮的。"他顯得很自信。

談話間，果然生意尚可。我也請他理了髮，他不收我錢。但請我替他倆拍張照，寄回内地去，讓家人放心。

拍照時，擠在一邊看的招待所藏族女服務員的一對女兒飛跑而去，叫來了她們的母親。她母親便對我說："你的，給我們兩個姑娘的，也拍上一張。錢的，我給。"

"錢的，不要。馬上叫你的女兒把最好看的藏裝穿上。把你們地址的告訴我，我拉薩的到了，給你們的寄來。"

當兩位身着鮮麗藏裝的小姑娘甜美無比的笑容裝進我的相機後，那個當姐姐的便用漢字在我的筆記本上，工工整整地寫上了在縣武裝部工作的、她們父親的名字。

瞧！讓孩子讀書有多好！會藏語，又會漢語更好上加好！

第四日上午，不得不繼續前進了。

十三時四十五分，抵距縣城不遠的"二二〇K"道班。剛辦完退休手續，臉上滿佈皺紋的原道班工蔣洪駒師傅一邊給我倒水，一邊老盯着我看。終於，他開口道："你就不怕把自己的小命扔在這裏嗎?!"

"没事。"我裝着很平淡的樣子。

"虧你還説没事。我還没有發言權嗎！要知道，這裏可是氣候最惡劣的地方啊！前年，有兩個三十多歲的司機開不回去了，在我們道班暫住一晚上。結果都受不了高原反應。半夜裏，呼吸不上來，盡出氣，快没有進氣了。要不是道班替他們攔了輛車，急送雅江的話，早就死了。省裏、州裏的領導來視察，都得帶氧氣袋、保健醫生。到了道班，剛講上幾句話，就喘不過氣來了，趕緊回到車裏吸氧，忙發動車就往海拔低處跑。這荒原野外的，半天見不着個住人的地方，你一個人走路，萬一出了事，誰來救你呵?!"

我没有再説甚麼。只顧吃着乾糧。我能説些甚麼呢?!老頭説的是對的。

不久，屋外狂風又起。蔣師傅出外看了一下，回來對我道："咳，也真不容易呵！那邊有一家藏族牧民正在搬家，這大風大雪的……"

聽到此話，我立即謝過老人，揹起背囊就直奔那搬家的牧民處。

他們共有六口人：一位老阿媽，一位老阿爸，一對中年男女，還有男孩女孩各一個，原來他們的氈包剛拆下，所有的物品都放在了路邊，而狂風和"雪彈子"就這麼毫不留情地説來就來了。

他們六人都將自己的身子裹在羊皮襖裏，一個挨一個地坐在行李包上。他們不説一句話，都靜靜地看着風雪、看着遠方……

癡癡地站在路邊的我，慢慢地移步離去。熱淚早已盈滿了我的眼眶……

呵！"世界高城"，我要問你一句："如果没有這些勇敢、善良的'世界高民'不辭荒僻，不避嚴酷地世代堅持在這裏，那麼，會不會有你？會不會有你呵?!"

24. 行進在草原深處

"在‘雪線’以上的野外，千萬不能隨便睡覺啊。否則，
就有可能永遠醒不過來了。高原上的不少軍人和司機就是這樣
死去的……"這是未上高原前，熟悉高原的友人們一再叮囑過
我的。

五月十八日這天，天氣特別晴朗。在二三九 K 至二七二 K
道班之間前進的我，被眼前那片異常壯美的純牧區風光感動得
停住了腳步，禁不住在草地上坐了下來……

不知過了多久，一陣陣説不清楚的聲音在輕敲着我的耳
膜。"這是甚麼聲音？"我用力睜開了雙眼，出現在我上方的
是：湛藍的天幕下有一個黑色的大圈……

當我再定神細看時，我這才發現，在我身旁，有上十頭黑
牦牛正伸長着脖子，眼睛直愣愣地瞅着我。那一個個圍繞有序
的牛頭，形成了一個剛才我感覺中的大黑圈。

由於乏力，我仍一動不動地躺着，並開始打量起這些黑不
溜秋的動物。我突然覺得很滑稽，還差一點笑出聲來。我一點
也沒有害怕的感覺，儘管它們個個體魄龐大、力大無比，甚至
還有兩個試圖用舌頭來舔我的臉。因為我知道它們都是些善良
傢伙，它們一定也是覺得我挺滑稽的。

就這樣，雙方對視了幾分鐘後，有一個為首的鼻子一哼，
掉轉頭走了。於是，其餘的也各自走了開去，黑圈解散了。

突然一陣風颳來，我禁不住打了一個哆嗦，這使我迅即驚
覺了起來。我趕緊坐起身子，邊活動着手腳，邊對還遲疑着不
肯離去的最後兩個傢伙道："行啦！我已經感激你們的救命之

恩了。你們就放心走吧！"於是，它們也走了。

我終於回憶起，方才是想稍稍休息一會兒，並盡情飽覽這片大草甸的美色的，沒想到就這樣睡着了。"這可是在'雪線'以上的海子山脈，氧氣已不及平原上二分之一，隨時都可能長睡不醒的呵！"想到這裏，我真有些後怕。

"而那些黑傢伙，怎麼偏偏會在這個時候來造訪我呢？莫非是天神派來喚醒我的？"我好納悶……

第二天，我仍未走出那片牛羊遍野的大草甸，然而高聳入雲的海子山峰已近在眼前了。

上午十時左右，有一個牧民離開了他的在山坡上吃草的牛羊，從草甸深處逕直朝着我走來。這在曠遠無邊、常常一整天見不着一個人的高原上，其意是很明白的，我便也放慢了腳步。

來者是一個藏族男青年。我們相視而笑，互相點了點頭，便算是打了招呼。

"這是你家的牛羊？"我遞了根煙給他。

"是的。"他接煙，對火。

"一共有多少隻呢？"

"沒有數過。"

"怎麼？放牛羊的不知牛羊的數字？那麼，大概的，大概的有多少呢？"

"大概的嘛……牦牛的有三百六十到三百七十頭吧，羊的有二百多隻呢！"

"這裏狼的有沒有？"

"啊，狼的有！它們羊的吃，牛的吃，連馬的也吃。你走路的要小心，會把你的也吃了！"

"啊，我的它們吃不了。你的牛羊的不要被吃光了。"

"啊，狼的倒是吃得不多。大雪的最厲害。去年冬天的大雪凍死、餓死了許多。"

　　繼續前進後，我替他估算了一下：一頭牦牛的市價，一般在千元左右；一隻羊百元左右，那麼，他們一家明攤在草地上的"活錢"，就不下於人民幣四十萬元。而且，如果沒有狼患和雪災，還會更多些。哦，憑自然水草而發，靠天地吃飯，於藍天白雲下悠哉閒哉一生，簡單到連家產也懶得認真算計，且能常年躋身於"幾十萬元戶"行列。這，又是一種生活。

　　中午時分，走上一山崗時，一陣陣藏族女子的歌聲隨風飄來。那歌聲非常高亢、嘹亮、且十分舒展。是一種典型的藏族長調，我便停住了腳步，靜靜地聽着……

　　歌聲由遠及近。不一會兒，斜坡那邊走來兩個人。一個就是唱歌的牧女，一個可能是她的弟弟。他們正趕着一群牦牛走來。那牧女看見我後，她的歌聲便戛然而止，這令我非常惋惜！

　　待他們走近時，我便上前和他們一起走。並試探着說："你的歌唱得真好聽。"

　　他們聽了後，雙雙憨笑着，向我直搖頭。我只好也朝他們笑笑，不再說話。三個人啞巴似地並肩走着……

　　這期間，有牛欲上公路，只見那牧女雙唇一抿，頓時便發出一聲尖厲的嗯哨聲。真正是聲起步止，那牛馬上抽回伸腿，老老實實地退回到草壩子上。

　　這麼利索而又傳神的一幕，讓我好個驚羨！我敢說，這效應簡直比紅綠燈還靈得多！

　　想起小時候，看見別人用手指能打出比一般口哨要響得多的嗯哨來，心裏總羨慕得很。有過一陣子，常趁週圍沒人時，就將手指頭塞進嘴裏，反復琢磨。然而，直練到舌頭也疼了，腮幫子也發麻了，臉脹得像關公，還是連屁大一點的音都沒發出來。至今，也仍是個"悶屁蟲"。相形之下，在這一點上，我簡直要對這牧女佩服得五體投地！

　　下了山崗後，姐弟倆趕着他們的牦牛去另一邊的草甸子了。望着他們向我揮着手遠去的身影，我想到：有些看似平常的舉動，也足以使人頓悟"各有長短"的道理的。

　　不難理解：以高亢、嘹亮和舒展而著稱的藏族長調，是因了高原遼闊蒼涼的獨特氛圍，以及藏民族特有的氣質和文化心理而形成的。在"天似穹廬，籠蓋四野"的自然的懷抱中，每日驅喚牛羊的人們，最先和最能依靠的，也必定是他們自身所具有的最"自然"的手段。

25. 地球表面上的一顆"眼淚"

　　"有人說，高山上的湖水，是淌在地球表面上的一顆眼淚……"這是《一面湖水》那首歌中開頭的一句，歌詞所表達的意境也最能使我感動和認同。

　　當我於十四時五分，終於翻抵挺進川藏路上的第六座大山——海拔四千六百七十五米的海子山時，沒有人知道，我的興趣已在比山頂略低些的、不遠處的那顆"眼淚"上了。

　　原本是可以抄一條很近的山路，甩開一切，直切山下的。但這樣一來，便要連同那顆"眼淚"也一起甩掉了。那是我萬不能割捨的！

　　這顆在不遠處一望見，便使我倒吸一口涼氣，彷彿是到了一處冰凍的仙境的"眼淚"，被一條小洲一分為二成為兩個相連的湖：一個在裏，一個在外。湖面大約都在十餘畝左右。明鏡似的湖面上，大半結着冰，小半為水。這就是人們傳說中的海子山頂上的湖。

　　當我快要接近那寒氣愈加襲人的湖邊時，便再也不敢多近前一步了。那幅畫面是：後景，爲高聳入雲、晶瑩肅穆的雪峰；中景，就是那深不可測、萬年靜臥的冰湖；前景，則是孑然一身、目瞪口呆的我，被裹挾在這海拔四千五百米以上的渺無人煙的雪山、冰湖之間！

不久，我突然恍惚看到冰湖上正在上演一幕幕由亙古向現在演變的歷史劇，恐龍、鴨嘴獸、猿人、劍齒虎等交替出現。與此同時，雪山彷彿在晃動，冰湖好像在翻騰，我一會兒覺得自己已被一"史前怪物"拖進了水中，一會兒看到了自己已變成一塊千萬年後被後人挖出來的化石……我且想且退……

沒有人告訴我，這湖是怎麼形成的。但從環繞在四週的雪峰、而湖水又完全浸淌在雪峰中間的情勢看，這湖會不會是因雪山而成的高山湖呢？至於爲何將這山叫做"海子山"，而不叫"湖山"，是因爲當地人將湖叫做"海子"，山因此得名。

在我撐起三角架拍照的過程中，總覺得這湖還能"告訴"我些甚麼。琢磨了好久，我突然悟到：將比大海小得多的湖叫做"海子"，其實很有道理。這也充分體現了當地人的想像和比喻能力。根據這樣一個思路，我又想到：在"印度板塊"同"歐亞板塊"未撞擊之前，這塊高原的前身曾經是滔滔的大海。海水退卻後，完全有可能留下一部份水來的。那麼，仍頑強地淌在海子山"頸項"上的這一湖水，是否是由遙遠的洪荒遺留下來的"海的子"或"海的孫子"呢？

這些，由於個人學識所限，只是隨便想想罷了。

不過，就我個人而言，我倒寧可不去想它叫着甚麼"海子"，而喜歡它就是淌在"地球表面上的一顆眼淚"。在無邊無際的空間和無窮無盡的時間的茫茫宇宙中，這臥在地球上某座"小堆堆"上的一洼清水，確實多麼像淌在這多災多難、歷經滄桑的星球表面上的一顆"眼淚"呵！

也許，我們人類，只有在這種意境中，才會在宇宙觀方面變得更深沉，才會感悟到自己作爲一個"生命體"原來是多麼的渺小，才會多層面地瞭解生命的底蘊並持既珍惜又達觀的態度！

在地球的表面上，有很多很多顆這樣的"眼淚"。但不管我走到哪裏，我的腦海中，總忘不了我曾在那麼艱難的征程中，在地球表面最高的高原上，如此真切地看過、並感受過的那一滴"眼淚"。

26. 巴楚河畔溫泉浴

當我從海子山山頂下到西坡不久，便走進了同東坡截然不同的一個溫暖的山谷。沿途開始出現灌木叢、杉樹和松樹，愈往下走，便愈趨成林之勢；山谷間的空氣也充沛、溫暖和濕潤起來。而由山雪和山泉形成、並逐漸闊大的巴楚河則緊貼着山路，發出歡快的聲響，一直伴隨着我走下山去……

十七時十五分，抵達位於巴楚河畔的"三〇五 K"道班後，見天色近晚，便進道班請求借宿，名叫馮義華的班長很熱情地接待了我。

晚飯時，馮班長告訴我："我們這裏有口溫泉，何不趁便洗個澡。"這使我大喜過望。

晚飯後，就隨馮班長去道路後面的巴楚河畔。

原來，那個溫泉的泉眼就在寬度不過十餘米的巴楚河對岸的一個山坡區。泉眼四週蒸騰着縷縷熱氣。聰明的道班工將一根水管橫架河中，這樣，泉水就源源不斷地流向道班。他們又在道班的房邊蓋起了一間砌水池的澡堂，再輔以一水閘。閘開時，泉水就流入水池中；閘關時，水就排入河中。

馮告訴我，這眼山泉已經四季不斷地流了好多年了。奇怪的是，冬天水愈熱，夏天反而涼，最熱時可達沸點。泉水中有硫磺，常以此水沐浴，對皮膚病、關節炎等症十分有益。

"我們常居深山，條件十分艱苦，但常年有溫泉洗澡，不用挑水燒火，這個好處，又是外面人比不過我們的。"馮有些自我安慰地說。

當天晚上，我就同道班的工人們一起在那滿池的溫泉中洗了一個十分痛快的澡，不僅將離開成都後的一身污垢洗滌殆盡，同時，又感受到一種全身輕飄、神清氣爽的滿足。

那晚的覺，睡得好香、好沉。

"再往下走幾十里地，你還能見到洗溫泉澡的地方。"第二天臨走時，馮班長對我道，"不過，那邊可沒有房子喲！"他有些詭秘地補充了一句。

果然如此，當我沿着這個溫暖的山谷又前進了六十里後，便又在巴楚河畔看見了一處溫泉。

情況不同的是，這裏的泉眼共有兩處，都在巴楚河這邊的河畔邊的峭壁下。

我經過時，河畔邊正停着兩輪小車，已有不少人在人工鑿出的渠道裏沐浴，氣氛十分熱鬧。

因爲昨夜剛洗過，而且還得趕路，便決定放棄這次機會。我只是卸下背囊，在一旁抽煙，邊休息、邊觀賞。

不久，我便發現，這裏除了是個一無遮攔的露天大浴池外，洗澡的人也一律是"全露"的，並不像我們内地人在野外沐浴時那樣"含蓄"。兩個泉眼就是兩個沐浴點，一處是幾個男子，漢族、藏族的都有；一處是五個女子，全是藏族的，這可以從他(她)們的髮辮、臉型和講話中區別出來。這兩個沐浴點相距不過三十餘米，誰也避不開誰。但他(她)們都坦然自如，各洗各的。即便洗澡時腰部以上露出水面，或洗完後上岸梳頭、穿衣，也都顯得很自然，沒人作驚奇狀。

不久，有幾個砍柴歸來的藏族姑娘，從山路上嬉鬧着過來。她們到了我身邊後，都將柴禾往地上一摞，便如入無人之境似地喧呼着衝下河畔，到了溫泉邊後，僅將身子背向公路，迅速脱下衣裙後，也紛紛投入到那熱霧騰騰、清水盈盈的泉水中去了。於是，戲耍聲、動聽的藏族長調聲又一陣陣由那裏向岸上拋來，直把個孤單的我弄得倍感淒涼！

那天，我没有拍照。根據以往的經驗，我不想因此而破壞了這樣一個野趣盎然、別具風情的自然畫面。

在很多地方，尤其是民族地區，那裏的人們似乎都遵循着一條不成文的守則：凡事但觀無妨。若你再要拿出些甚麼現代工具擺東弄西的話，有時就難免搞得自己很尷尬，乃至還會成爲不受歡迎者，被"驅逐"出境。

27. 困守巴塘

五月二十一日二十時三十分，我抵達了毗鄰西藏的最後一個縣城——巴塘。最初印象爲：該地氣溫甚高，居民均已身着單衣；完全夏季天氣。另外，縣城内到處都在大興土木。原來，兩年前，此地曾有過一次較大的地震，損失慘重。

其實，在當天下午，我已經感覺到空氣中熱氣難擋，連水壺裏的涼水也曬熱了。到了縣城後便渾身不適，感覺有明顯的虛脱現象。晚飯，只喝了些湯水；飯，則一口也吃不下去。我料定，這可能是中暑所致。因爲，前天還在被凍得瑟瑟的海拔四千六百七十五米、儼然"冬季"的海子山頂上，一下子下到海拔才二千餘米左右的深谷中，很難馬上適應這樣大的一個反差。

飯間，店主告訴我，當日的氣溫在零上三十度，這又使我倒吸了一口"冷氣"。從零下好幾度，突然來到零上三十度的地方，確實夠我受的。

然而，此時我擔心的倒不是身體，而是"經費"已接不上，我只剩下四十餘元錢了。從巴塘西去三十二公里，即進入西藏境內，一路更地廣人稀、與外界聯絡不便。毫無疑問，我已被困在前往西藏的"大門"前，我必須在巴塘有所補充，才能得以繼續前進。爲此，我只有向我的朋友們發電，請求他們以可能的辦法接應我。

第二天。氣溫仍在零上三十度左右，渾身極度不適地病倒在床上，但還是掙扎着起來，去郵局發出了求援電報。爲保險起見，也同時發電向慈母求援。然電文中寫明只要電匯二百元。慈母僅以"勞保"維持生活，三年來，慈母已幫了我不少，我早已於心不忍！

第三日。氣溫較前兩日低了些，已病倒在床三天，只剩下二十一元錢了。爲堅持到匯款來，已從昨日改成每日吃兩頓飯，每頓不超過兩元。兩元錢只能吃一碗麵，每次只能吃個半飽。爲保持體力，便盡量減少活動，整日像條死魚似地躺在招待所。

從電視中看到不少有關"雪城"西藏的報道，其中提到：川藏路兩千多公里，修建過程中，由於山高路險、氣候惡劣，先後共死了兩千餘人，平均每公里一人，故又有"西部奇路"之稱。

第四日。昨夜，因吃得太少，餓得一夜難眠。今日想出辦法：專買兩毛錢一隻的饅頭，共買十三隻。以期既能吃"飽"，又每日只需花兩元六毛錢。

下午，接到慈母匯來的兩百元的電匯單，這不啻是雪中送炭。送匯單的服務員剛走，未及關起門來，已是淚流滿面⋯⋯

第五日。去郵局取匯款時，巴塘縣郵局的兩位藏族女營業員爲我徒步萬里而感動，遂"硬"給我取了一個"格薩扎西"的藏名。問其譯成漢語爲何意？皆笑而不答。後來我自己揣度："格薩"似乎和"格薩爾王"有聯繫；"扎西"也像是藏語"扎西德勒"（吉祥如意）中的"一半"——願"格薩扎西"這個吉祥的名字，保佑我實現人類史上第一個孤身徒步訪問完西藏全境的夙願！

得了慈母救我的兩百元後，今日總算能吃飽了點。然仍不敢大吃，因爲兩百元錢也維持不了幾天。晚上仍吃饅頭，但是，增加了一包涪陵榨菜。

上招待所樓梯時，一當地藏族幹部告訴我，《甘孜報》上有關於我的報道。我請他從辦公室取來報紙看後，果然見五月十四日的《甘孜報》上登着我在康定的消息。問他："何以知道是我？"答曰："報上説你要經過此地。我一眼便認出此人定是你無疑。"他隨即反問："有困難爲何不找當地政府？"答曰："你們正在災後重建，不忍打擾。"

傍晚時，有意外重大收獲。我在向一停車於路邊的運輸兵瞭解前方情況時，他説他在我翻前幾座大山時，曾多次看到過我。在看過我的身份證、記者證後，他説："這樣吧，光聽我口述，你不一定記得住。我這裏有一張舊的'川藏、青藏、新藏公路兵站圖'，我送給你作個參考，但你要注意保密。我念你是條漢子。你太艱險，太不容易了。"

在此後孤身徒步於茫茫高原的艱險無比的挺進中，我又多了一條珍貴的線索，在關鍵時，甚至可以挽救我的生命。

第六日。接到友人焦雪蓮小姐及詩人楊靜的覆電，他們已在成都趕往巴塘的路上了⋯⋯

五月三十一日。焦雪蓮和楊靜趕抵巴塘。見面時讓我大吃一驚，繼而雙方都大笑不已——他倆因坐在長途車後座，頭髮和眉毛竟被一路的灰塵染白！

坐定不久，他倆又雙雙鼻血如注，臉色發青。於是他倆都有了"坐車尚且如此不易，更不用說徒步走過這段路了"的感嘆。

他們給我捎來了成都二十中學師生集體捐助我的一千一百元錢。我曾於今年四月在該校作過一場演講。與此同時，我見到了《解放日報》上登出了有關我的報道。對於這一來自我的家鄉的支持，我覺得很是時候。

他們還給我捎來了黑龍江省富錦市政協贊助我的用以防身的雙筒獵槍。遺憾的是，因無法補充子彈只好作罷。為此，我仍只能以一把匕首防身。但不管怎麼說，我又可以繼續前進了。

兩天後，詩人楊靜又動身前往東北，設法再替我籌款項，以支持我下一步的需求。

焦雪蓮小姐則以"既已到達西藏的'大門'前，何不再進一步，也算不虛此行"的理由暫時留了下來。她擬隨我走上三天，進入西藏第一個縣城觀光後，再返回去。

動身前，適逢四川電視台來巴塘趕拍歷史悠久、深受當地藏民喜愛的"巴塘弦子"和"藏戲"。這一好消息，便又將我們挽留了幾天。在縣城邊上的一塊綠茵覆蓋的草壩子上，我們有幸領略了眾多藏民邊歌邊舞的"巴塘弦子"以及帶着面具演出的"藏戲"。我們還身着藏族盛裝，同那些十分熱情的藏族男女拍了不少難得的照片。那些充滿民族風情的歡快場面，使我終身難忘！

在此期間，我又應四川電視台少兒部主任楊揚之邀，直接於當地外景地拍了有關我的"專訪"。她説，擬在川台"中學生欄目"中播放。

最後，我又求縣城的一位木工替我削了一根扁擔，試圖在今後的行進中，用肩挑代替肩揹，以便省些力。至此，繼續前進的準備又就緒了。

28. 金沙江畔

六月十日，是我正式進入西藏前的最後一天。

上午十一時，我改用扁擔挑起行李。決心隨我走上三天，計劃前往西藏第一個縣城(芒康)的焦雪蓮小姐也揹起了一個簡單的行囊。金沙江就在九公里外，只要溯江而上，我們就可以進入西藏了。

那天天氣十分晴朗。我倆有説有笑，一路十分輕快。焦小姐更是欣喜若狂，一再讚嘆生平從未見過如此壯麗的風光……

十三時三十分，抵達位於巴塘西九公里處的金沙江邊。巴楚河在此走完了她的行程，被金沙江擁抱着去了。金沙江水黄，巴楚河水清。在這一江一河的交匯處，形成一明顯的"水線"，可謂涇渭分明。

在縣城時，曾經有人告訴我，這個"交匯處"就是當地藏民舉行"水葬"的地方，碰巧的話，便能看到這種奇異的場面。爲此，我們特別留意了一下，在"交匯處"的岸上等了約半個小時。遺憾的是，可能那段時間没人"升天"，自覺總不能守株待兔，便又繼續前進。

在又前進了約十公里後，我的在農場"鍛煉"了十年後，留給我作永久紀念的腰椎骨質增生病，因爲扁擔一上一下的壓迫又犯了。大汗淋漓的我，腰椎處如刀剜般的痛。我當即便明白：看來，用挑擔載行李徒步走中國的辦法又行不通了。這是我繼手推車在二郎山拋錨後的又一次失敗的嘗試。幸虧我有兩手準備。我將擔子兩頭的東西又裝進了原先的那隻背囊中，繼續揹着背囊前進。而那根已經派不了用場的扁擔，僅爲我效力了幾個小時後，即被我安放在金沙江畔，讓能用着它的人去用了。

順便提一下，在我歷經磨難才得以"返城"時，我便因腰常彎不了多久及經常疼痛知道自己已染下腰病。經醫院拍片證明爲："腰椎第三至五節尖銳骨質增生。"那年，我才三十一歲。爲此，我還"長期病休"過。所以，我其實是最不適合負重遠行的。這，就是我爲甚麼不斷在尋找旅行中何種負重方式最適合我的原因。

焦小姐當然是沒病的，而且還那麼年輕、健美。但她在風光了二十公里路後，忽然連話也懶得說了。仔細觀察之，果然出現了我原先就預測的情況：走路的速度和姿式活像個八十歲的老嫗，而且面部不斷露出痛苦狀。這下可把我"害"苦了，我不但要常常停下步子，耐心等她一步一趨地挪上前來，而且還要忍住笑，不斷地給她以鼓勵的話，這一情況持續到最後，便是連她背上的那隻背囊也終於責無旁貸地落到了我的肩上……

在距當夜的目的地還剩五華里時，她已是個走上幾百米就得坐下來賴着不想走的狀態了。不過，有一點她還是幸運的：她一共被石頭絆了二十次，居然一次也沒被放倒，每一次我都替她數着的。

不過，在這位此時"方識苦滋味"的姑娘堅強挺進的過程中，金沙江兩岸的風光倒是壯麗無比的。

其實，在我們先前見到金沙江時，江的西岸便是西藏地界了。正如俗話"隔山不算遠，隔江千里遠"說的那樣，即便才一江之隔，我們也只能邊走邊乾瞅着這"美麗的西藏"而無法靠近一步。

對岸，是連綿的山巒。靠河岸這一側有多處分散的綠色坡地，坡地上散居着一個個藏族山村。隔江望去，坡田裏還有尚未收割的金黃色的麥子(也可能是青稞)。山坡上，有牛羊在悠閒地吃草。江邊，有孩子在嬉水。屋頂的曬台上，有大人在以槤枷摔脫穀粒……

我們這一側，也是連綿的山巒，人家不多，偶爾遇到幾個過往的藏民，都主動向我們打招呼。經過一個小村，坐下休息時，有一位在菜田務活的藏族阿媽衝我們笑了笑後，便去拔了四根青蘿蔔給我們。我們謝過後，就去江邊洗淨了吃，那蘿蔔又脆又甜，十分解渴。

焦姑娘邊吃邊感慨道："這地方真美，人也真好！"

看得出，她是真的很感動。不過，我想的卻是：但願她的腳也因此而"感動"。

二十一時四十分，焦小姐終於堅持走完了她有生以來最長的徒步旅行路程——三十二公里後，我們抵達了目的地川藏路四三四公里道班。此時暮色已深，但我們仍望見了距道班西側一里外，橫跨江水兩岸、連結川、藏的金沙江大橋。

西藏在即了！

第二大上午九時二十分，由四三四道班出發僅一華里後，即到達著名的金沙江大橋。當我的雙眼緊盯着那長約三百米的水泥橋面時，我的心激動得就差要跳出來了。因為，只要跨過橋中心，便進入我自兒時至今一直夢想着的西藏了！我悄悄地抹去了湧出眼眶的淚珠，平穩住自己的呼吸，我還必須停留在橋這一端做完兩件事。

由於大橋地理位置的重要，不允許隨便拍照。考慮到“壯行全中國”情況的特殊，我得留下抵達這一著名要津的歷史鏡頭。而此時，唯一知道我已走到這一橋邊的，只有焦雪蓮小姐一人。

我去守橋的武警部隊聯絡，向一位軍官說明了情況，並出示了我的證件和資料。我向他保證：我不拍大橋的全貌，只要“金沙江大橋”那五個字，以及“長漂烈士紀念碑”那兩個鏡頭。

那位年輕軍官將證件和資料交還我，轉過身思索了一會兒後，突然對我道：“在我們這座橋上，還從未走過像你這樣的人，就按照你剛才的意思拍吧。祝你一路順風！”

我們首先在鑴刻於橋頭的“金沙江大橋”五個字前留下了紀念。然後，又在新立於橋頭一側的“長漂烈士紀念碑”前肅穆志哀。

在我中華民族前赴後繼向未知境界挑戰的千百萬仁人志士的行列中，人們不會忘記“長漂”烈士們的壯舉。金沙江爲長江的上游。在二十世紀八十年代那激動人心的日子裏，在只有“改革”才能強國富民，才能使中華民族屹立於世界東方的呼喚下，來自神州各地的豪傑們，曾高舉着“振興中華”的旗幟，以自己的血肉之軀歷經艱險，由茫茫雪山經過這座大橋，一直奔赴那千里以外的入海口……

毋庸諱言，任何一個“壯舉”，都會有不同的理解。值得欣慰的是：“長漂烈士紀念碑”已於一九八七年九月三十日，由中國長江科學漂流指揮部、白玉縣人民政府、巴塘縣人民政府、得榮縣人民政府共同立在了滔滔奔流的金沙江邊。

“長漂”的烈士們，英靈在天，也可含笑九泉了！

九時五十一分，辭別腳傷嚴重、忍痛放棄原先計劃的焦雪蓮小姐後，我鄭重地揹起行囊，向金沙江大橋中心線走去，兩分鐘後，我的雙腳已踏在了西藏境內。

在我的觀念中，只要你想去的地方終必能到達，問題在於是否能堅持。

29. 芒康兩日

六月十二日十七時二十五分，當我翻越川藏路上的第七座大山——海拔四千一百三十九米的宗拉山後，即以"迅雷不及掩耳"之勢，迅速下行至入藏後的第一個縣城——芒康。

這是個座落在宗拉山腳下一塊遼闊平壩上的小城。圍城的田地裏，青稞長勢正旺。翠綠的山坡上牛羊成群——是個典型的農牧皆宜的地區。

城區大小如內地一小鎮，有一條水泥鋪就的中心大道橫貫縣城。除了公家房屋以外，民居皆藏式風格，多以土坯夯成，院內屋外均收拾得很整潔。

經過街區時，在路邊兩側經商或小憩的男女藏民，有不少都向我微笑着點頭示意。他們的眼神和表情讓人感覺出友善和憨厚，一下子將我的疲勞丟之九霄雲外。

根據慣例，我首先得前往郵局發信，並蓋上取證郵戳。郵局的工作人員是一位着綠色郵電服的中年藏族男子，他問明了理由後便很認真地給我辦理。當我十分虔誠地告訴他，這是我入藏以來的第一枚郵戳時，他甚至有些自豪起來。

西藏的郵戳比內地諸省份的要稍大些。區別在於：在郵政編碼的左側還同時附有一行藏族文字。我拿着已清晰地蓋着"西藏芒康"的郵戳本仔細地看了好長時間，我的心裏湧上一陣喜悅和感傷交織在一起的感受。我很清楚，熬到能蓋上西藏的郵戳，這期間有多少艱險和等待⋯⋯

西藏，是我"壯行全中國"以來所走到的第十六個省、直轄市、自治區級的地方，我記得，在先前走過的那些地方中，只有內蒙及四川藏區的郵戳同西藏一般大小。

這枚入藏後的第一枚郵戳蓋在了我的郵戳本編號為"九九〇"號的地方。換句話說，我自一九八八年七月一日"壯行全中國"以來，光郵局就途經了九九〇個。雖然，每一枚郵戳都起到了真實地記錄我艱難歷程的作用，然而，還很少有一枚如這第"九九〇"號那樣，使我如此刻骨銘心。

晚上，在一"正宗川味"飯館用餐時，有一位名叫翟煒的雲南畫家前來相識。他為了搞藏族人物的油畫創作，特地從雲南坐車來此地採風，想拍些人物照回去。我說，要達此目的，雲南那邊也有藏族，何必捨近求遠。他道："老兄有所不知，這裏的藏族是'純藏族'，臉型比雲南那邊更顯特點，而且非常生動⋯⋯"

就他這樣執著的作風，我便覺得很投緣。於是便破例要了兩瓶啤酒，邀他一起小酌。晚飯後，相約住在同一旅店。

第二日一早，翟煒去街頭拍藏族人物照，我上街作各類觀賞。

仔細看了不少人後，覺得翟煒的話真有道理。我也覺得此地藏民的臉型確實不類同於甘孜藏族自治州那邊的。不過，也許因為我不是畫家，故只有感覺而說不詳盡。但這裏藏民的臉色更紫黑些，倒是可以肯定的。畢竟是海拔又高了不少，離太陽更近了些。

此地藏民衣裙的色彩，也比"四川的藏民"凝重、古樸。

可能是地偏人少的緣故，此地的百貨大樓在中午時要關幾小時門，説是營業員也要回家吃飯。去縣政府打聽縣誌辦公室被告知：我們此地没設這類機構。

街區不大，逛了幾個回合後，有些人竟已記熟了我。自然，我也耳熟能詳了幾個。

當我又回到縣中心時，看到挎着兩架相機的翟煒正在同一些藏族男女攀談。看到他邊説話，邊趁機抓拍了一個對他的相機產生濃厚興趣的藏族老阿爸的臉部"特寫"，而那老阿爸卻渾然不知時，在馬路另一邊的我笑得一塌糊塗。

晚飯又在一起吃。翟煒説，這頓飯該輪到他付賬買單，我也没有客氣。

飯間，我笑道："你老兄偷拍別人時，可知'螳螂在前，黃雀在後？'"他道："對於一些稍縱即逝的機會你只能使出渾身解數。"呷了一口啤酒，他又道："咳，這些人物臉型真是太生動了！我早就該上這裏來了⋯⋯"

他是個藝術家。他沉醉在他的收獲中時的臉部表情，也同樣是很生動的。

當晚，我和翟煒在房間聊天時，隔壁一位《山東畫報》社的記者也前來加入我們的談話。他進門第一句話便是："喝，別看這地方偏遠，小小的一個旅社，便有三隻'攝影包'。"我們都會意地相視而笑。

他在説話時，有些上氣不接下氣，臉色甚爲難看。他的身體看上去很單薄，這幾天，正在感冒。我便勸他必須放棄再往前走的計劃，趕緊下到海拔低的地方去，萬一由感冒轉爲肺氣腫，會有生命危險的。

他覺得我的話是對的。實際上，他自己已感到力不從心，無法再堅持下去了。他準備明天一早就下行至雲南境内。

西藏已成爲近幾年旅遊、探險、採風等活動的"熱點"，國內外關注這個曾一度籠罩着許多神秘色彩的地方的人日益增多，其中不乏很執著的人士，在這之前，他們大都和西藏毫無干係。

很明顯，這是一種趨勢："熟悉的地方沒有風景"——當人們覺得有必要將目光移至別的民族和更遠些地方的時候走訪西藏就會成爲一種時尚。

30．來了一位同行者

六月十四日九時四十五分，開始向瀾滄江畔前進。離芒康縣城前，四川永川縣一位叫雷榮鮮的中年漢子要求與我同行。問他何以這樣？他說，他在任村支書期間，因不滿縣、鄉政府的某些人的腐化、貪污行爲曾上京告狀。返鄉後，雖然報上作了某些揭露，而他卻再難以在鄉裏立足。爲此，他決定遠走他鄉，去西藏八宿縣投奔他表哥處打工。不料，走到芒康後，盤纏快要用完，正在着急時，無意中瞭解到我徒步進藏的消息。

以我的爲人準則，如他這樣的遭遇，於情於理上我都會十分的同情。然根據以往的經驗，我料定他吃不了這份苦，便直截了當地說：

"你走不了的。"

"我走得了！"

"你現在嘴巴硬，不出一天，你就不行了。到時，前不巴村，後不巴店的，怎麼辦?!"

"我不會給你添麻煩的。我當過兵。"

"在那裏？"

"在拉薩。四年的工程兵。"

"爲何不早說，出發！"

誰能料到，就是這位昔日的"西藏工程兵"，在此後的一個月中，一直與我同生死、共患難地徒步在那茫茫高原上。尤其在走至川藏路中段，遭逢歷史中罕見的"八百里泥石流、山洪暴發險區"，途中相繼有十一個人遇難的危急時刻，我們一起熬過了冒死涉險灘、攀懸崖、穿越原始森林……的極其艱難的日子。

十二時四十五分，我和雷榮鮮一起翻抵海拔四千二百九十三米的拉烏山山頂，這是走川藏路以來的第八座大山。當時，山頂上狂風四起，我忙催促已上氣不接下氣的雷榮鮮再堅持一下，因爲天馬上就會下雨。

十三時三十分，大雨如期而至。我們趕在衣服全濕前，迅速趕至山坡下的一個小村前的一幢房子邊避雨，順便在那裏吃點乾糧，解決掉中飯。

雨越下越大了。我看了一下灰暗的天空下逶迤遠去的山路，又望了一下屋後的那個孤零零的小村，便對雷榮鮮道：

"不全是浪漫情調吧！這雨再下下去，咱倆今天可就要困在這裏了。"

想到可能走不了，我便開始仔細觀察起眼前的這幢呈凹字形的藏式兩層樓的土房。房基有大鵝卵石墊底，上面爲土夯牆，上下加起來約有十餘間，比一般民居稍大些。我試着叫了幾聲，没人出應。我發現門前柱子上掛着一塊寫有黑漆字的小木牌。近前細看，上有"長均鄉人民政府"幾個字。我不禁叫出聲來："哇！這樣的規模，居然是個鄉政府所在地。"

説實在的，若以内地的鄉政府來比，這個鄉政府的氣派真的不怎麼樣。這倒不是僅僅因爲四週没有圍牆，内側没有停車房，房頂没有電視天線，甚至連電線杆也没有……而是讓人感覺到十分寂寞——一種因爲地處偏遠、人煙稀少而免不了的寂寞。

　　試想，若將此地一個鄉政府所管轄的地盤"移植"到沿海一帶，並配以那裏的人口密度，則一切款式和規模決不會是這樣的。

　　我因此深深地理解了人們常說的：國家、地區之間的政治、經濟、文化發展不平衡的諸多原因中，地理位置的不同，確實是一個很重要、而且是無法迴避的原因。人世上芸芸眾生中的很多區別，也無不同他(她)"住"在甚麼地方有關。

　　然而，天底下，又有誰能事先決定自己"住"在哪裏呢？

31．去"拜佛"的獨行女

　　雨停後，我們繼續前進至下午六點時，山路上出現了一個揹着東西、身着藏袍，正在很吃力地向前方走去的女人。

　　當我們走到同她並肩的距離時，才看清那是一位中年的藏族女子。她的背上揹的是捆得很齊整的紅紙、蠟燭等物品。她穿着一雙黃膠鞋，弓着腰。

　　不用問，這也是個"拜佛"的人。

　　她見到我們後，便轉過因負重而憋得很紅的臉，對我們笑了笑道：

　　"你們哪裏的去？"

　　"拉薩的去。"我答。

　　"你們的走路？"

　　我點點頭。

　　"那太好了。我們的同路。我的也拉薩的去。錢的沒了，只能走路的去了。"那女人仍然笑着說。臉上泛着自豪和滿足的神情。

我沒有再回答。

我不清楚她說的"我們的同路"是甚麼意思？僅僅是指"我們同一個方向"，還是"我們一起走"？我又以原先的速度示意雷榮鮮快走。

等超出那女人一段距離後，我的良心不安了，便又回過頭，不好意思地對那女人道：

"你的走得慢，我們要着急趕路。我們先走一步了。"

她沒有再說甚麼，然臉上還是笑着的。

不管怎麼說，畢竟是各自的目的不同。陪她同行，我們的條件、時間等均不允許。如果真牽扯到"我們一起走"的話，確實會有諸多不便。當然，這種考慮都要基於她現時無人力不可抗拒的困難的前提下。

據我所知，由各地去拉薩"拜佛"的藏民們，有不少人是走到哪兒，便"吃"、"住"到哪兒的。作為藏民，他們要比我方便得多。西藏是個全民信教奉教的地區，而佛教是宣揚"慈悲爲懷"的。從來也沒有聽說過，有哪一位去"聖地""拜佛"的"佛家弟子"餓死在這方香煙繚繞着的高原上。

前往"聖地""拜佛"的人們中，坐車、騎馬、徒步的都有。其中，以徒步者爲最虔誠。一般來說，"拜佛"者"錢没了"的事常有，但留給"佛祖"添油、加香的錢是決不會少的。

32．瀾滄江畔的兵站

傍晚八時，前進至距竹卡兵站還剩三里地之處，我攀上一個山崗後，便一眼望見了從我們右側一個峽谷中奔騰而出的瀾滄江了。

呈現在我眼前的這條以前僅從地理書上看到過的江，江面窄於金沙江，水流湍急，水色渾濁，濤聲不絕於耳。

瀾滄江兩岸峭崖陡立，黃褐色的岩石形同刀削，地形之險難有與之相比的。

瀾滄江發源於青海玉樹一帶，在我國境內，流經西藏、四川，橫貫雲南。我想，一年以後，當我緊接着走青藏、新藏、滇藏另三條"天塹"再經過此地時，我還會同這條江再見的。

四十分鐘以後，我們抵達了位於江邊的竹卡兵站。這個兵站位於海拔僅二千六百米的一個深谷中，我們到時，感覺到了空氣中的悶熱，戰士們都穿着汗衫。

川藏路上的兵站，擔負着為來往軍車提供食宿、加油、供水、修理等後勤任務。一般情況下，旅途中的民眾，也能在那裏尋求這類方便。

我找到了站長。他是一位藏族軍人，肩章上一道杠、三顆星。在向他說明了情況，請求給予食宿方便後，他當即就吩咐戰士們給我們安排。

我們在軍人住的執行所裏有了床鋪。房間收拾得很乾淨，被褥罩以雪白的外套。管招待所的兩位年輕戰士來自東北。他們在聽我一下子就說準他們是遼寧人，並且已走過他們的家鄉時，都情不自禁流露出想念家鄉的親人的神情。軍人也是人呵！

晚飯是由兩位來自甘肅的隨軍家屬加班做的麵條。她們說在家鄉閒着沒事兒，不如來此地既可同丈夫團圓，又可賺點小錢。她們借部隊空閒的房子開了一小吃舖。反正方圓百里也沒個好去處，過往的軍民都得來此照顧她們的生意。

滿滿一大臉盆的麵條被我和雷榮鮮吃了個精光。付錢時那兩位大姐阻攔道："這種鬼地方拿不出甚麼好東西來，這頓飯就算是我們的一點小小的贊助吧！"

吃飯時來了一位成都軍區汽車十八團的張政委及他的副手。他是聽了站長提起我後特地來看我的。

他根據從軍多年的經驗，推斷我在高原上的步行速度每小時不會超過四公里。我笑答他低估了我，我每小時仍可走五公里。他聽後道："真是好樣的。看來，你的腳已走出來了。"

我笑問："你這個大政委跑到這個小兵站來幹甚麼？"沒想到這一問，他的臉色便馬上黯然了，邊上的幾位軍人也都不再說話。沉默了片刻後，張政委道："不瞞你說，你這一問，又捅到我們的傷心處了。我們這次出來，是專門來料理兩位因公遇難戰士的後事的。他們開的油罐車在二郎山翻下了懸崖。兩個人都死了。是兩個多年輕的戰士呵！"

又是一陣沉默……

"又是這該死的二郎山！我翻那山時也死了兩個地方上的司機。"過了片刻，我恨恨的、一字一句自言自語道。

"是呵，難怪川藏路上有'翻車不是稀罕事，壓死人倒是稀罕事'的順口溜。"張政委苦笑着。

……

第二天上午，在我們出發前，張政委派副手來請我同他一起吃飯並合影留念。

我告辭時，張政委拿出八盒阿詩瑪煙對我道："請允許我代表川藏路上的運輸兵向你致敬！山高路險，多多保重！沒有甚麼好贊助你的，只剩下這八盒煙了，留在路上解解悶吧！"

雙手抱拳的我答："謝謝你們。也請允許我向川藏線上的全體軍人們表示崇高的敬意！你們也務必多多保重呵！"

33.＂生命禁區＂——東達拉山

六月十五日上午十時四十分，當我們走上一個山崗，我萬分不捨地再最後回望一眼如一條細長的黃練、在深峽中奔赴那更遠的群山萬壑去的瀾滄江時，早晨還餘勇可賈的雷榮鮮突然對我道：＂余哥，看來，我實在是走不動了！＂

我連忙轉過身去看他，只見他臉色蒼白、呼吸急促、兩腿發抖……已癱坐在了地上。

我沒有埋怨他。沒有比一個走了三年，已走過四萬里地的人更能體諒步行者的艱辛了。然而，眼下的情況是，他僅僅才走了一天，距他要到的八宿縣城尚有六百里地，而不遠處，就是海拔五千零八米被稱爲＂生命禁區＂的東達拉山了。

我綜合了一下情況：他的腳已滿是血泡並腫疼着，這就意味着短時間內無法正常行走。而即便腳能走，又因爲他呼吸急促，在體能上，恐怕也難以抵擋住徒步過東達拉山時的反應，他會有生命危險。那樣一個前所未有的高度，就連我自己也多少懷着些恐懼，沒有十分的把握，何況他呢！怎麼辦？

我點了一根煙，來回踱着步子，緊張地思考了片刻後，果斷地道：＂榮鮮，你現在的狀況是，無論能走與否，都不能再走下去了。問題的重點在於，前方的東達拉山太高，我不想你死在那裏，而我又無法揹你過去。因此，你現在必須搭車過那山。如果到不了八宿，你可以在前面等我，我們再一起走，你看我這樣決定好不？＂

處於極端痛苦狀態的雷榮鮮點了點頭，表示同意。

幸運的是，前方不遠處有一個道班，我在考慮對策時已注意到了。時間一分一秒地消逝着，考慮到我今日必須長驅一百零四里，於天黑前趕抵榮許兵站，時間已刻不容緩，我迅速掏出兩盒阿詩瑪給他，並指着那個道班告訴他，再咬咬牙堅持走到道班門前，請道班的人幫忙攔輛車，不行的話，就暫時在道班住下，養好腳傷再走……

覺得不會有太大的問題後，我便將他的水壺裏剩下的水加入我的水壺中，又揹起行囊，一個人快速前進了。

十四時三十五分，翻抵海拔三千九百零八米的覺巴山頂。這是走川藏以來的第九座大山。山頂有經幡若干，並又能望見遠處那已變得更細長的瀾滄江了。

在山頂一能避風的土坑裏，我貓下身子，吃了三個饅頭、半包榨菜後，便迅速下山。下山前的最後一刹那，我望見了雷榮鮮正在另一側的山坡下，一步一步痛苦地，向那個已離他很近了的道班挪去……

有個奇遇已過去很長時間了，我至今還沒有弄明白這到底算怎麼回事兒？

那天我在翻覺巴山時，在距山頂尚有十餘里地的山坡上，突然飛來兩隻烏鴉，開始在我的頭上盤旋。起先，我並不在意，只看了它們一眼，仍逕直走路。不料，它們非但不肯離去，而且還飛得越來越低，那"呱呱呱"的叫聲煩透了我，並引起心跳過速。這，我就奇怪了。"莫非前方有甚麼情況，它們想提醒我？"我想起了兵法中"鳥獸驚起，疑有埋伏"的經典，心道："莫非它們對我有'意見'，想'報復'我？"我小心防護着自己的眼睛……

它們仍窮追不捨，"呱呱呱"的吼聲又從山谷裏回轉過來，令人毛骨悚然。我便不斷加快着步子，想甩掉這兩個傢伙。詎料，不久，它們竟然又肆無忌憚地發展到用兩隻腳爪子鉗着小石頭來擲我！這一動作，使得我目瞪口呆了好半天，我被搞得啼笑皆非了！

就這樣，它們一路不停地搔擾我，我則無可奈何地加快步子走，前後共達十餘里。奇怪的是，一俟我翻抵覺巴山頂，心有餘悸的我再抬頭看時，那兩個傢伙已不復再見了。

記得，在我們中國民間，烏鴉的口碑一直是不怎麼樣的。有諺語道："喜鵲叫，好事到；烏鴉叫，壞事到。"爲此，到了山頂後，我就特地留神了一下，看看是否真有甚麼壞事在那裏。結果，沒有。

真的，至今我還是莫名其妙！

當晚九時三十分，我趕抵位於東達拉山下的榮許兵站。在這之前，雷榮鮮在一輛從我身邊疾馳而過的軍車上向我揮手吶喊，至此，我鬆下了一口氣。

這天，我長驅一百零四華里，我深知，這在高原上是極不容易辦到的。當然，這是就一般人而言。

榮許兵站門前的牌子上，赫然寫着："海拔四千一百米"的字樣。我在這牌子前凝視了片刻後，嘴裏一字一頓地道："明天，如果我能成功，我將把海拔五千零八米的字樣寫進我的紀錄中。從此，川藏路上就不會再有能擋得住我直抵拉薩的大山了！"

榮許兵站的邊上，有一個尚未通電的藏族村莊。那天晚上，村裏的藏民們便來靠柴油發電的兵站看電視。看完電視後，似乎還不盡興。那些身姿美麗的藏族姑娘又和大兵們搞了個"兵民同慶"。爲了養精蓄銳以對付明日東達拉山那關鍵的一段，自認倒霉的我，只能忍痛割愛，抓緊時間就寢，一個人在床上，聊以窗外那高亢、悠揚的藏族長調進入夢鄉……

第二天，是我"壯行全中國"以來少有的艱難日子。上午八時三十分，在榮許兵站吃過早飯後，發現無乾糧可帶。雖然站長答應過給我準備一點的，但開飯後，炊事員卻不知哪兒去了，如果沒有乾糧，對一個要於當天在高原上長驅一百里地的人來說，將意味着甚麼？正在着急時，我發現廚房的角落邊有一些風乾了的米飯鍋巴。我覺得已沒有徵得甚麼人同意的必要了。迅速裝了一小口袋後，便急速上路。

出發前便知道正下着小雨。考慮到在海拔近五千米的高度上多留一天，便多一天的危險。為此，我決定冒雨前進。

出得兵站不遠，便看見山坡和路邊有幾個牧人的氈包，有一個藏族老阿媽正在清晨的風雨中趑趄着前去給奶牛擠奶。想到這些牧民，在這樣高的山上，又在風雨中熬過了一夜，兩眼不禁潮濕。不是親眼看到的人，很難完全體會到這其中的不易。但他們是自由和勇敢的人們。

我觀察到不少藏族人，尤其是牧區的人，走路或幹活時，常有直不起腰來的現象。這同常年生活於高寒地區，僅以一頂氈房躲避風雨，及夜臥於鋪在地上的氈墊、畜皮上有關。風濕關節炎、胃病、肺炎是藏區放牧地帶的常見病。當我們喝着牛奶，吃着牛羊肉，穿着漂亮的皮鞋和皮茄克的時候，不應忘了遠方的那些人們。

十二時三十分，抵達束達拉主峰下。遠遠望去，束達拉山高入雲霄，白雲覆頂。時令雖已六月，然在山腳下也能感覺到襲人的寒氣。此時，我的腰部以下已完全濕透，加上早晨僅吃了幾個饅頭，正是冷餓交加時分。但我知道，此時的高度已上升到四千五百米左右了，是萬不能停下來的。為了補充些熱能，以便還有體力翻過山去，我迅速卸下背囊拿鍋巴吃。拿出那包鍋巴後，又立即將背囊揹在了背上。在無數個嚴寒中的野外，我常常無法將背囊放下休息一會兒。因為，一旦我放下，我背後的那面可以用來擋避風雨的"牆"就沒了，而前後夾擊下的冷，是非常讓人受不了的呵！爲此，儘管我常常累得受不了，也走不動了，我也得咬緊牙關，繼續揹着那背囊，以盡可能保留住身背後的那點點"熱量"。風雨仍在肆虐，我邊走邊貪婪地啃着乾鍋巴。那一塊塊泛着黃色的米粒的鍋巴，雖然硬了點，但吃起來挺香，且十分耐飢。此時此刻的這點東西，只要能維持我的熱量和生命，即便有人拿一座"金山"來換，也休想從我的手中奪去了！

十三時，在大半山腰，經過一個叫"二〇道班"的地方，我站在門口喊了幾聲，出來一男一女兩個看守房子的藏族道班工。我問：

"到山頂的還剩幾里地？"

"還有五公里。"那男的答。

"你的，怎麼走路的？"那女的問。

"是的，走路。"我答。

"你的行不行？不行的，進來休息一下。"女的又道。

"休息的，就走不動了。酥油茶的有沒有？我的，凍得不行了！"我問道。眼中射出懇切的光，身子打着哆嗦……

"啊，你的進來等一會兒，我們馬上的給你的做！"他們倆一起說。

"啊，那就不麻煩了，我的一刻也不能等了。"

"這種時候山上不能走。不行的話，你就住下吧！"那男的最後說。

其實，我多麼想就此緩一口氣呵！但是，考慮到在這樣的高度過夜，又要多一次"長眠不醒"的危險，我只得咬緊牙關，繼續向風雨中的山頂前進……

十四時二十五分，我終身難忘的時刻！渾身裏外濕透，揹着四十公斤裝備的我，終於在狂風暴雨的交加中，在那漫長泥潯的山路最後的一個山回路轉處，一步一步地走到了傲然飄揚在山頂的寒風中的那片藏族經幡旁……

在到達山頂的一剎那，儘管我的心陡然像要從胸腔裏跳出來似的，淚水已濕透了我的眼睛，但我很快就使自己平靜了下來。理智告訴我，不能過於激動，必須盡快下山。

在山頂上，我做了兩件事：用一分鐘測一下心跳，結果是一百一十八跳；又用一分鐘時間邊環顧山頂四週、邊感覺身體狀況，結果是，除了頭腦略感脹疼外，別無不適。

兩分鐘以後，我便開始下山……

東達拉山，是我有生以來第一次徒步上到海拔五千米以上的高度。在此以前，我對這個高度沒有把握，並懷有恐懼，我作好了可能會遇難的準備。

科學測定：在海拔四千米以上空身步行，相當於在平原上背負二十公斤重的東西；海拔四千五百米以上，為人類不能永久居住地帶；海拔五千米以上，為"生命禁區"。東達拉，是我實際負重八十斤第一次孤身徒步闖過的"生命禁區"。這樣一個嘗試，使我愈加明白，人類在向艱險環境挑戰時，信念和體能均不可或缺。在很多情況下，與其說我們戰勝了外部環境，倒不如說，我們戰勝的是自我。

儘管在這以後，我又多次經歷過更高的高度，但東達拉是那樣地使我刻骨銘心！沒有東達拉，也就不會有以後。

二十時二十分，在精疲力竭，下行到距西藏左貢縣城尚有六里地時，先期抵達那裏的雷榮鮮出城迎到了我。他告訴我，因前方泥石流塌方，車輛悉數被阻，他便被"拋"在了左貢。到左貢後，便在一小飯館急忙服下一片速效傷風膠囊。吃飯時，一雲南勘探隊的幹部告訴我：前年，有來左貢經商的父子倆，在翻東達拉山時，父親尚未上到山頂，就當場"劈叉"（藏

語：＂壞了＂的意思，此地引申爲人死了。）當兒子的，只得
將其父埋在路邊，含淚下山。前不久，雲南來左貢援建水電站
的一技術人員因不適合高山反應，單位派車送回。詎料，車行
至東達拉山頂時，當場＂息啦＂（藏語：死）在駕駛室中……

34. 好＂大膽＂的藏族姑娘

　　第二天，我繼續向西藏八宿前進。出發時已是中午，當
時，我怎麼也沒想到，就在那天的短短的三十里中，竟會先後
遇到三位好＂大膽＂的藏族姑娘。

　　當我出得左貢縣城西二里地外，正邊走邊陶醉在感曲河邊
的壯美風光時，突然，＂你的，哪裏去？＂的一聲問話將我嚇
了一跳。趕緊環顧四週，卻不見一人。抬頭看時，才看清公路
右側的山崖上，有一位牧羊的藏族姑娘，手拿皮鞭坐在崖邊朝
我微笑着。

　　＂噢，我的，拉薩的去。＂我趕緊立定，回答了她。

　　＂你的，一個人？＂

　　＂我的，一個人。＂

　　＂走路？＂

　　＂走路。＂

　　＂好嘛，我的，跟你一起的去。＂說着她便將裙子一撩，
從崖邊一條小徑跑了下來。

　　＂哎，不行，不行！那怎麼可以呢！＂我說，邊使勁擺着手。

　　＂甚麼不可以，我的願意嘛！＂這時，她已經下到了我的
眼前，還在我的胸前推了一下。

　　爲了進一步證實，我便問道：＂你說的，是要到哪裏
去？＂

“拉薩的去！”

“拉薩的到了，再到哪裏的去？”

“你的哪裏去，我的也哪裏去！”

“啊，這怎麼行呢！你的阿爸阿媽答應嗎？”

“沒事，我的自己的答應了！”

“那你的羊群呢？”

“沒事，它們的，自己的會回去。”

“這下可好了，怎麼會遇到這樣大膽的姑娘。”我不由得暗暗叫苦，但同時也在暗自叫絕：“這在我們内地，恐怕是太不可思議的事。”我一邊看了看眼前這位春風滿面、模樣兒蠻不錯的藏族姑娘，一邊急速地思索着解決問題的辦法。

“哎，你的阿嘉拉的有不有？”她又在我肩膀處推了一把，問道。

“甚麼的阿嘉拉？”

“就是老婆，你的女人。”她扭着頭向我解釋，兩隻眼逼視着我。

“噢……沒有……沒有。”我無可奈何地。並感覺到後背滲出冷汗來。

“那……”

還沒等她再説下去，我趕緊抽個冷子，拔腿就走。

“你的……”仍站在路中間的她，見我直擺手，便沒有再説下去。

走出幾十米後，我才敢回頭望望後面，只見她正慢慢朝山崖上走去，同時又揚着手上的鞭子，一下又一下地使勁抽打着草叢……

十五時四十五分，走抵西藏左貢縣烏雅鄉。在鄉政府前的一塊寫有“溫飽方。聯産技術承包田”木牌的青稞田裏，正有一群藏族婦女在鋤草。其實，還大老遠時，她們那五彩繽紛的衣裙就感染了我。而她們也注意到了我這個孤單的行路人，並已在對我指指點點了。

等我正要從她們的身邊擦過時，不知爲甚麼，也許是我的裝束奇特些，她們"哄"的一下都笑了起來。我知道她們是在笑我，心想，能引得別人開心總是件好事吧！再說，我這人天性也愛笑，尤其是見到一些歡快或幽默場面，我便會忍俊不禁。於是，我也跟她們一起笑了起來。

也許又因爲我笑得很尷尬，她們見後，便愈加笑得厲害了。有幾個，甚至還笑得前仰後倒，有些喘不過氣來了。

面對着這個歡快場面，我就在田邊站住了："你們笑甚麼啊！"我似問非問地自我解嘲。

"啊，没甚麼，没甚麼，你的，哪裏去？"

一位中年婦女解圍道。

"我的，拉薩去。"

"你的，哪裏的？"

"上海的。"

"啊，上海的！你的怎麼來的？"

"走路的來了。"

"啊！呀！呀！呀！呀！"（藏人常以"呀！呀！呀！"表示驚嘆。）

我同這位中年婦女一問一答間，其他人也都在一邊聽着，也都發出："呀！呀！呀！"緊接着，我聽見，並看見内中一位十分漂亮的姑娘先是"喂！"地叫了我一聲，同時，又抬手向我作了個很地道的"飛吻"的手勢。這一招使我吃驚不小。心想，此地莫非也有非等閒之人！

她見我也如法炮製了一個"飛吻"後，便大聲道："喂，帶上我！"

"不行，你的走不動！"我直截了當地説。這回，我有些經驗了。

"行的，我的走得動。"

"不行，你的是大姑娘。"

"没關係，大姑娘你不喜歡嗎?!"

"那好，如果你做我的阿嘉拉，我的就帶上你。"

"好嘛，我的就做你的阿嘉拉！"

又是"哄"的一聲，田間、路邊全都開心地笑了……與此同時，我便向她們全體擺擺手，又上路了。

在這之前，我國各地的少數民族都給我留下了心地善良、性格豪爽的印象，各民族都有對生活的獨特理解。在"世界第三極"這片高原上訪問的日日夜夜中，我接觸了很多藏族同胞，我深深地愛着這個民族，尤其爲他們的鮮明個性所感染。

撇開藏族男性不談，藏族婦女，尤其是年輕姑娘的性格個個都非常純樸、率真。她們敢於不假掩飾地提出自己的要求和想法，而根本不怕旁人恥笑，也没人恥笑。她們一點兒也不會算計，單純到令人吃驚的地步。是這片廣闊純淨的高原孕育了如此鮮明而又單純的性格。一旦因歷史和地域而形成的封閉瓦解之後，這種性格便會比任何時候更自然地驅使她們嚮往更廣闊的外部世界。在這個過程中，她們甚至根本没有想到還需要一個"適應"的階段。

她們的這些要求都是合理的，至少符合"人往高處走"的這一最基本的動因。

她們並不一定是看中了我這個傻小子。只不過是幾乎没有人像我這樣走過她們的家鄉。我來自她們也想瞭解一下的高原以外的世界，並且又是前往每一個藏族人都想去一下的聖城拉薩，在時間和機遇上處在一個"契機"上。

當然，她們中如果真有人想做我的"阿嘉拉"，這也未嘗不可，沒甚麼值得大驚小怪。至於這裏的表現方式比較直露，不像內地那樣委婉，這也是環境使然——在這地廣人稀的高原上，男女之間遇到的機會不多，想說的話，就得馬上說。過後，就又各自天涯了。這裏沒有電話，也沒有舞廳，自然，也不會有情書。而會寫情書的我之所以不能羈留於這溫柔鄉中，只是因爲還要繼續前去追尋那兒時的夢呵！

35．夜宿雅娃洛丁家的那一天

六月十九日十時，由川藏路左貢兵站出發，預定走九十四華里。當天，除中午下了一陣小雨後，多爲晴天。雨過天晴，公路兩邊的山崖上便飛奔竄躍着不計其數的羚羊。《動物世界》要羚羊專輯的話，此地就是個甚好的拍攝現場。

草壩子上也出現了不少黃鼠狼和野兔。它們的洞不複雜，也算不上隱蔽。我發現那些洞都差不多，有時，我邊走邊緊瞅着某一個洞口，心想，可能有野兔出來了，結果卻竄出一隻黃鼠狼來。

偶爾也有野鷄從路邊草叢中被我驚飛而去。當然，這並不是我的錯。其實，我也被嚇得一跳。它們往往要等你走到身邊了才有所動作。

下午，有一輛載重車從我身邊揚長而去，偏偏掉下一隻新的備用胎於我的面前，我大叫而車未停，白辜負了我的一片好意。在這樣漫長荒僻的路途中失物很難物歸原主，而我既不需要也拿不動。

爲甚麼不掉下來一包巧克力或甚麼好吃的呢！偏偏來一個

這樣的傢伙！這於又飢又渴的我又有甚麼好處呢！我覺得自己簡直是太"不幸"了！

環顧四週後，看見距我不遠處的青稞地裏有藏民在鋤草，便決定來一次義舉。

鋤草者有好幾個，現在他們的"命運"掌握在我的手中，只要我看中誰，誰家的香案上便可多出一台黑白電視機，如果有電的話。

我不動聲色地走過去。我是一個做事極講原則的人，即或在這種事上也不會放棄。我的眼睛停留在了一對離路邊不遠的中年夫婦身上，條件是，衣着相對破舊些，並一定養育着幾個到了看電視年齡的孩子。

我輕輕地叫他們，並用手勢示意他們前來。那女人比男人反應快，立即放下鋤把，拽着她的男人便上得公路來。我把他們領到輪胎邊後，手勢和嘴並用地告訴了事情的原委。他倆邊聽邊高興得"呀、呀"直叫。

那男的勁大，一下子把那隻少說也有二百多斤的輪胎扶起，兩人一起迅速將輪胎滾到路邊的草叢中放好。他倆商量了一下後，男的便飛奔回家，女的在原地看守。我不忍多看那女的一再向我表示感激的表情，說了句："把它賣掉，換一台黑白電視機。這東西可以值六百元左右，少一分不賣。"便繼續前進了。

走前，便根據地圖預定了投宿點。傍晚時，便趕到了這個位於左貢縣田妥區名叫田妥的藏族村莊。

村前兩里許，有一喇嘛廟。想起"未晚先投宿"的古訓，便不敢多耽誤時間。從門前走過時，裏面跑出來十幾個身穿紅架裟的少年喇嘛爭先恐後地看着我。我向他們揮揮手，他們也向我揮揮手。那一張張稚氣未脫的臉上是一律的清朗無邪。

這個藏村很大。從村中經過的川藏路便成了該村的主街。我在瀰漫着牛糞和酥油味的主街上耐心地向前走，一幢房一幢房地觀察着。我必須在這裏找到當晚的棲身之處，一天下來，我已走了九十四里了，再也走不動了。而且，再往前走，更沒有可能找到住處了。

家家的門都緊關着。我的身影晃過大多數門口時，院子裏的狗便會衝到門縫處狂吼一陣。我一直由主街的這一頭走到了那一頭，仍然是毫無收穫。我的心裏湧上一陣"日暮鄉關何處是"的悲涼。

終於，我瞥見了主街的拐彎處有一臨街的小賣店。店主正忙着關門。這是這個村裏唯一"對外"的場所，我抱着一線希望走了過去。

老闆是位四十開外的藏族漢子。見我走近便問我要買甚麼。我苦笑着説，想買今晚的床和飯。他告訴我，村裏沒有旅社和飯店，也沒有一個漢人。

就像很多次一樣，我倒成了這個晚上、這個地方的"少數民族"。

他會漢話，面相很善，説話也挺和氣。我知道，我還有機會。

我説了我的來歷，並直接請求他幫助。他開始面有難色。我問他是否懂漢字？他搖搖頭。又問他是否懂藏文？他點點頭。

我趕緊從背囊裏找出我的影集，讓他看我同沿途少數民族在一起的照片，又拿出甘孜藏族自治州政府替我譯成藏文的證明遞給他。這時，又來了不少腰佩長刀的村民，都搶着看我的照片。

他非常專注，一句一句讀出聲來地看完了那份藏文證明後，脫口便問："你的，酥油茶的喝？"

"能喝，能喝，我的酥油茶的能喝！"我忙不迭地回答。同時已明白自己得救了。

老闆又向圍觀的村民說了幾句藏話，所有人的臉上都露出驚訝和欽佩的表情，有人還摸摸我的腰刀、背囊、以及那面已褪了色的寫有"徒步壯行全中國"的紅旗。

"你的真不簡單！你的，在證明上說了向我們全西藏人民致敬的話了。你這人很好。我們謝謝了！走吧，上我家喝茶！今晚，我們家的住下！"說着，他已打開門，指着邊上堆滿百貨的樓梯示意我上去。

走在那黑暗的樓梯上時，我的眼眶潮濕了。與此同時，我聽到屋外黑夜中的寒風颳得更猛烈了……

他的名字叫雅娃洛丁，是這家的主人兼店主。樓上已坐着一個佩着長刀的中年藏族漢子，爐膛裏燃着牛糞火。

雅娃洛丁把我介紹給這位叫丹增彭措的漢子後，說今晚他有事，不回來了，他的這位親戚會照顧我。

丹增彭措會一點點漢話。他一點兒也沒同我寒暄，便問我吃糌粑，還是吃方便麵？我說，吃糌粑。

在他下樓時，上來了一位非常好看的小藏女，才九歲，是雅娃洛丁的愛女。一句漢話也不會說。她上樓後，儼然像個大人似的給我又是放坐墊，又是倒酥油茶。她倒的是冷酥油茶，我表示了感謝，但沒有喝。對酥油茶我已略有經驗。

小藏女在我身邊坐下，在我摸她那張俊俏的小臉蛋和烏黑的長辮時，她向我作了個手勢，我便將相冊給她看。

丹增彭措拿着幾包方便麵來了。他看了看我面前的那碗酥油茶，便面帶慍色地同那小藏女說了幾句，那小藏女有點不好意思地趕忙拿走了那碗酥油茶。

丹增彭措又往爐膛裏添牛糞時説："酥油茶的涼了，小孩子的不懂事。"

我笑答："没關係。她的很客氣，很可愛的。"

丹增在水開後又重新給我搗了酥油茶，那小藏女又搶着給我倒上。在我喝酥油茶時，丹增就和小藏女從一隻布袋裏挖出青稞麵放入碗裏，再加上一點乾奶酪，倒入酥油茶，隨後便一隻手托碗，一隻手將青稞粉捏成圓狀，送入嘴裏。我剛想伸手進那口袋，丹增道："你的糌粑的不會吃，方便麵的吃吧。"

我想這機會自然不能錯過，便拿過布袋，倒了些青稞在我的杯子裏，但到底不習慣用手捏，搞成個麵糊狀後，便喝了下去。就像小時候家窮，春遊時買不起麵包、香腸，炒上麵粉，泡炒麵糊一樣。

丹增又想拿酒給我喝，我忙謝絶。

我問丹增，小藏女上幾年級了？丹增説，小藏女的爸不讓她去唸書，説唸書太苦，孩子會受罪。他們家就一個寶貝女兒。

我原想説幾句，但終於没説出來。這種觀念既不是一天兩天形成的，也不是一下子能改變的。

那小藏女看完一遍相册後，不出半小時，又向我作手勢要看。如此再三，到睡覺前，她竟然看了四次！

區區一本相册尚且能使這位九歲的小藏女如此動心，其餘的就更不用説了！

晚飯後，本想湊着那燭火作筆記的，但丹增不知道這種事，雖然我已筆紙在手，他仍對我説："睡覺吧！"我笑了笑，打消了作筆記的念頭。他們家也睡木床，一邊一個，床上放着棉被。丹增將我領到床邊，指着左側的一張床説："你的，睡吧！"

我說：＂你的，先睡吧。＂

他又說：＂你的，先睡吧。＂

我又說：＂你的，先睡吧。＂

這樣互讓了三次後，我覺得再堅持就不好了，便決定先睡。而倒頭睡下不久，坐在一旁看着我的丹增又叫我換個方向，即將頭轉向窗戶。我又照他的要求做了。

在我上床的同時，那小藏女脫光了衣褲，躺在了對面那張床的內側。丹增仍坐在床沿邊不動，此時，蠟燭已經熄滅，有星光從屋外映照進來。我靜靜地躺着，等待入夢鄉。

躺了約十分鐘，突然，感覺有個黑影向我身邊靠來，將我吃了一驚。我眯眼斜看，原來是丹增正彎着腰在我的床邊窺測我，他的臉正愈來愈靠近我。我便平靜呼息，全身一動不動，心想：＂他要幹甚麼呢？＂

片刻後，丹增終於移開了他的臉，並輕手輕腳地回到他的床前。我也悄悄地轉過臉去。只見他輕輕地脫去鞋子，爬到了床上。但他卻不躺下，而是站在了床上。

正在我驚詫時，便又見他雙手合掌放在胸前，嘴裏輕輕地唸叨着甚麼。大約唸了五秒鐘後，他又將身子趴下，全身撲倒在床上，他的頭同我一樣向着窗戶，雙臂直直地伸攏在頭前。在床上撲了約三秒鐘後，他便又站在原處，仍是雙手合十，口中唸唸有詞，接着再全身撲倒……

至此，在黑暗中偷偷打量着這一幕的我，才長長地吐出一口氣來。再瞅一卜他那專心致志的樣子，我差一點笑出聲來。我暗中數着：一次、二次……一共四十次。

完事後，丹增便迅速將衣服脫個精光，鑽進了被窩。

第二天早晨，丹增比我起得早，被我候個正着。昨晚的那個儀式在起床時只做三次。

那小藏女則甚麼都不管。晚上躺下就睡，早晨賴着不肯起床。

早飯，同樣是糌粑和酥油茶。吃飯時，丹增告訴我，我是他的第一個漢族朋友。

臨走前，我拿出十元錢道："我的，吃了兩頓飯，又睡了覺，這點錢請收下。"

丹增說："錢的不要。"

我把錢放在他面前，他又把錢放回到我面前。小藏女從地板上爬過來，將錢塞進我的口袋裏，並嘰哩哇啦地對我說了幾句藏話，神情十分莊重。

我知道再說也是這樣了，便不再堅持。站起來，向他倆說了句："扎西德勒。"便告辭。

上路後，想起昨晚的事還忍不住笑出聲來。覺得丹增真是個可愛而又憨厚的漢子。他盡可以去做他的禱告，我並不會介意的。他差點兒嚇我個半死！同時，我也感覺到：其實從丹增的角度去看，他一定也是挺納悶我的：這個漢子怎麼不管頭朝哪個方向　，衣服也不脫光，禱告也不做，就倒下便睡?!

36．敬酒不吃吃罰酒

六月二十日上午，我繼續向八宿縣挺進。這天早晨臨走前沒有灌到開水，藏族人家一般不燒開水。他們喝酥油茶，在這山遠人稀的地方不會有酥油茶老跟着我。為此，在整個上午的跋涉中，我都在希望前方突然會閃出一注山澗，來惠顧我的喉嚨和水壺。

其實，有條叫玉曲的小河一直緊伴在路邊。然而，自從在"亞曲喀"那個地方看到浮屍，又聯想到"水葬"的情景後，我便給自己定下了"在高原的野外，只喝從山上流淌下來的水"的規定。

皇天不負盼水人。懵懵懂懂走了五十餘里地後，果然邂逅一山泉。喝至腹脹，灌滿水壺後，歡喜而去。

下午，距那晚的宿營地邦達兵站還有八公里時，有幾位路過的軍車司機要捎帶我。儘管他們一再說，這僅僅是出於敬佩，日後也決不會將"此事"告訴任何人。就像我通常所做的那樣：謝過他們的好意後，再婉言拒絕。

但在我抱拳向那些軍人告別時，一條藏地牧羊犬趁機襲擊了我。褲管被撕破、血肉橫流倒也罷了，可恨的是，這小子還將它的幾隻"犬牙""交錯"在我的右腿小腿肚上。問題就麻煩在這裏！

望着那冒失鬼遁逃而去的方向，我大叫"可惡！"與此同時，我迅即取下紮在額頭上的紅布巾，將其死命地捆紮在傷口上方的腿肚上。

很快，我又半閉着眼睛、咬緊牙關，用在打火機上烤過的佩刀刀尖，在傷口上作"十"字切口。而後，又勒緊紅布巾，一任那殷紅的鮮血一點一點地滴在地上……

在"孤身徒步壯行全中國"的幾年裏，尤其是在一些邊遠地區的艱難挺進中，我每時每刻都要保持高度警惕，以防來自自然界和人類社會的各種可能的侵襲。我十分清楚，只要有一次較大的"意外"，便會使"壯行"的努力中途夭折。無論是在鄉村、草原或高原……我已成功地躲避過無數次狂犬的包抄和追咬，但我無法保證不出一次意外，更無法肯定，被咬後是否已染上致命的狂犬病毒。挺進東北時，曾遇到過一位上海老鄉，她的也是"知青"的丈夫就是被街上的瘋狗咬傷後，因狂犬病毒滲透到血液中不治身亡。

半小時後，我又揹起背囊、咬緊牙關，在黃昏將逝的暮靄中一瘸一瘸地向當晚的目的地邦達兵站前進。在那最後的八公里中，我啼笑皆非：有車不坐反被狗咬。天底下還真有“敬酒不吃吃罰酒”的事！

晚上八時四十分，我終於捱到了邦達兵站。

這兵站座落在前往拉薩、昌都、成都的三岔路口，在海拔四千三百九十米的雪線以上，為“川藏”公路上最高的兵站。

兵站的指導員李材春接待了我，讓我宿於“首長休息室”。他正忙於接受一位專程從康定來的記者的採訪。據說，這關係到該站能否被評為“雪山紅旗兵站”的榮譽。

很快，便有兵站的衛生員來給我在傷口處作消毒處理。高原上的條件差，兵站也僅能以酒精塗抹一下而已。當要求給我打一針的希望落空後，我心中在暗想，能否“大難不死”，也只能碰運氣了。

儘管，明天就有可能因狂犬病死去，但每天的筆記還是要做的。近午夜時，那位記者前來燈下小坐。他告訴我：當兵的在高原上確實不易。那位指導員在高原上服役多年。年僅三十一歲，也照樣沒能敵過那嚴峻的自然環境，已一身是病。一般戰士在高原上熬個二三年也就退役了，而軍官則要好多年。

這個兵站一年中僅三個月不用生火取暖，平時靠柴油機發電。那晚，因“有朋自遠方來”，由平時的十時停電延至十二時。

37. 深谷中有一個叫巴秀的小村

六月二十一日上午九時，又最後摸了一下額頭，確定並無狂犬症的前兆——二十四小時後即會發燒，在山呼“謝謝老天爺開恩！"之後，便又啓程，從邦達兵站揚長而去。

離邦達兵站後，川藏路的南、北兩路開始合二爲一。如果往北走，便可以前往藏東重鎮昌都；往西，則是拉薩。

連日來的高原反應，已使我嘴唇開裂，喉嚨嘶啞，牙齦腫痛，痔瘡發作。此時，又莫名其妙地平添出一條傷腿。

十一時四十五分，終於拖着又迸出鮮血的傷腿，在"咬牙切齒"中，翻抵挺進川藏路以來的第十一座大山——海拔四千九百九十八米的米拉山山頂。又一次闖入了"生命禁區"。

山頂位於川藏路六百三十四公里碑負二百米處，没有積雪，僅有經幡飄拂在藍天白雲下的大山頂上……

在山頂，明顯地感覺到左胸悶脹，呼吸不濟。兩分鐘後，便趕緊下山。

下山不久，有三個坐在主峰下的一個山頭上牧羊的藏族少年，聽懂了我用漢語説的"我去拉薩"中的"拉薩"那兩個字，便指我一條近路。我遂沿着米拉山左側一峽谷邊的小路下山。

我奇怪，在這樣的高山上，怎麼還會有牧羊的人兒？既是如此，離此不太遠的去處，就應該有那牧人的村莊。這種猜想，在愈向峽谷深處前進時，便愈希望會變成現實。

那峽谷初始並未引起我的重視，但没走多久，便感覺到了它的幽深。有一條發源於山頂的山澗披荆斬棘地向着谷底流去。這些，都使我聯想起在美國《國家地理》雜誌上看到過的科羅拉多大峽谷。在這種遙遠的地方，一個人置身於兩側是萬仞峭壁，前後均見不着盡頭的深峽谷中時，常常會産生出恍然回到太古的感覺……

在峽谷中走了約十里路後，氣溫已變得很暖和，並依次出現了灌木叢、各種山花及小樹。又五里地後，一個藏族小村莊突然暴露在了我的眼前。

這藏村依峽傍水。約有幾十户人家住在泥石砌的房子内。村子四週，有片片零星的青稞地，山崗上牛羊點點……

爲防再有幾個"冒失鬼"從甚麼地方跑出來咬我，我哪還敢戀戰！正匆忙從村邊擦行而過，有一個在壘牆的老漢用蹩腳得一塌糊塗的漢語同我打招呼，這使我大吃一驚。停下聊了幾句，方猜出這個村莊名叫巴秀。

當我下到谷底又走上公路後，再仰頭望去，那村莊早已不復能見，唯有恢復如初的蒼茫山巒默默地站在那裏。我在公路上悵然許久，不敢相信自己的方才所見。

我真不懂，這些人爲甚麼非得選擇這樣的地方居住？很顯然，偶爾從峽谷下的公路上路過的人，根本不可能知道這峽谷會有一個深藏不露的村莊。除了那條不起眼的山澗維繫着全村人的生存外，他們對天地不再有過多的要求。

剛欲沿着公路大步前去，只見幾個已橫切上公路的藏族青年，開始由谷底向巴秀村的方位走去。他們每個人都揹着沉重的麻袋。我估計都是些糧食或鹽巴。看着他們彎着身子，吃力地攀援在上山的懸崖邊的那一幕，我的眼眶又潮濕了……

突然，他們全部都停下了腳步，有幾個邊打招呼，邊指着我的前方。當我明白了他們的意思，趕緊摔開公路，走上他們指給我的那條可以直切山下的山澗邊的小路時，才見他們放心地轉過身，又慢慢地向山上走去……

38．怒江險區

因爲上午兩次被人指點出"迷津"，省去二十餘里地走，中午時分，便有時間得以躲在一橋墩邊吃乾糧。高原上的紫外線早已將我搞得"焦頭爛額",我採取"能躲則躲"的戰術。

十五時四十分走進了川藏公路六十七道班附近的泥石流險區。那山搖地動後被扭曲的公路慘不忍睹。當我提心吊膽地穿行在山塌、路陷、"水漫金山"的險區中時,兩側山崖上,沙石鬆動、山坡滑瀉的跡象仍隨處可見。我必須趕在下一次即將到來的泥石流發生之前穿越這段險區,儘管,我並不知道那"下一次"何時到來。

這段險區持續約十餘里地。峽谷兩側均為寸草不生的荒山禿嶺,山體是純粹的"泥、石結構"。沒有任何植被,土質又那麼疏鬆。這樣,每年夏日融化山頂厚厚的積雪之際,便是泥石流到來之時。

十七時二十分,到達谷底,怒江便出現在我的眼前。怒江真可謂"怒"江,江水渾濁,一路咆哮……

又見江對岸的峭崖上住着幾戶藏民,如同我在金沙江畔所看到過的一樣。我邊走邊想,這藏民的生存能力,真的是人世上罕見的!

傍晚時分,我恰好在守衛怒江大橋的武警中隊開晚飯時趕到他們的軍營。自踏上高原即一直追隨着我的腸胃功能紊亂症已將我折騰得可以。我已經很多天沒吃過一頓像樣的熱飯了。

在策劃那天的行程前,我早在地圖上查到了怒江武警中隊的確切位置,並將趕在開晚飯前抵達他們那裏為貫穿幾天中的最高目標。

令人沮喪的是,那晚他們偏偏不吃米飯,當然,炒菜也就不會有了。他們吃麵條。想到畢竟也是在高壓鍋裏煮熟的,而且還具油湯味,心裏也就想開了些。儘管後來才知道那麵辣味過重;其實也沒甚麼油水,我還是在官兵們圍觀下,一直吃到肚脹。

那晚做筆記時，鋼筆、圓珠筆皆水流不暢。武警戰士們笑着說：“你看，在這裏，連筆也會得‘高原病’的。”

那晚的茶水味很澀，洗臉水很渾濁。他們飲用怒江水。

當晚，拼起兩張飯桌和三件軍大衣作床、被，我便在怒江的浪濤聲中睡去……

清晨醒來，已不見同室的戰士們。去怒江邊洗漱，見他們接力賽似地在擔怒江的水澆一塊從石縫中墾出的菜田。那菜田在我看來，根本是得不償失。

澆完菜田後才開飯。官兵們告訴我，連日來的泥石流塌方，不僅菜運不進來，還斷了同外界的聯繫，因此不要小瞧了那幾棵菜。我點頭表示了同意。

有兩位稚氣未脫的小戰士請求我給他們拍張照，以便讓家人能看一看他們“入伍後的樣子”。那“樣子”並不怎麼樣。臉上早已讓高原的紫外線搞得像張“世界地圖”，比我好不了多少。

九時二十五分，在橋頭同參加搶險救災的官兵們分別。他們坐車前去，而我徒步隨後。

十時三十分，抵一巨大的塌方處。緊貼在山崖邊的那段公路已全部被江水沖掉，唯左側的山崖崖根處，有一些剛踩出的腳坑，在向着急着要過那段路的人發出“邀請”。

西去拉薩唯此“路”，哪有不過之理！但我試了好幾次均未成功。主要是那四十餘斤重的背囊，既使我難以跳步，又使我重心外傾，而崖根的底下和右側，便是驚濤拍岸的怒江水。

對一個水性好到能泅渡海峽的人來說，掉下江去，只不過洗上冷水澡而已。我是擔心背囊裏的照相機和珍貴資料。此外，在高原上千萬不能感冒。

有一位藏族青年道班工早已“隔岸觀火”多時，殊不料，他還是一支"仁義之師"。他從塌方的那頭跳了過來,不容分說,搶過我的背囊揹起就走。到底是山地人,只見他猿猴攀援似地很輕鬆地就到了對岸……

這天,又跨越了多處怒江邊的塌方區。觀察下來:川藏路此段險區,皆因怒江水侵襲而使公路多處塌陷,靠目前小修小治已於事無補,必須以大工程隊給全部江堤加固,方能一勞永逸。否則,川藏路年年會因此而中斷。

十六時四十五分,經八宿縣饒村。藏民們在收割青稞。有兩個騎馬的藏民對面走過,其中一個胸前掛着一小收音機。我暗想,在這種地方能收到甚麼節目呢?

39. 在八宿縣城

六月二十二日十九時,先期抵達八宿縣城的雷榮鮮出迎我於城外三公里處。一小時後,我們在該城運輸站招待所的一間破舊的小屋中安頓了下來。住宿費爲每人四元一晚。

小別數日的雷榮鮮並沒有帶來甚麼好消息:除了說他在八宿根本找不到活幹,仍要求我帶上他走外,便是告訴我,現在我們已到達泥石流、山洪暴發險區。後面這則消息在此後的二十餘日中,使我深切地體會到了它的嚴重性。

八宿在藏語中意爲"勇士腳下的村莊"。座落在"三江"流域的高山峽谷地帶,地勢十分險峻。八宿縣城的座落處是個名叫白馬的小鎮。同藏區的大部份縣城一樣,鎮上看到的影劇院、民貿公司辦公樓等,均是近些年才陸續創建的。因爲西藏地廣人稀,這點房屋也夠用了。

吃晚飯前後,我看到了上百名因泥石流、山洪暴發而困在該城的意欲前往西藏腹地打工的民工。一些前往拉薩拜佛、祈求平安的藏族善男信女也照樣老實不客氣地被阻擋了下來，這就使得人數本來就不多的八宿縣城成了個難民營。這些人的臉上都流露着愁苦、不安的表情……但在我看來，他們的問題其實非常簡單，就在於還沒有想到可以步行，而能載他們前進的汽車確已無法過得了被泥石流和山洪搞得一塌糊塗的路段……

也許只有在這種形勢下，徒步旅行更顯其英雄本色和特有的便利性。因爲有車無車從來就不是我要費神考慮的問題，我仍像平時一樣在城中坦然地走來走去。

我決定在八宿休整一天。

第二天去郵局補蓋郵戳時，向郵電局工作人員詳細瞭解了前方的情況，他們告訴我，前方又出現了大片的塌方區。儘管他們暫時還説不準這片險區究竟延伸了多少公里？

我在縣城買了十包壓縮餅乾和一包茶葉，作爲此後五天前往波密途中所用。不用説，這其中也包括了雷榮鮮的份兒。我恪守救人救到底、送佛送到西的爲人準則。

該城的新華書店居然也無一張地圖可買，我仍只能在缺少一張西藏地圖的情況下向西藏挺進。

兩天來，我的眼前無法迴避那些生活愈發困難的民工，我一再提醒自己，應該設法幫助他們。於是，我走到他們中間以身説法，告訴他們，我已從郵局得到前方大面積塌方、川藏路中段已不通車的＂最新消息＂。鼓勵他們必須趁早斷絕＂或許還有車來＂的念頭，一再強調：最好的辦法，莫過於在這段時間内如我一樣步行，束手等待，只會使自己的處境越來越糟……

在我的慷慨陳詞下，有三十個民工終於痛下決心，結伴向拉薩走去。這一半是因爲聽懂了我講的道理，一半是囿於囊中羞澀，再不走就要淪爲徹底的難民。

這些被困的民工多半來自素有"天府之國"之稱的蜀地。在我走訪全中國的幾年中，"川軍"遍於國中的現象常令我深思。他們離鄉背井，常年奔波在外，只要是還有活可幹的地方，就必有他們的身影。西藏是我們這個星球上自然環境最爲嚴酷的地方，蜀地的能工巧匠辭妻別子，不惜身家性命到那裏去，無非是因爲只有環境惡劣的地方，才能掙到"相對優厚些"的工錢。

並不是所有的民工都能掙到錢，並能"完好無損"地返回自己的家鄉。近些年來又"死灰復燃"的包工頭制度，也隨之產生出一系列的新問題。

在我住的那個招待所，就有兩個"川軍"家屬皆因兒女死於非命而前來西藏奔喪。他們也被阻在八宿多日，且錢已用完。見到我後，那心力交瘁的老漢掙扎着從枕頭下拿出一份電報，央求我再解釋一遍該電文的內容究竟是何意？

電文爲："×××離開工地途中車禍身亡，來否交代解決。"儘管文法不通，然還是沒忘了強調"離開工地途中"。我告訴老漢說，非常遺憾，該電報的意思已十分明確——此事和包工頭無涉。

那老漢目瞪口呆了半晌，又問我："那麼這件事讓我們找誰呢？"我說："你讓我如何回答你是好？！"

奔女兒喪已回返的那位母親告訴我：她女兒從內地來頂替而成爲西藏某道班的一名青工。該道班除她女兒外全爲男性。其女多次寫信回家，說她很害怕，但要求調離又不能得到允許。結果自然是被迫"嫁"給強姦了她的男工。緊隨其後的是，懷孕一月後暴死。家中感覺到其女兒死得不明不白，千里奔喪到該地，瞭解了一系列真實情況，要求其女單位出示死亡證明及開棺驗屍，結果均遭拒絕。

中國不少地區法制還不健全，＂天高皇帝遠＂的狀況使人擔憂。人命關天的事，草菅得令人髮指。此類情況在東南沿海一帶，則爲不可思議者，然我在走訪邊遠地區時卻常有所聞！

40．強渡怒江

六月二十四日九時四十五分，我離開了八宿縣繼續前進。同行除雷榮鮮外，又增加了一個前往波密的＂川軍＂，這個名叫羅貴文的仁兄説：＂跟着你走，不會有錯。＂

一出縣城，便進入了泥石流、山洪暴發險區。十餘處大小不等、鋪天蓋地而來的泥石流塌方段，先就給我們一個下馬威！我意識到：從此以後，觀念上的公路已不復存在，層出不窮的麻煩將接踵而來。

十一時，行至川藏路七百二十九公里至七百三十公里處之間，怒江支流上的一座鋼筋水泥橋，已被山洪沖塌，我們仨，及另九個來自阿壩藏族自治州的前往林芝打工的藏民一同被阻在了河邊。看着那漫過堤岸的江水，咆哮着將斷裂了的鋼筋水泥橋墩沖上岸後又揚長而去的場面，我們皆傻了眼。

斷橋處，有幾個當地的藏民不失時機地架起了滑鐵索，＂擺渡＂行人。當然，他們同時也＂擺渡＂行人的鈔票——每人收費五元。

考慮到必須抓緊時間方能到停宿處，我就對雷榮鮮道：＂五元就五元吧，抓緊時間趕路要緊。＂不料，阿壩州的那些窮弟兄即刻着急道：＂大哥，你不能過，你一過，他們也會要我們那麼多錢，我們哪裏交得起這麼多錢！＂

看着那些幾近央求的臉，我即刻卸下了藏民已繫在我腰間的用以滑過鐵索去的掛鈎。我認爲，人家已説到這種份上，我仍要過去的話，那就不是"仁義之師"了。

　　於是，我便去做那幾個擺渡藏民的工作，請求他們不收費或少收費，我說："你們若不看在我的面上，起碼也要看在這九個同是你們藏民同胞的面上。"但他們一口咬定，少一分錢不行。我差一點想指責他們，這是一種"趁水打劫"的行爲。但轉而一想，人家也是費了物力和時間的，只是這種收費，對窮苦老百姓確實太高了些。

　　我開始着手尋找不花錢又能過河的辦法。我先後在怒江邊勘察了四次。大橋兩側，很長一段距離内的每一個淺灘、怒江中的每一塊巨石都被我精確地估量過了。最後，我向各位宣佈："我們可以將一根電線杆，架在一水面較窄處强渡怒江。但必須等到天晚水小時，才能實施這一計劃。在這之前，大家就地休息。"

　　十七時二十五分，來了一個縣裏的曾看過有關我的報道的幹部。他發現了躺在地上的我後，便主動前去説項。結果，還是由他代付了我們仁的擺渡費(看在熟人面上，對我們仁降至每人二元。)在此前提下，我便不再堅持，帶着雷榮鮮和那"川軍"先過得江去。

　　這是我有生以來，第一次從鐵索上"溜"過江去。

　　二十一時，於傾盆大雨中抵川藏路七十五道班。經請求，該道班幾位藏族女道班工讓我們住進一間堆雜物的房間，並送來了烤火的木柴、油餅、大茶和兩件毛大衣。不久，屋外突然狗吠聲大起。隔窗看去，只見一個拄着拐杖的從前方退下來的民工，正被一群狗包圍着。我們急忙跑出去驅散群狗，將那人接進屋來。這是一個由波密出來、擬返回成都家中去的"川軍"，他的一條腿在前面翻崖時跌傷。他告訴我，不僅八宿至波密之間全爲泥石流、山洪暴發險區，而且，波密至林芝也全爲險區，已經有不少人遇難。

那晚，屋外的風雨聲絲毫没有減弱，半躺在柴間泥地上的我，久久不能入睡，總惦記着那九個阿壩州藏族民工是否過了怒江？真要强渡怒江，則水急且凉，會不會出事？這風雨交加的茫茫高原的夜裏，他們在哪裏？

41. 翻越然烏溝山頂

六月二十五日上午，爲謝川藏路七十五道班職工的幫助，給她們拍了幾張照(這些照片後來都寄給了她們)。出發時，阿壩州的那九個藏族民工正巧趕了上來和我們同行。原來昨天我們走後，他們以十五元錢租用了藏民的一隻掛鈎，冒險從一根廢棄多年的横跨江面的鐵索上過了江，後又冒雨前進。午夜時，躲在一個山洞裏熬到天明。

十四時十五分，有四個來自前方的青海民工從我們的反方向逆行而去，其狀也狼狽不堪。

十五時，阿壩州人在野外煮掛麵，我們仨各分得一碗"高原生麵"。在西藏高原水燒到七十六度就"開"了。如果不用高壓鍋，你就只能吃半生不熟的東西。

十九時三十分，我們一行十二人翻抵海拔四千五百米的然烏溝山頂。這也是我挺進川藏路以來，所翻越的第十二座大山。

同西藏大多數高聳在公路邊的主要山巒一樣，然烏溝山頂上，也有藏族的經幡在風中獵獵飄揚。有人告訴我，然烏溝山爲長江和雅魯藏布江兩大水系的分水嶺。我看見山坡兩側的下面，各有一股水流，一股向東，一股向西，分流而去……

在西藏，我曾走過衆多美麗的山嶺，然烏溝山頂的風光，也給我留下深刻印象。

然烏溝山頂上擁有一片綿亙好幾里的綠草如茵的平壩。平壩的中間靜臥着一個很大的海子。那海子裏的水平靜而清澈。遠在我們尚未走近時，便已看到許多長達一米許的大魚不停地來回游動並上下翻騰着。遠遠望去，猶如一個個銀色的梭子，在半空中穿來穿去。

海子的四週是寬廣而又平展的牧場，風吹草低中，那一個個漆黑的牦牛，那一群群雪白的羊兒，如朵朵飄浮着的黑白相間的雲兒，簇擁着這個如明鏡般的海子。當我們在山頂上站立下來不久，一直在下着的雨漸漸停了下來。不久，雨過天晴的空中出現一巨大的彩虹。那彩虹如一座彩色的拱橋，橫亙在我們的頭頂上，橫亙在這海子的兩岸，橫亙在四野的上空。

不知過了多久，那天的黃昏時分來了。當我萬般不捨地從那個奇麗的畫面中往外走，將要下到山的另一側的最後一刻時，我駐足許久，我知道，在我今後的生命旅程中，如此壯麗的景致，除了西藏恐怕是很難再見到了⋯⋯

二十二時二十分，遇到大片路面被江水浸漫區，我們打着手電，冒險從山崖上翻越。

二十二時五十分，又攀崖過路面被水沖塌區。

六月二十六日凌晨一時，我們仨摸黑抵達然烏鄉，夜宿運輸站招待所。

阿壩州九個藏族民工，因内中有人腳傷，未能跟上，不知今晚又宿於何方？

42. 然烏湖畔

六月二十六日上午，在然烏鄉郵電所蓋了郵戳。那位藏族鄉郵員對我說，他在郵政系統幹了那麼多年，還從來沒見過像我這樣，要在本子上蓋郵戳的人。

早晨吃麵，三兩素麵，收費三元五角。我看見這一帶全吃固體醬油，並且也是從內地運來的。

十時，阿壩州九個藏族民工也抵達了然烏鄉。昨夜，他們因腳傷、無手電，過不得山崖，遂露宿於路邊。

十一時，我們仍由然烏鄉出發。從此，再未見阿壩州那九個藏族民工。

往年，由八宿到波密的公路或通或阻。今年雨雪多，故泥石流也多，山洪也大，而公路則多處被沖垮或堵截……

然烏鄉的邊上有個著名的然烏湖。同藏地大多數的高山湖一樣，是由雪山上的融雪化淤成的那一種平靜之湖。

然烏湖畔有大片草甸，草甸後面是棵棵直插藍天的雲杉，雲杉的後面是玉潔冰清、透迤蕭穆的雪山，雪山的倒影清晰地呈現在湖水的中間，給人以一派瑞士風光的感覺。

然烏湖全長十三公里，猶如一個有着纖細身材的女子，風情萬種般地"緊貼"着公路的旁邊，向着波密方向延伸而去。我一路欣賞，驚羨不已地向前走去……

然烏湖畔的草野和田隴中，散居着一些藏人的房舍。我看見好幾家房舍的院牆上，都掛有毛澤東的畫像，內中甚至還有一幅《毛主席去安源》。走遍西藏，藏人在他們的神龕上，掛有宗教領袖或毛澤東之像的習俗司空見慣。然這種在屋外掛毛澤東像的現象，我在西藏的其他地區似乎再沒有見到過。我在想，人們通常是將驅邪鎮妖的門神懸掛在屋外的。我不知道，他們掛毛澤東像於屋外，是否也想表達這同樣的理念？

中午，經川藏路八十三道班處，遇因泥石流、山洪被阻的四川一支地質隊中的幾個人。問他們感覺如何？答曰：能被阻在如此美麗的地方，倒也不覺冤枉，只是擔心糧食和蔬菜已快接不上了。

十七時三十分，羅貴文途遇幾個"川軍"老鄉，聽說波密方向也無活可幹，便握着我的手萬般稱謝後，折返而去。唯剩下我和雷榮鮮繼續前進。

十八時十五分，遇一正在"活動"中的巨大流沙滑坡，泥沙下滑時所遇之物皆被淹埋。我和雷避在遠處觀察着這一可怕的山崩地陷的一幕，全身不寒而慄。一個多小時後，我倆瞅準一個滑坡"暫停"的間隙，冒着隨時有可能被活埋的危險，迅速從坡底穿行而過。

十八時四十分，淌水過沖塌的路面。

十九時四十五分，淌水過長約二百五十米、水深没膝的被沖塌的路面。行至一處兩山對峙間相對寬闊的地帶，見有多輛貨車、軍車、客車"癱"在那裏多日。守車人個個臉露憂飢之色。有不少私家車司機，已在就地拍賣其車，擬撈回一點損失後，捨車而去。

根據以往的經驗，川藏路中段險區交通之恢復，最早也要等到明年開春。

二十時五十分，翻越長約三百米之陡崖，繞過水深及頸之水淹公路段。

二十一時四十分，翻越陡崖二百米，繞過水淹公路段。

二十二時二十五分，抵執行搶救公路任務的成都武警交通三支隊一營駐地，請求提供救助。得到以營長張金保為首的官兵們的歡迎。是夜，吃有麵條，睡有床。

當晚，張金保告訴我：該營因駐地兩頭路塌而被阻多日，已面臨斷糧、斷菜之窘況。明日，擬組織人馬，由幹部帶頭涉水、翻崖去揹糧菜……

43．路遇道長

六月二十七日上午，繼續前進中，雷榮鮮突然臉色發青、大汗淋漓，明顯地呈虛脫狀。

十二時，攀越一長約一百米、寸草不生之陡坡，繞過又一處洪水沖塌路段，行進在一懸崖下時，不期同一位身着道袍、腿裹綁帶、腳蹬布鞋、髻插竹筷、紅面、黑髯之出家人撞個正着。

那出家人和我雙方略作打量，相視一笑後，竟同時道："坐一會兒，聊一聊吧！"

原來這是位雲遊四方的道長，雖三十上下，已出家十載於東部山中。此前，曾就讀於沿海某大學中文系。此番正從西藏往回轉。聽了這"自報家門"後，我便有些詫異，這西藏歷來以藏傳佛教聞名天下，此道緣何去西藏？

然而，這位道長似乎對我並不詫異。在同我交流時，偶爾也打量我一下。突然，他一語道出了我少年時代的一件事，這是一件除了我自己以外，別人不可能知道的故事。

在此之前，我從未有過和道家中人深交的經歷。眼前的這位道長，也同我沒有任何的關係。為何他說我的事猶如囊中取物？

我知道，他這樣做的目的是要我相信他。我隱約感覺到，他對我似乎有某種"玄機"。此後，他直截了當地對我說：其實，你現在不走也行了。你已走下的三年多，便足以證實你的實力……

我告訴他，我沒有理由半途而廢，走完全中國是我今生的一大願望。

他很善解人意，回答説：那也行。

在那山崖旁，我們就宇宙、人類、生命、社會、"外星人"……等問題探討了一小時四十五分鐘。我們的談話簡明扼要，但容量很大。對於許多哲理，我們覺悟到的程度大同小異。

談話快結束時，他提到了我的"歸宿"，説，悟性如我這樣高的人，若能作些修煉則更好。

至今我還十分清晰地記得，同道長分手時的情景：久雨的天氣開始放晴了，陽光照到了那個幽深的峽谷中，我們同時都站了起來。我知道，我們的談話已經結束，這種交往可遇不可求，遇到了便只要"點到為止"。我已經更加明白："生命是一種緣。"

"你揹的東西太多，今後會只需很少……"這是出家人對我説的最後一句話。猶如他的每一句話一樣——也是那樣的意味深長。

在峽谷的拐角處，一如他的飄然而來，很快的，他又飄然而去……

時至今日，我還禁不住要想，在川藏路群山萬壑中，那着一襲青色衣袍的究竟是甚麼人呢？

44. 藏族四少年

雷榮鮮是在我快要同道長分手時，才大病初癒似地回到我身邊的。道長只瞥了他一眼，甚麼也没説。道長走後不久，他的臉色便很快恢復如平常。後來，我明白了，這大概是他的"俗根未盡"的緣故吧！因此，他不會得到"點撥"。

那天十四時，前進至一個長約三百米的山洪淹没路段，此時，路邊有人警告我們，要多加小心，前幾日已有一民工在此地被水沖走。

當我同雷榮鮮脫得只剩一條褲衩，正擬蹚過這水淹没段時，我看見龜縮在一塊大岩石後的四個藏族少年，正在對着那片"汪洋大海"發愁。於是，我一邊叫那幾個孩子過來，一邊抽出佩刀，砍下一根樹幹。

我們讓那四個少年抓着樹幹走在中間，我和雷榮鮮一前一後地護着他們蹚過水去。

過了水後，我同雷開始吃午飯。當我們大口嚼着壓縮餅乾時，四少年竟圍成扇形狀盤腿坐在我們的前面，四雙如小牛犢似的眼睛直直地看着我倆，看着我們手中的壓縮餅乾。我的伸向嘴邊的手在空中停了下來。從背囊中又拿出一包壓縮餅乾，平均地分給了他們。他們接到手上後，皆一小口一小口地非常仔細地咀嚼着。在此期間，雙方都不說甚麼話。因爲，他們聽不懂我們的漢語，我們也聽不懂他們的藏語。但我能料定，他們是去拉薩"拜佛"的。

中飯完畢，整理了一下行囊，向那四少年點點頭以示告別後，便同雷榮鮮繼續前進。孰料，我們剛邁出幾步，那四個少年已"唔喇"一聲都站了起來，揹起他們的東西追了上來。此後，便一聲不發地緊跟着我們走着……這樣的一幕，使我驚呆了。我立即意識到，這四個藏族少年明白了他們正面臨着的危險。在這樣一個山高路遠，泥石流、山洪暴發不斷的險惡環境中，他們感到害怕，他們知道自己只是孩子，他們把我和雷榮鮮作爲唯一能幫助他們的成人。

我立刻就感到非常羞愧。爲甚麼自己一開始就沒有想到這一層？我告訴自己，藏族的孩子也是我們共同的孩子。在這樣的非常時刻，既然天神已把這些孩子引到我的身邊，我就應該責無旁貸地擔負起保護好這些孩子的責任。我必須堅決地將這些孩子帶出險區！

我的腳步停了下來，我鄭重其事地向那四個藏族少年宣佈："從現在起，我就帶着你們一起前進。我吃甚麼，你們也吃甚麼。我決不會扔下你們不管，直到走出險區！"那四個少年一直在拚命地點頭。我知道，他們雖然聽不懂我的話，但已經明白了我的意思。此時，我才仔細地觀察了他們。他們中最大的不會超過十五歲，全部面露飢色、衣衫襤褸、拖着破鞋，但個個都長得十分俊秀。除了一隻裝得很淺的米袋，一隻鋁鍋和每人一隻破碗以外，再沒有任何東西。

十六時，我們一行六人，穿越一飛石不斷墜下的懸崖險區。

十七時，抵川藏路忠壩兵站。奇怪的是，兵站的看門狗，一見到藏族四少年就咬開了。我怕發生意外，拔刀將它們叱退了。

二十時三十分，抵正在那裏搶救公路的某武警部隊，得到全體官兵熱情接待。但他們表示只接待我和雷榮鮮，因為前往拉薩"拜佛"的藏民太多，他們已經接待了很多批，現在實在接待不起了。對此，我一方面表示了理解，一方面又必須據理力爭，我強調此次情況特殊，因為這四個"藏族"是未成年人。我堅持在安排我們吃住的同時，也要一並安排藏族少年。

我終於說服了這些官兵。其實官兵們也很疼愛這些孩子，而且很快就混熟了。

晚飯，我們吃到了香甜的稀飯和雪白的饅，這是進入"險區"之後第一頓熱菜熱飯，並且管飽！望着那四個藏族少年如"耗子掉進了米缸裏"的驚喜勁兒，我非常的感動！

由於房子和床舖不夠，那晚，我和雷榮鮮宿於營房，藏族少年則只能宿於柴間了。晚上，我去看他們時，發現他們全都躺在泥地上，並且已經睡着了。沒有任何墊的和蓋的。這個情景頓時令我淚眼朦朧。我沒有叫醒他們，在火堆上添足了木柴後，才悄悄地退出。

那晚，戰士們告訴我，前不久，該隊有四個戰士在附近遇難，因山體滑坡和泥石流塌方，汽車墜落於崖下。內中一個戰士的遺體很多天後才找到。戰士們告訴我，我們白天走過的那段路便是川藏路最危險的地段。其間，兩山夾峙的"一線天"中，只有一條公路和一條帕隆藏布江勉強通過。每年化雪季節，泥石流、山洪、飛石、塌方一起襲來，總有不少過路者和司機在此遇難。僅一九八四年四月的一次大塌方，一下子就吞噬了四十多輛汽車和一百餘人的生命。因為自然災害頻繁，這段路一直在"活動"中，常常再也找不到原來的路。川藏路的司機們有一句行話："天不怕地不怕，就怕然烏到忠壩！"

我們白天走的這段路，就是從"然烏到忠壩！"

晚上，回想起白天經過的一系列險境，不免有些後怕。也更加理解了那四個藏族少年，為甚麼要緊緊地跟着我走……

這些天來，我已感到，對於所有常年生存於斯、或尤其像我這樣擬徒步走完西藏這隔世之域的人而言，一切的情感、安慰都會逐漸麻木，唯有死亡的感覺永遠新鮮！

為此，是否可以這樣說，走完全西藏，是人類的體能和膽魄，發揮到極致的標誌！

45. 漢藏挺進隊

六月二十八日十時十分，途經川藏路八十八道班時，我們找到了一個會操漢藏兩種語言的藏族道班工。通過他的翻譯，我搞清了這藏族四少年的來龍去脈。

他們是甘孜藏族自治州德格縣人，最大的十五歲，名叫武津澤里；往下十四歲的名叫澤大；十三歲的名叫佘加；最小的僅十一歲，名叫果佘。他們確實是去拉薩"拜佛"的。

雪域西藏，是個多數人信仰藏傳佛教的地方。每年，都有不少信佛的藏民，由高原的各個角落，或坐車、或步行、或騎馬、乃至"三步一磕頭"不辭艱辛地前往聖城拉薩，去朝拜他們心中的歷代的精神偶像和當世的高僧活佛。在他們的觀念中，非如此不足以表達他們的虔誠。非如此，不足以保證他們今生的平安和來世的幸福。

藏族四少年的虔誠，絕不亞於他們的父輩。虔誠到是瞞着他們的家人偷跑出來的。怪不得他們那可憐的行囊中既沒有被褥，又沒有替換的衣服。當然，按照藏地的習俗，白天穿在他們身上的衣服，到了晚上就成了被褥。而我還看見四少年在步行途中休息時，無一例外地在身上找虱子了。

我猜想，二十四小時中，老四果佘已鑽進路邊林子裏"方便"了好幾次，那肯定是睡在泥地上的後遺症。開中飯時，我分給四少年每人一份同我和雷榮鮮一樣數量的壓縮餅乾。我想，我是照顧到他們的尊嚴的。後來我突然想到，他們也揹着一隻米袋的，爲何總不看見他們打開？既然大家休戚與共地穿越險區，便應實行"戰時共產主義"的制度——所有物品均應登記在冊，由我統一管理和分配。

他們那隻米袋一直由老大武津澤里揹着。在我們的示意下，才依依不捨地交到了我的面前。當我打開那個米袋時，我被眼前的景象驚呆了：裏面都是些剩飯、剩饃。而那饃的上面甚至還長出了白毛，並且已能聞到一股餿味。"原來他們是一路要着飯走來的！"我的眼睛潮濕了……我立刻站起來，將米袋裏的東西全部倒進水裏。我甚至還大聲對他們喊道：“你們難道不要命了！這東西能吃嗎！你們的肚子就是這樣吃壞的，知道嗎！”

此後，我再次向藏族四少年重申了“我吃甚麼，你們也吃甚麼……一直到拉薩”的承諾，不管他們聽得懂還是聽不懂。然後，我們又繼續向拉薩前進。途中，我對雷榮鮮說，就將我們這些人的這一奇妙的結合，取名爲“漢藏挺進隊”吧！

十四時三十分，抵波密縣松宗鄉政府所在地。已經艱難跋涉了三年多，深知走長路無好鞋不行的我，決定無論如何也要從僅剩的三百六十元“經費”中抽出錢來，給每一個孩子買一雙鞋。

在松宗鄉買到了三雙草綠色的“解放”牌膠鞋。老大的腳大，必須到波密縣城才會有他的號碼。我又去鄉醫療站，找了些給老三止腹瀉的藥片，讓他馬上服了下去。

走出松宗鄉不久，我突然發現老三和老四居然又穿着原先的那雙破鞋，在一瘸一瘸地走着。我忙上前查問，只見他們一邊吱吱唔唔，一邊用手緊按着胸前。我從他們的袍子裏找出了藏起來的新鞋。儘管，我被孩子們在這種情況下，仍不忘儉省的舉動所感動，但我仍命令他們即刻換上新鞋。爲絕後患，我走出很遠，“狠心”地將那兩雙破鞋扔進了帕隆藏布江中。

46. 少年救大漢

孩子們的腳步比原先明顯地走得快了。望着這些模樣可愛、稚氣十足的藏族少年，很自然地流露出的十分信賴和感激我的神情，我的心裏也充滿了快慰。彼此相處了兩天了，儘管語言不通，但我們之間已漸漸地形成了不少默契。

中午，爲繞過一個大片水淹而莫測深淺的路段，我們一行必須翻越一巨大而又陡峭的坡崖。我們魚貫而行。由雷榮鮮打頭，我斷後。由於我揹的東西沉，重心往後仰，翻越坡崖時就十分吃力和危險。

"漢藏挺進隊"的每一個成員都在十分小心地、一步一步地向着坡崖的頂上走去。誰也不敢大意。坡崖很滑，全是裸露的岩石，且長滿了青苔。崖下幾十米處，就是亂石堆和洶湧翻滾的帕隆藏布江……

突然，我的一隻腳因岩石上的青苔而打滑，隨即，我的身子便慢慢地向崖下滑去……我怎麼也控制不住我的重心。出於本能，我大叫一聲。就在這千鈞一髮之際，走在最末第二個的老三佘加迅速下行到我的身邊，一把抓住我的衣襟，止住了我的下滑。此後，他又示意我走在他的前面，由他來斷我的後，此時，深知"藏人怕水不怕山"的我，也不再勉強，繼續向崖頂走去。在接近崖頂的最後一段，我又兩次面臨要滑下崖去的危險，每次都是這位年僅十三歲的藏族少年，極其仁義和英勇地將身子趴在崖坡上，用他的那雙小手死命地抵住我那已站立不穩的腳後跟，一次又一次地搶救我於粉身碎骨於崖下的危難之中！我是噙着眼淚，越過那片我終身難忘的坡崖的！

47．祈禱車停者

那天下午，"漢藏挺進隊"已到了距波密縣城東約七十餘里的地方。此時，地勢急劇下降，氣溫明顯升高，這是個空氣清新、有山有水、雪山和森林環繞着草場和農莊的美麗處所。

這片地區因離山遠些，是川藏路險區中段，泥石流和山洪"鞭長莫及"的一小塊"世外桃源"。走在這裏，可以免卻以前那段路的那種無時不在的擔驚受怕，而且有車通波密縣城。

看着這些走得疲乏不堪的孩子，我示意他們設法去搭車先到縣城，然後在那裏等我。不久，有車來，只見四個孩子迅速站成一排，端立於公路一側，對着那駛過來的車，低頭合掌至胸前，又閉眼、口中唸唸有詞，作默誦"六字真言"狀。

萬萬沒想到，這四個藏族孩子竟然如此攔車，直把突然看到這一幕的雷榮鮮和我，笑得前仰後倒，半天喘不過氣來！

那天下午，先後有三輛車從我們身後開過，藏族四少年每次皆以這種令人哭笑不得的方式攔車，然"上帝"一次也沒有因此被感動。

48. 水電站地板上的溫暖之夜

二十時四十分，走至公路邊一個掛有"波密縣水電廠"牌子的地方，我見這裏是個公家單位，便意識到或能在此地"作些文章"。

我很快就瞥見了廠內有些空閒着的房子。遂決定，今晚的住宿問題就在這個廠子上打主意。

我找到了廠工會主席，請求撥一間鋪有地板的空房子給我們過夜。這一要求，很快在這位中年藏族幹部處得到滿足。

當我領着四少年走進那間房子，並隨手擰亮房子裏的燈時，我聽到四少年一起驚訝地叫出一聲"呀……"。可見嚮往光明和溫暖是人類的共性，誰也不想在路外或泥地上過夜。

安頓下來後，雷榮鮮便跑出去，同在該廠施工的同鄉套上了近乎。那幾個"川軍"便匀出米、菜，做飯給我們吃。

蜀人菜辣，可憐那四少年被辣得滿頭是汗。他們拿筷子的動作十分笨拙。這同他們主食糌粑、平時很少用筷或根本不用筷有關。後來，他們乾脆就吃白飯。

晚飯後，這幾個機靈的少年也出去"活動"，走訪他們的同族人——廠區內的藏族職工家。不久，居然也捎回了一些糌粑、酥油和磚茶。臨睡前，那幾個孩子好幾次忍不住，將那酥油一小塊一小塊地掰下來往嘴裏送。老四果佘還將酥油抹在臉上，這種現象，後來我在西藏的其他地方也看到過多次。

西藏高原是地球上離太陽最近的地方，除了能享受到充裕的光照外，更少不了紫外線的輻射。在沒有雪花膏之類的護膚霜時，酥油也許是最好的阻擋曝曬、保護皮膚的替代品。

那晚，藏族四少年在溫暖的地板上酣然入睡，坐在一邊寫筆記的我，突然滋生出一種也許是父親看自己的孩子甜睡時，才會有的那種滿足……

那晚，我沒有關燈。

49．在波密縣城

六月二十九日上午十點十五分，離波密水電廠繼續前進。行前，雷榮鮮的"川軍"老鄉仍是免費給我們做了飯。多謝天神，這第二頓飯他們不再往菜裏放辣。

波密縣城的東面，仍是大片林區和草甸，四週的山頂上白雲繚繞。雖然四週積雪終年不化，但因已到了夏季時令，因而空氣中有一股寒濕兼透着陣陣溫暖的氣息。

這幾日，很顯然地我們開裂着的嘴唇均好了些。

十時四十五分，藏族四少年搭上一輛自願帶他們的拖拉機，先去縣城等我們。這次，他們終於可以少走三十餘里地。而我同雷榮鮮則繼續步行。

途中，我同雷榮鮮合計了一下到拉薩的路程及身邊所剩的

"經費"。還剩下三百三十元，要負擔"漢藏挺進隊"一行六人到拉薩，委實是不夠的。遂決定：到縣城後買麵粉自己做着吃。既可節省開支，又能吃到有湯又熱的熟食。

十五時三十分，我和雷榮鮮抵西藏波密縣城。藏族四少年遠遠地就跑來迎接我們。我又一次地看到了那幾個孩子的十分企盼着我的神情。

波密縣城的規模同八宿縣城相差無幾。川藏公路同時兼負着"內街"的作用，將城區一劈兩半。城裏也有不少滯留在那裏的民工。不少來自各地的小商人和工匠，在這座小城內開着店舖……

我們先在縣城買了豬油、味精、鹽、勺子等物品。我們找到了老大武津澤里所需的那種尺碼的鞋，至此，藏族四少年皆穿上了新鞋。

傍晚，我發現縣供銷社居然有上海產的大白兔奶糖。思想鬥爭了好長一段時間，決定無論如何也要買上一斤，讓藏族四少年品嚐一下。我和雷榮鮮將糖很公平地分成四份，每個孩子都得到了一份。而我和雷榮鮮則顆粒不留。

十九時三十分，我又率領"漢藏挺進隊"大搖大擺地踱進縣城電影院，看了一場名曰《無影偵察員》的電影。老實說，如果是在平時，像這種類型的電影，我是從來不想付出時間的。

二十一時三十分，進飯店晚餐，每人一大碗麵，外加大肉。

是夜，為節約費用，且能照顧好孩子們，我同一位姓張的老闆商量，請求他將他的那間剛搭起在路邊、欲開店舖的小木屋，供我們住一晚。那張老闆只說了句，你們要小心防火，便同意了。有關那小木屋的情況，是我白天就已經打探好了的。

睡前，老四果佘突然將我的手拉起，按放在他的前額上，又指指自己的頭作了一痛苦狀。我才發現這孩子有熱度。我摸黑找到一家店舖，買了退燒藥，馬上讓這孩子服下。在服藥時，我看到了這孩子在黑暗中仍對着我撲閃撲閃着的大眼睛。

果佘只有十一歲，是四少年中最小的一個。我常想，那裏在破舊藏袍裏的那麼瘦小的一個身軀，如何能表現出這樣一種異常的堅强！在那些個艱險困苦的跋涉中，在我們隨時可能要同死亡擁吻的日日夜夜裏，他從來未叫過苦，更不會害怕。他的臉上總是笑咪咪的。是高原和艱苦鑄造了這樣的孩子！

50．前往林芝的途中

六月三十日上午，在波密縣城買了三十斤議價爲五角七分錢一斤的麵粉和一隻鋁製的臉盆。每人吃四隻韭菜包子，喝一碗奶粉沖茶後，便離開波密縣城繼續前進。

由縣城西行片刻，又見相隨了我們好些日子的帕隆藏布江，又緊貼着川藏路並行而來。

這一帶江岸的兩側，草木蔥蘢，植被垂直分佈十分明顯，而所有景物的背景，便是那積雪終年不化的大雪山。很快，我們一行便走進了那煙雲繚繞的幽谷，呼吸着混和着水氣的空氣。在我的印象中，那飄浮在波密一帶山脊、林間、江上……的煙雲、水霧之美，恐怕是連黃山也比之不及的！後來，我也很少再於別的地方看到過。我且走且拍了幾張照片。

此行如果順利，擬化一星期左右便可挺進至林芝。

十四時三十分，前進至川藏路九十五道班，我們決定在一條流水清澈的山澗旁的草甸子上做午飯。

在這之前，我已同雷榮鮮取得共識，即由他擔任"漢藏挺進隊"的司務長。他負有妥善支配我們全部"經費"、料理好六個人的生活的責任。

在户外野炊，是很有意思的。但這對在"天蒼蒼、野茫茫"下逐水草而居的藏民而言，便是習以爲常的事了。四少年就地取材，搬來三個大小高低相近的鵝卵石。很快，一個臨時的可以用來燒火架鍋的竈台就壘成了。與此同時，老四果余和老三余加則已在附近撿拾乾牦牛糞和枯樹枝，並很快就先拿來一部份，讓老大武津澤里生火，而老二澤大則前去山澗邊涮鍋(鋁製臉盆)，並幫着雷榮鮮和麵……

原想在一旁利用這個間隙寫筆記的我，忽然想起了甚麼。於是，便放下筆記本，去剛才經過的那個道班。我在道班外喊了好幾聲，除了一條向我狂吠的狗外，無人應答。於是，我便繞到道班房的後面。不出所料，那裏果然有一個菜園子……

雷榮鮮做的是揪麵片。滿滿的一臉盆菜(青菜和蔥)麵、湯很快就被吃了個精光。我假裝没看見四少年手拿着舐乾淨的碗不放，臉上露着還想"來一點兒"的神態，忙催促大家收拾東西，準備上路。其實，我自己也只是吃了個半飽，考慮到這點"經費"要堅持到拉薩，也只能這樣了。但不管怎樣，這要比吃乾糧、喝冷水要好得多。孩子們也不必去討飯和吃餿東西了……。

十九時四十五分，雷榮鮮和孩子們在帕隆藏布江的一座掛滿經幡的吊橋邊，搭上一前往波密縣古鄉的拖拉機先我前去。我因爲"在前進時，不能藉助任何交通工具"，則繼續步行。

一小時後，我們在古鄉鄉政府駐地會合，鄉長爲一中年藏族漢子。向他說明情況後，他答應我們可以在鄉政府會議室住一夜。會議室有地板和桌椅，這樣，我們又可以過一個不睡在泥地上的晚上了。

鄉長借了一隻爐子給我們，還允許我們用鄉政府柴垛上的木柴。在雷榮鮮和四少年生火、和麵準備做晚飯時，我便前往鄉政府附近的川藏路第九十七道班"活動"。我看見一道班工正在附近的田裏收土豆，而他那抱着嬰兒的女人，無力幫他將裝滿土豆的麻袋包抬上手推車。我意識到，爲孩子們掙得土豆的機會就在眼前，便三步併二步地跑上前去効犬馬之勞。

　　我前後兩次將裝滿土豆的車子推到了他的住處。臨走時，我得到了一大堆土豆和幾株萵苣。

　　雷榮鮮適時地借來一隻大號高壓鍋。那頓晚飯，是我挺進川藏路以來吃得最飽的一頓。而藏族四少年和雷榮鮮在飯後走動時，那一個個變得挺胸凸肚起來的怪樣子，則令我忍俊不禁。

　　那晚的飽餐後居然還有電影看。近黑時分，縣裏來的放映隊在鄉政府前一空場地上支起了銀幕。觀衆主要是鄉政府的幹部和他們的家屬，加上週圍的一些藏民，總共也就五十來號人。

　　那晚共放了兩部電影。第一部爲《黑熊蹤影》，第二部爲《東廠諜影》。除了片名同時有漢語外，內中之對白皆翻譯成了藏語。我和雷榮鮮不懂藏語，只能"愛莫能聽"。四少年則張大着他們那大如小牛犢的雙眼，一直看到了底。

　　當電影情節正處在殺得昏天黑地的時候，老四果佘卻溜進屋來，從他們要來的那塊酥油上，掰了些酥油往嘴巴裏送。他發現在屋角作筆記的我看到了他這一動作後，臉上頓時泛出一陣紅暈。此後，他馬上抬起一隻腳，讓我看他的腳底板。他的腳底板下有一隻血泡。於是，我就拔下一根我的頭髮穿進針孔，替他穿破了那泡，泡裏的水便順着頭髮流了出來。

　　待十一歲的藏族少年又跑出去看電影後，我在那塊酥油前愣了半天。我想不出，吃酥油和腳底起泡之間會有甚麼聯繫。

對於那塊酥油，我和雷榮鮮一直很謹慎地把它叫做"他們的酥油"。我倆曾約定：鑒於藏人離不開酥油的特點，"他們的酥油"可以不列入"戰時共產主義"的分配範疇內……。

51. 雨季來臨

今日是七月一日，是我"孤身徒步走訪全中國"的三週年紀念日。不管別人怎樣看，這至少是個值得我自己慶賀的日子！事至如今，説多説少，都沒有實際的意義，唯有再接再厲地將"走訪中國"的這個設想推向最後的成功！

從昨天起，西藏境內由東往西，陸續進入雨季。這要比我的家鄉上海晚上一個半月。波密地區草木蔥蘢，雨水更其充沛。

雨季中的天空，或晴或雨，一日中數度烈日當空，又數度雨雹交加。挺進在波密峽谷中，我們的衣服則是乾了又濕、濕了又乾。好在這一帶較之西藏高原其他地方的海拔相對低了一些，即便患個感冒甚麼的，問題也不會太大。

二十二時，於大雨傾盆的黑夜抵川藏路一〇一道班。那是我們當晚唯一可能投宿的地方。

道班員工的門外掛着鎖，只留下一個懷抱嬰兒的女工，在一間亮着馬燈的昏暗燈光的房子裏。即使在這樣的情況下，如果仍是平時我一個人的話，請求給予食宿方面的幫助，也多半是不成問題的。但現在就不行了，我的身後還有五個淋在夜雨中的人。

我沒有向那位女工提甚麼要求，僅循着她的指點，向道班宿舍對面的那一排房子摸去。那女工説，那裏有幾間堆柴草的空房子，已有四個"拜佛"的藏族姑娘先我們避在了那裏。

藉着手電光，我看見前兩間空房的地面上都充溢着牲畜的糞便，而中間那屋內已被藏族四姑娘捷足先得。她們正圍在火堆旁煮酥油茶。最末一間，是個廢棄許久的廚房，雖然地面上也有些牛糞，多謝天神，那牛糞顯然已經風乾了，我們決定立刻"搶"佔下這一有利地形。我們很快就找來些柴草，燃起火堆，烤乾衣服。

那種情況下，無法做麵食。我們便煮了些"大茶"，就着藏族四少年處剩下的糌粑對付了一頓晚飯。

藏族四少年自然要跑到隔壁去會會他們的同族人。那些藏族姑娘多在二十歲上下。她們已在拉薩遂了"拜佛"的心願，現在正返回她們遠在昌都的家鄉。她們通過手勢"告訴"我：前方還有大片泥石流和山洪暴發區，路非常難走，而且還死了人。

那晚僅有一塊一尺餘寬、六尺長的木板可以用來隔開泥地上的潮氣。我算是六人中的"長者"，且又患有腰椎骨質增生，這僅有的一塊木板，就歸我充當床鋪了。而雷榮鮮和藏族四少年，便只能在泥地上縮成一團。

在峽谷的雨夜中，那四週的泥石流塌方、岸石墜地的震響聲，以及山洪肆虐的咆哮聲，一夜不斷……

清晨，起來看天，昨日的那場雨仍未停下。在這種天氣裏，公路兩旁的山崖便會泥石流不斷，爲此，我們決定在原處避一避再説，好在還有個能擋一卞風雨的地方。

我們好不容易燃起打濕了的茶草，做成半生不熟的上午吃的麵片。這時，來了一個剛從西藏第二監獄釋放的四川青年。他説，他犯的是盜竊罪，在林芝被判，現正欲返回老家去。因前方公路癱瘓，只能走着回家。他請求我們賣些飯給他吃。他的樣子確實餓得不輕。我們勻了些麵片給他吃。我對他説，錢就不要付了，四川離這裏還遠得很，留着路上用吧！他聽説我們來的路全都是塌方區，沒有車可坐，便嗚嗚地哭開了。我告訴他，再怎麼哭也於事無補，要想回家鄉，唯有堅持向前走。

七月二日下午，"一〇一道班"的班長潘有慶返回。他馬上將我們讓進宿舍中住。不久，"一〇〇道班"和"一〇二道班"的工人都轉移到了"一〇一道班"。他們告訴我，前方發生山體大塌方，泥石流堵塞了路面和帕隆藏布江之一段，洪水暴漲，已無路可走。前幾天，有父子二人强行過塌方區，兒子被泥石流捲去，隨後又被江水沖走。有一對成都青年夫婦過塌方區時，女的被一塊"飛石"當場砸死。爲此，潘有慶勸我不如再住一晚，等明日再説。當晚，潘有慶煮大米飯給我們吃，並擠在一張大床舖上過了一夜。

我深知，根據這一情勢，不可能會出現甚麼奇蹟。唯有一個辦法，爬上山頂，從山頂原始森林中繞行過這段險區。下午一時，有一位大班長要前往八一鎮向養路段領導匯報災情，由潘有慶帶路。潘同意了帶上"漢藏挺進隊"同行的請求。

十四時零五分，我們從陡坡和懸崖上攀上山頂，開始穿越山頂原始森林。森林中極其難走，林間不斷出現毒蛇、旱螞蟥和各種怪鳥，到處佈滿了枯籐和荆棘。上去不久，每個人的臉上、手上都被搞得皮開肉綻。

這自古以來的原始森林中哪裏有路可走。所謂的路，都是自行"開"出來的。到達山頂後，還要通過許多峭壁，稍有不慎，就要滾下百丈深淵。在攀越一個峭壁時，隨我"走"了三年的水壺，被我不慎掉入懸崖，連個聲音都沒聽到。

藏族四少年中的"老三"佘加，在過一段極險的崖坡時，不慎滾下陡坡，在滾下三十餘米後，死命拉住一根樹籐而幸免於難。他在一處上下不得的懸崖邊昏迷了很長時間，所有人皆嚇得魂飛魄散。二十分鐘以後，我冒着危險，跳到斜刺裏的一塊巨石上，放下紮背包的繩索將他救起。有好幾次，我自己也"坐了屁股"，幸虧都在緩坡，有驚無險。

二十時零五分，我們一行十餘人，終於從一處懸崖邊看到了未被沖塌的公路，遂從崖上魚貫下到公路上。此時，我們已全身濕透，衣褲破爛不堪，手、腳、頭、臉，多處被刺破和碰傷。

是夜，住川藏路通麥兵站。同宿三人中，有一個在波密工作的四川人告訴我，前幾天，他在同另外十六人翻越險區時，正坐在塌方處上方。其餘人皆在說話，唯他閉目養神。冥冥中突覺腳下有些微鬆動，他馬上驚呼大家逃離。一分鐘後，他們剛才坐立的地方悉數塌方。而走在最後的三人中，有兩人當場被泥石流活埋。幸免於難的十六人中，有波密消防局局長一家三口。有一位從內地來招西藏班學員的女教師，在逃命時丟失了學生考卷、檔案和手槍。而他們遇險的地方，正是我們今天所經過的地方。

52. 同藏族四少年揮淚辭別後的日子裏

到通麥後，險區基本已過。四少年要前往他們的就在附近的親戚家去"看看"。我知道，我的"任務"完成了。

七月四日上午十時，四少年揮淚向我告別。我一一摸了一下他們的頭，替他們整了整已愈加破爛的衣袍，並給他們留了十五元錢，交由"老大"武津澤里保管。又摘下別在帽檐上的班禪喇嘛的像章，送給了老四。我知道，他已對這枚像章"暗戀"了好多天了。

爲防又出現意外，我對他們説，如果找不到親戚，可以再趕緊追上我，我會一如既往地帶着他們前行。最後，我對他們説了"拉薩"、"布達拉"這兩個他們能聽懂的詞，並用雙手作了個"會合"的手勢。

當我終於抵達拉薩後，我一直在布達拉宮附近及聖城的大街小巷注意着這四個少年的萍蹤。可惜的是，我再也没能見着他們。這四個少年若能參加學習，施以培養，定能在日後成爲藏民族和中華大家庭中的優秀人材。

從今以後，只要回想起那片藏東南的崇山峻嶺時，我就會想起這四個同我生死與共、在八百里泥石流塌方和山洪暴發險區相伴了六天的藏族少年。

同藏族四少年分別後，我同雷榮鮮繼續向拉薩挺進。在此後的兩天中，我走訪了位於林芝排龍鄉的門巴族。

過了通麥後，還有部份規模稍小些的險區。途經"一〇四道班"時，聽説班長被塌方"飛石"砸死。

七月十二日十五時，經林芝縣百巴鄉鄉政府所在地。在路邊開一小賣舖的藏族少婦曲吉請我喝茶，並對我説："我差點到内地去了，但被包工頭甩了。"原來，有一個在此地修鄉政府辦公室的四川包工頭，曾同她同居過，並生有一個男孩。鄉政府修好後，那包工頭一去不返。我聽後，心裏總不是個滋味。

應該説，曲吉的模樣是長得相當美麗的，尤其是身材非常健美。藏族女子身材大多都非常健美。曲吉屬於"工布"一帶的藏族人。"工布"地方的人穿着不同於衛藏、後藏和藏北等地。於是我提出來要給她照一張像。但曲吉卻説："要照，就同你一起照。"藏族是天性開朗的民族。我同曲吉一起拍照時，就有很多鄉民在一邊打趣。後來，連他們的鄉長也來湊熱

鬧了。他説：" 你們是不是在拍結婚照。" 直羞得曲吉滿臉通
紅。

曲吉那天要我留下來，説要打酥油茶給我喝，但我婉言謝
絕了。臨走前，曲吉對我説：" 我的魂被你帶走了，你的心我
留下了。我相信你了！"

一九九四年十二月，我去林芝走訪南伊鄉的諾巴族時，又
去找過曲吉。她的在百巴道班工作的姐姐告訴我，那張照片她
早就收到了。她説，曲吉還時常提起我，説我比那包工頭要好
上一百倍。

曲吉又結婚了，這次嫁給了同族人。那天她到拉薩盤貨去
了。此後，我再也沒有見到過她。

七月十七日，距拉薩還有五天的路程了。考慮到公路已通
車，並且可以直達拉薩。從芒康起，就一直將其 " 帶 " 在身邊
的雷榮鮮沒有必要再步行了。於是，我給他留了十二元錢和部
份乾糧，讓他坐車直抵拉薩。我則又恢復孤身徒步的 " 自由
身 "。

雷榮鮮後來在拉薩找到了工作，並將他的女人也接到了拉
薩。在此後的幾年中，我們偶有見面。他一直稱我爲 " 救命恩
人 "。

53．啊！拉薩

七月十九日十二時二十分，我於風雨中翻抵橫亘在 " 聖
城 " 前的最後一座高山——海拔四千九百五十米的敏拉山。山
頂有積雪，有經幡飄揚。這是我跋涉川藏路以來的第十四座大
山，也是最後一座大山。從此，便進入廣闊、平坦的拉薩河谷
地。

四十年前，人民解放軍第十八軍將士由四川挺進西藏，在川藏地區的千山萬谷中，邊築路，邊進軍。當他們歷經艱險，終於推進到敏拉山山頂時，十八軍軍長張國華，曾在這座山頂上深情地回望了一下來路，然後淚流滿面地說：“快要到拉薩了。如果誰以爲，十八軍將士是爲了到西藏享福，那就大錯特錯了。我們是給西藏人民‘打長工’來了！”當我跋涉千里，終於也站在敏拉山山頂時，我的心情也同這位軍長大致相同。

　　七月二十二日——一個“里程碑”的日子。這天的十一時，當我走在距拉薩市還有十六公里處，一座聳立在拉薩河谷的藍天白雲下，被群山環抱着的金色屋頂，驀地出現在了我的眼前。我忙問路邊的幾位藏族同胞：“請問，那可是布達拉宮？”他們回答說：“就是。”於是，我的眼淚就止不住地流了出來……

　　七月二十二日十六時二十分，我在拉薩市布達拉宮前的郵局內，蓋上了挺進川藏路的最後一枚郵戳。二十多年前的那兒時的美麗之夢實現了！

第二章 挺進青藏路

54. 唐古拉以南

艱險卓絕的川藏路全程被我走完之際,也即茫茫青藏路橫亘在我的前方之時。爲了完成人類史上第一次孤身徒步走訪西藏的嘗試,我不敢稍有懈怠。一九九一年八月一日十時,趁着"餘勇可賈"之勢,我在拉薩城西郵局蓋上了挺進青藏路的第一枚郵戳;又於十一時十五分,在"川藏、青藏公路通車紀念碑"處揮淚惜別送行的上海援藏幹部房宜生、譚明齊、吳曉聲、李海峰;遼寧丹東援藏幹部丁亞夫;四川大學女大學生王旭;内蒙畫家烏蘭圖雅;北京攝影家尹凌波和浙江攝影家薛華克等眾友人,開始向青藏路前進。這些友人,在我經過一百天艱難無比的川藏路之行,衣衫襤褸、長髮披肩、渾身長虱、糧盡彈絕地走抵拉薩時,都感動得熱淚盈眶。在此後十天的短暫休整中,他們都給了我有效的幫助,使我得到了一個很好的至關重要的喘息機會。

青藏路全長一千九百四十八公里,由建國初期的西北人民解放軍進藏部隊和各族人民克服無數艱辛,修通於一九五四年十二月二十五日。與川藏公路一起，同時改寫了西藏無公路的歷史。

青藏路未通之前，從青海西寧進藏，只能靠騎馬或步行，途中要乘牛皮筏，或用溜索渡過一些冰冷湍急的高原之河，需耗時三四個月才能到達拉薩。

青藏路所經過的大部份地區，是典型的藏地人稱爲"羌塘"(意爲北方廣闊的平原)的藏北高原。沿途要翻越唐古拉山、風火山、五道梁、崑崙山等眾多山隘，跨越黃河和長江源流。《西藏通覽》中説："高嶺聳雲，大河橫空……山道更覺崎嶇可畏。"《西藏始末紀要》中也描述道："亂石縱橫，人馬路絕，艱險萬狀，不可名態。"

青藏路對人的最大威脅是空氣中含氧量低、紫外線輻射强、極其惡劣的氣候與高海拔。青藏路所經過的青藏高原上的空氣含氧量僅是平原上的一半。即便在盛夏，也會在一日中多次面臨暴風雪、冰雹和凍雨的輪番侵襲。青藏路的日月山以南段均爲海拔四千五百米上下的"人類不能永久定居地"和海拔五千米左右的"生命禁區"。因而人畜必會面臨隨時危及到生命的高山反應症的困擾。

公元六四一年，文成公主作爲漢藏人民友好的使者從長安出發，一路跋山涉水，經歷了長達兩年的眾多艱險，才到達吉雪臥塘(現在的拉薩)。

建國以後，有不少白天還在運兵車上活蹦亂跳的年輕的戍邊戰士，常會在唐古拉、五道梁等某個宿營地，因高山反應而從此長眠不起。因而，現在一般都改爲"空運"。

儘管現在前往西寧有了這條青藏路。但當我於一九九一年八月一日至十月二十日期間，孤身徒步走完這段路的全程時，我卻感覺不到這對一個"走路"的人來説，有甚麼太大的改觀。除了過幾條江源大河無須再"溜鐵索"和沿途多出幾個道班外，我仍需一步一步艱難地走過。而海拔、氣候和各種自然狀況，並沒因爲有了公路而改變。爲此，我飽嘗了艱險。

很難想像，在遙遠的地質年代前，青藏高原本是一片浩瀚的海洋，而現今的地球上隆起得最高的喜瑪拉雅山，竟是地球上最年輕的山脈。據說，這是南亞次大陸和歐亞大陸兩大板塊碰撞的結果。

這一非同小可的碰撞，不僅改變了地球的面貌，還使得隨之橫空出世的青藏高原形成了它獨特的地形。

青藏高原的北緣自西向東橫亘着崑崙山脈，它以高出三千至五千米的高度，猶如一道高與天齊的巨牆俯瞰着新疆的塔克拉瑪干大沙漠和青海的柴達木盆地；青藏高原的南緣也自西向東巍峨蜿蜒着雄偉的喜瑪拉雅山，宛如一道巨大的屏障，阻擋了來自印度洋的暖濕氣流，給予整個高原的生命、氣候以重大的影響；青藏高原的東側有南北走向的千山萬壑的橫斷山脈，而西端則延伸着路途奇險的喀喇崑崙的餘脈。這一衆山的聳峙，形成了世界上最高大最險峻的青藏高原。同時也造成了在全世界屈指可數的西藏交通的險阻和行走的艱辛。

因人類社會的發展而滋生出的"人文"現象，總是受着自然和地理因素的制約。交通的險阻，氣候的惡劣，必會造成該地區社會群體心理和觀念上的"自我封閉"，這種現象還會"反彈"給外部社會。難怪千百年來，人們一提到青藏高原，便會"談虎色變"，望而卻步。

於是，這片厚土闊域、蒼茫險峻的雪域高原，這個高原民族獨特的生活習俗、連同他們的神異的宗教文化，在很長的歷史時期中，一直難以爲更多的人所瞭解。其中也包括："藏民族從何而來？”，“藏民族經歷過哪些歷史階段？”

根據漢文史書記載，青藏高原很早就有人類居住。最有説服力的，當屬西藏地區的考古發掘。地下遺物顯示，在四千年以至兩萬年前的悠悠歲月中，雅魯藏布江沿岸、藏北和昌都地區已有人類生存。

同當時中原的遠古時期一樣，西藏原始部族社會，也經歷了漫長的時期。公元七世紀初唐朝建立，中國歷史進入了一個新的階段，結束了中原地區三百多年的分裂局面。與此同時，松贊干布繼承父業，在青藏高原建立起強大的吐蕃王朝。此後，文成公主進藏，吐蕃同唐王朝開始維繫着一種“甥舅”關係。公元八二二年，吐蕃和唐王朝在拉薩立會盟碑，實現了唐蕃人民和平友好的共同願望。

雄才大略的松贊干布病逝後，西藏又維持了數十年的相對統一。此後，吐蕃的政治集團內部矛盾日趨尖鋭，對西藏和南詔等地的長期用兵，導致西藏又進入了長期分裂混戰的局面。這一過程持續了四百餘年。

十三世紀初，崛起在蒙古呼倫貝爾大草原的“一代天驕”統一了中國。公元一二〇六年，蒙古大軍首次進入藏北地區。此後，成吉思汗的孫子闊端派遣大將多達納布率領蒙古騎兵深入西藏腹地，瞭解到宗教勢力在西藏政治經濟文化生活中的顯要地位。當時，興盛於後藏的薩迦派宗教勢力，在西藏各教派中影響最大。於是，闊端便邀請薩迦寺的寺主貢噶堅贊前往涼州(今甘肅武威)會面。

公元一二四六年貢噶堅贊攜其姪子八思巴到涼州，覲見了闊端，議定了西藏歸順蒙古的條件，確立了西藏地區的薩迦政權與元朝的政治關係，從此，西藏地區正式歸於中國版圖，成爲中國的一個行政區域。與此同時，西藏結束了四百餘年的分裂，建立了漸趨穩固的封建農奴制。這是中國歷史上的重大事件。

公元一三六八年，朱元璋依靠農民起義推翻元朝。在此後明朝統治的近三百年間，沿襲了元代的制度和對西藏的管理。薩迦地方政權維持了一百年後，被帕莫主巴地方政權所替代。該政權同明朝中央政權也達成了"共識。"

公元一六一〇年彭措朗吉建立了第司(攝政)地方政權。公元一六四二年，第司政權爲西蒙古厄魯特四部之一的和碩部的首領固斯汗所滅。

整個明代，是西藏和祖國內地的經濟文化交流日趨頻繁的時期。在此期間，西藏各地加強了元代的"甲姆"，即驛站制度。

公元一六四四年清政府入主中原。在此後的近三百年中，儘管西藏經歷了多次外侵、內亂，清政府對西藏地方的管理也一直在加強措施。

值得一提的是，清朝政府設置了駐藏大臣，代表清朝中央督辦西藏事務，標誌着西藏地方和祖國的統一發展到了新的高度。

公元一六五三年，順治皇帝冊封五世達賴爲"西天大善自在佛所領天下釋教普通瓦赤喇怛達賴喇嘛"，賜滿、漢、蒙、藏四種文字的金冊、金印。從此，正式確定了達賴喇嘛的封號。

公元一七〇六年，清政府封五世班禪羅桑益西爲"班禪額爾德尼"，賜金冊、金印。從此，"班禪額爾德尼"的封號正式確定了下來。

公元一七〇九年和雍正五年，清政府分別派兩名大臣駐藏。從此西藏駐紮大臣二員辦理前後藏一切事務，遂成定制。

公元一七九一年，清政府派大軍入藏，在西藏地方軍隊和藏族人民的協助下，驅逐了廓爾喀入侵者。隨後，制定了包括"金瓶掣籤"制度在內的欽定章程。這是總結元朝以來，歷代中央政府對西藏地方擁有完全主權的重要文獻。標誌着清朝在西藏地方的施政達到了最高階段。

歷史的車輪滾滾向前，公元一九一一年辛亥革命爆發，延續了兩千多年的封建帝制"壽終正寢"。而民國政府成立的同時，也同時宣佈中國是漢、滿、蒙、回、藏等族的共和國。此後，也同對西藏這片土地存有覬覦之心的西方殖民者和一系列內部的分裂活動，進行了堅決鬥爭。

公元一九五一年中華人民共和國中央人民政府和西藏地方政府《關於和平解放西藏辦法的協議》正式簽訂，西藏歷史又揭開了新的一頁。

橫空出世的青藏高原像一塊巨大的天然屏障，高聳在中國的大西南。發源於青藏高原的長江和黃河，哺育了中華大地的億萬生靈和五千年的燦爛文明。自唐以來，西藏同內地的交往日趨頻繁，西藏的發展和變化同內地緊密相聯。於是交通成了一個重要問題。這個顯然不可輕視的問題，同樣擺在"出藏"和"進藏"的人們面前。當然，千年不語的青藏高原始終不會"有問題"。自它從古代的海裏升挺出來後，一直孤傲和冷漠地對待着在它胸腹上艱苦跋涉着的歷代眾生。

人類社會到了二十世紀中葉的時候，中國人決心不能任由青藏高原繼續那麼孤傲和冷漠下去了，於是便先後有了川藏、青藏、滇藏、新藏和中尼公路。這五條公路分別由東、西、南、北、中五個方位進入青藏高原，又輻射到中國的川、青、滇、新和南亞次大陸。

當我走完川藏路，又走在青藏路上時，我總在懸想一個問題："在這五條公路没有修通之前，歷代的眾生主要選擇哪個方位進、出西藏？"答案是：青海方向。

只有我"没有選擇"，因爲我必須將這五條天塹公路全部從頭至尾地走訪一遍。我自信這一空前的"走遍西藏"的嘗試應該由我來完成，我具備了實現這一目標所應有的各種素質——尤其是必不可少的獻身精神。

如果説，穿梭在山高谷深、千回百折的横斷山脈及"三江並流"的藏東南山地的川藏路，可以用"陡峻險絶、危機四伏"這八個字來概括的話，那麼伸展在遼闊蒼茫的藏北高原上的青藏路，則可以用"坡緩路平、氣候惡劣"八個字來歸納。從總體上來看，川藏路所經過的藏東南高山峽谷，顯得奇譎而秀麗；青藏路所經過的羌塘高原則顯得蒼茫而凝重。

青藏路的起端，仍處在西藏的中南部，屬農牧並舉的堆龍德慶縣治内。

堆龍德慶藏語意爲"上谷極樂"。奇怪的是一九九一年八月一日至二日我經過該縣時，有當地農民告訴我，它的意思是"山那邊鬼地方"。但當我看見四野一片麥浪，寬闊平整的柏油路上已出現"招手即停"的中巴車時，怎麼也想不明白，這地方究竟"鬼"在何處？

該縣四週的山嶺倒是"禿"光了，有一位藏民風趣地説："這裏山上的樹全都長到地下來了。"（意即全砍完了，用在蓋房當燃料了。）

堆龍德慶境内有建於公元一一八九年的楚布寺，是著名的藏傳佛教噶舉派的住寺。

八月三日，走抵當雄縣羊八井鎮。此後，又由南往北縱穿過該縣。進入當雄，即意味着已走上純牧區的藏北高原。當雄藏語意爲"挑選的草場"。我以爲，此説極是。

羊八井鎮三公里外，便是中尼公路的起點，可以直達樟木口岸，並前往南亞次大陸。而羊八井鎮，則因有著名的天燃熱氣田發電站而聞名遐邇。

離羊八井往北，便是主峰高達海拔七千一百一十七米的念青唐古拉山。後來我才知道，十一屆"亞運會"的主火炬，就是由美麗清純的藏族"聖女"達娃央宗，在這一帶吉祥的雪山底下點燃的。

念青唐古拉山坡上生長着一種珍貴的蘑菇，我從山下走過時，看到有當地的藏族老婦手擎此物，不斷兜售給來往的司機。

八月四日夜幕降臨時，我尚找不到住處，在寒風刺骨、四野無人的高原上倍感淒涼。黑夜中，我摸到當雄縣寧中鄉都林村的一個牧業點，被一位名叫普布藏堆的青年牧民留宿。

普布藏堆家是個大家庭，他們世代生活在這當雄的高原上。他們的父母已仙逝。這幾日，他的兄弟剛舉行完婚禮。

當晚，來了幾個看望新娘的女眷。內中有一位畢業於咸陽民族學院的名叫斯曲次仁的姑娘。她向我介紹了當地的一些習俗，請我第二天上午給他們全家拍幾張照片。

三年以後，當我走遍西藏前夕，前往林芝訪問諾巴族人時，專程去墨竹工卡縣中學，看望了在那裏任教的也已結了婚的斯曲次仁姑娘。她告訴我，那二十餘張被她們全家視若珍寶的、在草原深處拍下的彩照，早已悉數收到了。於是，我擔心了三年多的一件事情，終於見到了圓滿結局。

當雄境內享譽藏地內外的當屬西藏第一大湖——納木錯。納木錯，蒙語稱作"騰格里海"，是天湖的意思。這個令人神往的地方依傍在終年積雪的念青唐古拉山下，是西藏著名的神湖。每年都有來自青、甘、川、滇、藏的佛教徒到此轉經朝拜，也有不少中外旅行者前去觀光。

八月八日至八月十四日，我由南向北縱穿了那曲縣全境。那曲縣境內皆是無垠的草原，四週是連綿起伏、終年不化的雪山。地勢愈來愈高，氣溫急劇下降。當地牧民都穿羊毛皮衣。

那曲，藏語意為"黑河"。是曲型的藏北高原上的純牧業縣。

那曲同當雄交界處，有依序排列的八座年代已很久遠的佛塔。我經過時，有四男二女共六個藏族人在圍佛塔"磕長頭"。他們一律脫了鞋，一圈又一圈地磕，走三步就"五體投地"一次。其中的一位男子已累得東倒西歪，甚至連外褲都掉下來了，仍口中唸唸有詞，虔誠無比。

我在拍照時，見其中一中年婦女特別面善。便送了她一枚"唐僧負笈"像給她，並告訴她，這是"唐僧喇嘛"。她聽後驚喜異常，珍藏於懷中。

八月八日十三時零五分，我翻抵海拔四千四百四十四米的芒隆拉山頂。這是走青藏路以來的第一座高山。下山途中，看見一隊藏族牧民，內中四個人抬着一個死者，往一個山谷走去。他們在公路邊分手時，以互碰對方的臉頰為告別。我猜想，那山谷的深處可能設有一處天葬台。

在向那曲縣城前進的途中，我曾斷過一次乾糧。成都軍區後勤部川藏兵站某部的熊安民、李道憲、王庭海等三位軍人停車幫助了我。他們在自己也斷乾糧的情況下，將最後一罐糖水菠蘿和三包方便麵全部給了我。他們原先執勤於川藏路，因那條路"八百里大塌方"，才改走青藏路。

在那曲境內，我每晚都依靠道班解決住宿。青藏路養路段的藏族幹部和職工不習慣看證件。他們憑直覺信任人，也可能是不識漢字。

八月十日十九時四十分，我在茫茫荒原上同台灣中央大學物理系博士研究生、騎車旅藏的陳俊成先生迎面相遇，遂共同投宿於“二十八工區”。他說，沒想到大陸還有這樣優秀的徒步旅行家。第二天上午我們揮淚分別前，他贊助我五百元人民幣、一條風褲和一架放音機。半年後，我挺進至新疆，我的一位友人，將陳俊成離開大陸前，託他轉交的一隻睡袋交給了我。

　　八月十一日十五時，一隊急馳中的小車在馳離我的身邊後，又轉了回來。分管西藏交通、每年都要巡視青藏路的原西藏自治區副主席侯傑先生下車接見了我。他一再問我有何困難。並鼓勵我，只要是自己認準了的事，就儘管堅持下去。

　　早就聽說，每年的八月十日至十六日，是那曲萬眾歡度“賽馬節”的日子。這個傳統的節日，被我日夜兼程地如期趕到。中國是一個各民族的習俗和節慶繁花似錦的國家。在走訪內蒙大草原時，幾番失之交臂的“那達慕”，在西藏高原的那曲，以不同的民族、基本相似的形式展現在我的眼前。

　　安多，藏語意爲“末尾和下部”。地處西藏北部，同青海省接壤，是一個純牧業縣。我於八月十六日至八月二十三日，由南向北縱穿了該縣。

　　八月十七日十五時零五分，於風雪交加中翻抵海拔四千八百八十米的申格里貢山山頂。這是走青藏路以來所翻越的第二座高山。

　　申格里貢山的頂上，例外地沒有通常藏族人必會在山頂上懸掛的經幡。我看見有十五間土坯搭成的簡易住房，就在山頂的不遠處。一群群散牧着的綿羊、牦牛和馬就在附近的山坡上吃草。這些藏族人民，顯然“無視”科學測定所謂海拔四千五百米爲“人類不能永久定居地”的“條例”，頑强而又悠閒地生活在他們世代的父母之邦。

下山途中，我看見一個牧民女子揹着一隻背簍，在草原上撿乾牦牛糞。她的步伐十分輕盈，藏袍的裙擺隨步飄拂。她每撿到一個，就朝身後一扔。一扔，就扔到背後的簍裏。我站在路邊看了好一會兒。我覺得，那樣子很美、很美。

不久，有一位擁有二百餘隻羊、六十餘頭牦牛和十三匹馬的中年漢子逕直向我走來，請求我給他照張像。理由是，除了身份證以外，他還從未擁有過一張彩照。我滿足了他的要求。鑒於他說不清住址，我們約定，寄到前面的"五工區"轉給他。這位非常率真的藏族漢子名叫土美加增。

從申格里貢山下行三里，便看見安多縣賽馬節主會場的一百餘頂白色的帳篷，像一組星系似地點綴在一片遼闊的大草甸子上，那情景，也像那曲縣一樣地壯觀。

八月二十一日十七時二十分，走抵青藏路"二工區"。三位實習青工：達瓦次仁、拉巴次仁和吳興熱情接待了我，款待我以牛肉白菜、大米飯和酥油茶。第二天離開時，達瓦次仁將他母親給他的哈達轉贈給我，保佑我一路平安。

八月二十二日十二時十五分，經過十四里長的連續爬坡，翻抵海拔五千〇四十米的托爾久山山頂（也叫"小唐古拉山"）。

山頂處於青藏路"三三八二"公里碑處，是走青藏路以來所翻越的第三座高山。

"小唐古拉"山頂上有經幡飄揚。能望見北面"大唐占拉山"的山峰和四週連綿的雪山。大、小唐古拉之間，天藍得讓人心醉，又低得出奇。有朵朵白雲飄拂在雪山和大草甸子的上空，極目可望得很遠。我從未看到過如此攝人心魄的壯麗景致。

"小唐古拉"山頂一側，竟然還有幾頂藏族牧人的帳篷。當然，有牧人就會有牦牛和綿羊。

　　二十時，天空雷聲不斷，旋即，下起大雨和冰雹。冰雹大如蠶豆，呈密集型。繼續前進！

　　二十時三十分，抵青藏路"一工區"。該工區原叫"一〇九道班"，是西藏往青海方向去的最後一座道班。因海拔高(海拔五千米)，因險，因自然和氣候等條件在全國、乃至全世界"倒數第一"，原交通部部長錢永昌曾題辭："天下第一道班。"

　　是夜，住在"世界上最高的道班"。藏族青工瑪新利向我講述了很多有關唐古拉的故事。

　　該道班距唐古拉山口僅十八公里了。

　　八月二十三日是十分艱巨、但具有"里程碑"意義的一天。

　　九時十五分，同"一工區"正、副區長在"天下第一道班"橫區處合影後，便向盼望已久的唐古拉山山口挺進。

　　途中，氣喘不及，後腦不斷有脹痛感，雙腿如掛有鉛塊，但仍向走訪全國至今三年多來的最高處前進。

　　"唐古拉，伸手把天抓。"其實青藏路沿線山脈的垂直高度大多只是幾百米。這是因爲整個高原的基礎海拔高，故山的海拔高度被"抬"高了。因此，當地人對青藏高原又有"遠看是座山，近看是平川"的說法。

　　十一時二十分，翻抵唐古拉山山口。山口有經幡，有青海省交通廳一九八五年八月立的石碑，上寫："唐古拉山口，海拔五千二百三十一米。"又有一尊青海省人民政府一九八九年九月塑的軍人石雕像，上寫："一九五四年夏建路。三五年風雪，四千里路雲月……借山石，塑西部軍人雕像，立唐古拉山巔，以誌紀念。"山頂奇冷、空氣稀薄。我在山頂逗留了一小時四十分。堅持拍了幾張照。其中一張爲手托哈達面朝南方狀。南方，便是我終生都要爲之夢魂縈繞的西藏！

十三時，開始下山。唐古拉山口爲西藏和青海的分水嶺。下山即進入我走訪全國以來所進入的第十七個省區——青海省境內。

唐古拉山口兩側，仍有幾頂帳篷和土房，仍有藏族牧民放牧的牦牛和綿羊。

此高度已是"生命禁區"。

下山途中百感交集，淚流滿面，吟詩一首：

《孤身徒步走訪祖國過青藏路翻越唐古拉山口時有感》

走訪祖國已三年矣。其間，經過無數高山大川，內中甘苦，自不待言。而今之唐古拉，卓然天下，向爲世人所畏、所盼。吾亦期之久矣！及至登臨山頂，怎不欣喜異常！且又難免不回望家鄉來路，不覺淚落滿面。下山途中，思緒萬千，慨當以慷，吟詩以誌。

　　　　我本南方兒，

　　　　未諳邊地險。

　　　　少年曾有志，

　　　　夢縈四海間。

　　　　蹉跎非我願，

　　　　而今箭離弦。

　　　　去鄉誠苦遠，

　　　　九死亦向前！

　　　　剛窮川藏路，

　　　　又馳西海邊。

青藏原無涯，
唐古拉連天。
何以試男兒？
最是赴天塹。
世事雖多定，
仍須天下先！

一九九一年八月二十三日於唐古拉山

55．唐古拉以北

翻越高聳入雲、"生命禁區"的唐古拉山向北，就進入青海省了。但這片同藏北高原接壤的高天厚土，仍屬於青藏高原。在這片同樣炊煙繚繞、經幡飄拂、牧歌高亢的土地上，不獨青藏路仍一如在西藏那樣地向北沿伸着，就連沿線的自然狀況也同西藏大同小異。一般來說，唐古拉以北、格爾木以南仍是"藏區"，只不過，應該準確地叫做"青海藏區"了。

青海省是孕育"江、河之源"的著名省份。青藏路，就從這片華夏文明發端的地區通過。

一九九一年八月二十五日二十二時十分，我走抵青藏路的路邊小鎮雁石坪。這是我走訪全中國期間，距離長江源頭最近的地方。

由雁石坪西行八十八公里，便能走到唐古拉山脈最高峰格拉丹東雪山的腳下。在雪山的西南，有兩條呈鉗狀的冰川。這兩條冰川的涓涓融水，就是中華民族的母親河之一——萬里長江最初的源頭。

地球上所有江河的源頭，都在遠離喧囂、不爲人知的地方。也正是這個原因，在我國戰國時代的地理專著《禹貢》中還堅持着"岷山導江"的説法。這個謬誤,直到四百年前,才被明代地理學家徐霞客推翻。

囿於當時他個人能力,也只能正源清流,將長江的源流上溯到金沙江。一七二〇年,清政府派遣的專使又把源頭推進了一步。直到一九七六年,長江流域規劃辦根據"河源唯遠"的觀點,才最終將長江的源頭推進到格拉丹東。

長江之源地區多爲丘陵、凍土和草地。即便在這樣的地方,也有幾户藏族牧民,長年堅守在那裏。他們是超越地球艱難和人類自身苦難的人們。

在雁石坪期間,我曾朝格拉丹東深情地眺望過幾眼。我將在走訪全國的後幾年中,選一個適當的時機,專程走到那"不盡長江滾滾來"的始發之地。

八月二十七日二十時三十分,我走抵"長江第一橋"——沱沱河大橋。

長江正源沱沱河藏語爲"瑪曲",自格拉丹東雪山流抵通天河,通天河匯入金沙江。

青藏路邊的這個荒原小鎮因沱沱河而得名。我決定在那裏停留幾天。我擬以個人的名義,對首漂長江的堯茂書進行一次"追祭"儀式。這是我藏在心中多年的一個願望。

公元一九八五年六月二十日九時,首漂長江的堯茂書將"龍的傳人號"放入長江源頭。由此,開始了極其悲壯的"首漂長江"之行。無奈天不助人。七月二十三日二十時至二十四日十四時三十一分之間,百身難贖的堯茂書壯志未酬,在金沙江通珈峽的萬頃波濤之中遇難……他的壯舉體現了中華民族自強不息的精神!

八月二十八日十七時,我在沱沱河沿岸買得瀘州老窖一瓶、阿詩瑪煙一盒、書寫簿一本(權當黃紙)。

十八時，沱沱河瀘州飯店經理林代清老先生陪同我一起前往沱沱河大橋。此時，夕陽西下，新月初起；江水平緩，水波不興。我心中默念着堯茂書的英名，按照中國民間習俗，以煙代香、燃香以祭；焚紙以送冥錢；灑酒還酹江月。遙想英雄回歸蒼溟，一如流水之東去，不禁淚如泉湧……

愛國老人林代清先生，是當年目睹堯茂書從沱沱河大橋向東漂逝之人，此刻也悲從中來，與我一起抱頭痛哭。

當晚，胸中塊壘久不能平，遂賦詩一首：

《孤身徒步走訪全中國於長江源頭沱沱河追
祭堯茂書首漂長江殉國有感》

昔有荊軻刺秦王，

別時慷慨易水寒。

而今堯君殉長江，

豈止贏得不復還！

中華代有英傑出，

無不含笑赴險關。

休看沱水貌不揚，

不盡長江因此寬！

一九九一年八月二十八日於沱沱河沿

其實，在中國境內若以自然條件的惡劣而言，＂春風不度＂的地方委實太多了。九月二日十八時五十分，我又翻抵一個當地歌謠中詠嘆的，＂春風不度風火山＂的那個山口。

風火山口，海拔五千〇十米，又乃＂生命禁區＂無疑。是我走訪青藏路所翻越的第四座高山。風火山以氣候惡劣著稱。該山十級以上大風冬夏都有。冬季最冷達零下三十六度。夏季最熱達五十二度，但夏季也常出現零度以下氣溫。因爲風大，熱如火燒，故得名風火山。等到我上下山時，自然也沒少遭受雪珠、雨、冰雹、狂風的不斷輪番襲擊。支撐到山頂時，突然陰風四起，又憑空攪出個天昏地暗，甚麼也看不見了。

就是這樣的地方，居然也有七頂藏族牧民的帳篷紮在那裏。此般笑傲風雪的生存能力，令人嘆爲觀止。

風火山北側，有一個鐵道部西北研究所凍土氣象研究站。我於二十時二十五分叱退三條狼犬，摸進該站住下。當晚瞭解到，該站主要研究凍土、沙漠和滑坡，爲擬議中修築的"青藏鐵路"做準備。該站賈站長告訴我，該站一九七五年時多達八十餘人，現在只有三個人留守。

根據積累的資料顯示，"青藏鐵路"應該是可以修的。問題在於國家財力不濟。而仍留下三人，是旨在給外界一個信號：國家擬修"青藏鐵路"的決心不改。

"到了五道梁，難見爹和娘。"這是青藏路上流傳得很廣的一句話。九月四日二十時四十分，我走抵海拔四千七百米的五道梁時，深切領教了這句話的實質內容。那晚，五道梁芙蓉飯館老闆羅鵬先生免收我的食宿費。

五道梁附近的大草原上棲息着成千上萬隻野牦牛、野驢、藏羚羊以及雪豹、狼、狗熊、狐等。每年的六月，有成群的藏羚羊越過年楚河和青藏公路，由東向西去。八月二十日左右，又由西向東。它們過青藏路時鋪天蓋地，過往車輛也奈何不得，只能靜靜地等它們過完。可惜，因我到得不是時候，無緣看到這壯觀的一幕。

青藏路武警某連和五道梁養護段六十六工區的頭兒們卻認爲我"到得很是時候"。他們不失時機地於九月七日十時至十三時，聯合起來請我作了一場演講。

九月十八日十二時十四分，於風雪中翻抵海拔四千七百六十七米的崑崙山。山口一側立着一塊寫有“崑崙山”三字的石碑，無藏族經幡。聯想到自越過唐古拉山以來，已不再見到經幡，這說明藏地的特徵和文化習俗已在這裏逐步減弱。

　　崑崙山南北坡的山間裏，有不少淘金者的帳篷。淘金者都是一些開着手扶拖拉機，來自青海各地的農民。青海是個盛產黃金的省份，尤以同西藏接壤的可可西里地區爲最多。可可西里早在幾年前，已成爲淘金者聚集的地方，從可可西里傳出來的事故層出不窮。

　　崑崙山是中國境內的著名的山脈，就像長城一樣，它在很多場合，當被看作是中國或“中國西部”的象徵。

　　九月十三日十九時，在走了四十四天之後，方遇上青海的第一座城市格爾木。格爾木爲蒙語，意爲“聚寶盆”。也有人說，是“多條河流匯聚的地方。”

　　在未接近格爾木前，呼吸已暢通，步伐也輕快了許多。這是因爲平均海拔已從四千米以上，降至三千米以下。

　　格爾木座落在崑崙山和巴顏喀拉山兩大山系餘脈的以北、柴達木盆地以南的一大片戈壁灘上。是當代興建的城市，只有幾十年的歷史。

　　格爾木的地理位置是重要的。它是由甘、青、新三省區聯絡西藏的樞紐，也是西藏通往中國大西北和中原地區的中轉站。

　　我在格爾木轉悠了好幾天，看見西藏的不少辦事機構均設在格爾木，有大量的進、出藏的物資集散在那裏。人世上任何事情發生都是有緣由的，建立一座城市也是這樣。我觀察到，西藏距格爾木之間只有一些極小的鄉鎮。如果沒有格爾木的話，這一千餘公里之間，有點像“真空地帶”。因此，我個人總覺得，格爾木是爲西藏而建的。此外，它也是因了青藏路而興旺起來。

抵達格爾木時，我已突破了徒步五萬華里大關。但我跑遍全市，竟沒有買到一隻四十三碼的膠鞋。爲此，我只能仍穿着那雙快要漏底的鞋，向西寧前進。

在格爾木休整幾天，主要用於寫作。期間，有三位上海廣告裝潢公司的老鄉前來看我。他們擬前往西藏體驗一下生活，不料剛到格爾木就感到身體不適，上醫院掛點滴和打了針。醫生勸他們養好病再說。實在不行，便不要去拉薩了。否則，在翻越五道梁、唐古拉時會有生命危險。爲此，他們挺驚詫我竟能孤身徒步，闖過一道又一道"生命禁區"。

進出西藏的人，是需要一定的身體條件和準備吃苦的心理準備的。如果從青藏路進藏，可能的話，不妨在格爾木適應幾天，不要一下子"鋒芒畢露"。人世上的事情都有它的相對性，從平原上到青藏高原的人，會產生"高山反應"；而由青藏高原下抵平原的人，也會出現"低原反應"。雙方都是因反差太大，陡然之間適應不了。

崑崙山很可能是藏有"玄機"、適合藏龍臥虎的地方。在格爾木時，聽當地旅遊局的人說，近年來，有好幾位海外人士前來聯絡他們，交給他們一筆費用和購物清單，便跑去崑崙山中的一些較爲隱匿和清靜的山洞裏入定修煉。在此期間，格爾木旅遊局的人會定期開車前往，送去修煉者最基本的生活所需，如水和餅乾等。

近年來，如此修煉者常有所聞。他們大概是受了藏傳佛教禪宗、密宗，印度瑜伽功法和中國道教的影響，多尋找一些形勝而又靜逸的地方，將自己"與世隔絕"一段時間。

十月十二日十三時十分，在風雪中翻越橡皮山時，被專程從寧夏石嘴山搭車、前來接應我的青年女作家蓮子和詩人楊靜發現，他倆即刻下車同我會合。好友相見，自應欣喜。然因見我形容消瘦、一身風塵，蓮子當即就心疼落淚。

此時，我身上的"經費"已告罄。

十六時十分，我們仁行至橡皮山東坡時，被我形容為"湖大如海，水藍如天"的青海湖，展現在了我的面前。

青海湖俗稱"青海"。青海省因此得名。古時候也稱"西海"、"卑禾羌海"和"鮮水海"。

我國古代的羌族、吐谷渾族、藏族、漢族和蒙古族，先後在青海湖地區定居過。但現在吐谷渾族的族名已沒有人提了，羌族也遷徙走了。

古時候，青海湖是荒涼的邊塞之地。唐朝大詩人杜甫曾寫道："君不見青海頭，古來白骨無人收；新鬼煩冤舊鬼哭，天陰雨濕聲啾啾。"這恐怕就是對當時青海湖邊社會現狀的真實寫照。

青海湖是一個巨大的內陸山間湖泊。因湖水中含氯化鈉、鎂鹽，湖水微鹹帶苦，不宜飲用。但青海湖的水，以青色為本，青、藍、綠三色兼有，與藍天碧野輝映，景色十分迷人。

古青海湖曾與黃河相通，但現在不通了。青海湖盛產一種特有的湟魚。過去，生活在湖邊的藏族人因佛教戒律限制，是不吃魚的，這就給湟魚的自由繁殖提供了很好的條件。

但人的觀念總是要改變的，對自然界的需求也在不斷擴大。自一九五八年起，青海湖歷史上開始了大規模的機船捕魚作業。夏季一網可捕五萬斤魚。冬季鑿冰下網，一網可以打上萬斤。由於連年捕撈，魚類資源必會遭到破壞。現在當地有關部門已注意到，要採取必要的保護措施。

青海湖的西部灣裏有一個著名的鳥島。它是當代的考察工作者根據"進海一隻船，出海一船蛋"的民謠找見的。青藏高原是斑頭雁的故鄉。每當春暖花開之時，這些秋天飛往印度薩地亞過冬的候鳥，又會再越喜瑪拉雅山，在青藏高原的斑公湖、羊卓雍湖尋找各自的家園。其中有的就選擇了青海湖。

青海湖中有五個若隱若現的島嶼，內中以海心山著稱。自古以來，海心山以產"龍駒"而出名。傳說西漢王莽篡政失敗後，曾牧馬於海心山。公元六〇九年，隋煬帝到青海巡視，也對此地極感興趣，曾派人在海心山放馬，以求"龍駒"。

湖泊同自然界的任何事物一樣，也有其發生、發展和衰老的規律。古代的雲夢澤、而今的洞庭湖已縮小了十倍。現在的鄱陽湖也比從前縮減了一大半。青海湖地處半旱地區，陽光輻射較強，日照時間較長，蒸發量大，故湖面也比古代縮小了很多，這似乎也是大勢所趨。

青海湖最終也會像新疆的羅布泊那樣消失殆盡嗎？看來，對我們的後人來說，不啻是還能否吃到鮮美的湟魚的問題。

詩人楊靜僅陪我走了二十餘公里，雙腳便起了好幾個血泡。蓮子小姐也同樣舉步維艱。我們決定在青海湖邊的一個小客棧住上兩天，讓他倆"歇一下腳"。再說，面對如此壯麗的青海湖，是不應該輕易放過的。

此後，我們每天就去近在眼前的湖畔轉悠。時令已過中秋，靜臥在藍天下的美麗之湖愈顯澄碧和空茫。

青海湖的四邊是遼闊的牧場。此刻，草兒已經枯黃。極目遠眺，那連天鋪地的金色原野，那星星點點的藏族牧民的帳篷，那在秋風微拂中搖曳着的草莖，所組成的帶有古典牧歌氣息的畫面，連同這異域異族處的時空，不斷令我們心旌激蕩。

我們長時間地凝望着那湖面，我們久久地坐在金黃色的大草原中，我們已陷入在這攝人心魄的感動中。一曲著名的青海民歌："在那遙遠的地方,有一位好姑娘⋯⋯"直唱得我們淚水漣漣,忘乎了時間,忘乎了身在何方,忘乎了人世間所有的煩惱。

偶爾,有騎馬的牧民從我們身邊經過,從這些僻域之人的莞爾一笑中,我們體會到了民族間的和睦、人世間的親和,對於滋生人民健康的胸懷和情感該有何等的重要。

三天以後,我又繼續孤身前進。環繞着青海湖走了兩天。

十月十八日十二時二十分,翻抵青藏路的最後一座海拔三五二〇米的高山——日月山。

日月山在唐代以前,因山土爲紅色而稱"赤嶺"。公元七世紀初,文成公主一行從長安出發。到達赤嶺時,再往前行,便是與中原農耕文化迥異的蒼茫苦寒的遊牧之域了。公主翹首東眺,只見故土親人已天各一方,不禁愴然淚下。但想到太宗重託之和親大任,便義無反顧,將父母所贈日月寶鏡擲於赤嶺,以示西行決心。從此赤嶺便易名爲日月山。

我到達日月山時,山頂兩側分別新蓋有"日亭"和"月亭"。兩間亭內分別置有"唐蕃分界碑"及"碑座"。站立山頂,一千三百年前曾映入公主眼簾的,東側爲中原農耕,西側爲藏地遊牧的反差,依舊鮮明。但具體地說,它現在是青海省農業區和牧業區的分界線。

自八月一日離開"聖城"拉薩到今天,我已經在青藏路上跋涉了七十九天了。再有兩天的路程,我將走抵青藏路的終點——西寧。這些天來,根據自己的見聞,深切感覺到,青藏路的修通,意義重大。它圓了歷代先人千百年來的夢想,它給現世和後代的人民以無盡的便利。

遙想當年,在青藏路沒有出現的綿遠的歷史長河中,自漢朝以來,漢、藏、蒙古等各族人民就攀山越嶺,頻頻交往在今日青藏路穿行於其間的崇山峻嶺中。

到了唐朝，日月山已是與吐蕃相互進行貿易的地方。

此後，青、甘、新和中原各地的民衆，前往藏地，藏地的民衆前往那些地區，都大致走在沒有青藏路時的"青藏路地區"。"青藏路地區"留下過許多民族和群體艱難行進的足跡。

人類的歷史上總是存在着很多的"疑點"。有史以來，由於改朝換代、兵荒馬亂，天災人禍迭起，人類社會中的各民族，就從未間斷過不斷融合、互相滲透的態勢。因而，從某種意義上來説，所有的故鄉原本是異鄉，我們現在稱之爲故鄉的地方，是我們祖先在浪跡天涯途中，停下來"歇一下腳"的地方。中華各民族也不例外。

公元前一〇四五年，周武王攻破殷都朝歌，商紂王鹿台自焚。這時殷軍統帥攸侯喜領主力軍十萬人，加上林方、人方、虎方的十五萬人，突然全部失蹤，從此下落不明，成爲殷史千古疑案。那二十五萬軍民哪裏去了呢？當然，有中外學者猜測他們可能渡海到中美洲去了。但我不妨也作一個"浪漫"及大膽的猜測：他們會否翻越"青藏路地區"的崇山峻嶺，融入到藏民族中間去了？因爲，在周王朝全方位追剿的情勢下，有甚麼地方還能比青藏高原更安全的呢？

又如，羌族是我國古代歷史上一個較大的民族。早在三千多年前，就遊牧在我國西北部的大片土地上。而今，這個民族卻局限在川北的一些狹窄山區從事農業了。在藏、羌兩族的歷史上，是有羌族的一部融合到藏族中去的傳説的。那麼，他們當時會否也走過"青藏路地區"呢？

此後，唐初的文成公主，以及在她之後的金成公主，帶領數百名能工巧匠，翻越了日月山，走過了青海湖，這自不必説了。松贊干布和吐蕃王朝之後，在藏地民間傳說中"崛起"的格薩爾王，在大部份時間內，也是馳騁在"青藏路地區"的。史詩《格薩爾王傳》中，還曾描述過格薩爾王所在的嶺國及漢族"茶馬互市"的場面。

被元朝忽必烈封爲"國師"、創立蒙古文字的八思巴曾多次來回於"青藏路地區"。

元順帝時，生於西寧宗喀之地、後來成爲藏區著名的"宗教改革領袖"的宗喀巴，從青海，經"青藏路地區"進入西藏……

自古以來，甘、青、蒙古以及中原的歷代的朝拜者和商賈沿"青藏路地區"進藏。

西北人民解放軍"邊築路、邊行軍"，由"青藏路地區"挺進西藏。

建國後，一代又一代的地質勘測工作者活動在"青藏路地區"。

"首漂長江"的堯茂書，由西寧坐車至雁石坪，後又徒步前往長江源頭，也算是走了半條青藏路。

近年來，大量的援藏幹部以及他們的家屬、海內外旅遊者、戍邊戰士、商人、登山家、淘金者、走私者……或坐車、或騎車，由青藏路進、出西藏。

早在一個星期前，趕到青海湖邊接應我的青年女作家蓮子和詩人楊靜就同我約定，我必須於一九九一年的十月二十日十五時，走抵位於西寧市的"青藏路零公里紀念碑"下，居時有青海電視台、《青海日報》等媒體，等候在那裏作採訪報道。十月二十日十四時五十五分，比預定的時間提前五分鐘，我走到了這座城市的這座帶有象徵性的石碑下。

這座西北古城的民風，是十分古樸和熱情的。在那個我終身難忘的時刻，我受到了超乎我預料的盛大歡迎和嘉許。但我没有因此而忘乎所以。對我而言，重要的在於"過程"，而不在於"結果"。坦率地說，這個"結果"是我早已能預料到的，但發生在這個"過程"中的每一件事，卻是我事先無法預料到的。而無法預料到的事物才是真正有價值的。我喜歡體察有價值的事物。

在資本主義萌芽和上升階段的那個年代，西方湧現出許多傑出的旅行家和探險家。他們的理念不僅迎合了社會的需求，並且也是同那個時代的精神相脗合的。當今的中國，也處在一個社會大變革的時期，中國也亟需出現眾多的能體現時代精神的大作為。

如今，茫茫青藏路上的那山、那水、那人……已深烙在我的記憶之中，今生今世再也抹不去了。但對於要走遍西藏的全部的五條進藏"天塹"而言，這仍屬於小試鋒芒。離開西寧後，我將翻越祁連山，越過河西走廊，直抵新疆的首府。這就意味着，世界公路史上海拔最高、五條"天塹"中，最漫長、最艱險的新藏路，以及浩瀚無邊、環境險惡的阿里無人區和後藏無人區，又將橫亘在我的面前。

第三章　挺進滇藏路

　　一九九三年前後，是我人生中一段陰暗而又憂傷的日子。因爲不久前，我剛料理完在火災中不幸遇難的慈母的後事，我是在失去了人世上最親愛的人的情況下，強忍悲痛，重登征程，繼續作走遍西藏的嘗試的。當時，很多朋友擔心我會因此垮掉，但我告訴自己要堅持下去。

　　滇藏路在走遍西藏的五條“天塹”中，相對來説屬於“輕量級”。因而我只作些簡述。

　　滇藏路的起點始於雲南的中甸，終點是西藏的芒康。它之所以不再朝拉薩方向去，是因爲川藏路線南經由芒康通往拉薩。若再要從芒康往拉薩去，就是走在川藏路上了。

　　中甸處在雲南的西北部，若要從中甸始走滇藏路，就必須從雲南的首府昆明開始。這對我來説是一樣的，因爲雲南省，以及雲南省南北部的少數民族，都是我必須要走訪的。我可以在走訪滇藏路的同時，將這些目標一同實現。

　　一九九三年三月二十日八時三十分，我從昆明出發，開始了走訪滇藏路的序曲。

　　三月二十二日十一時三十分，經安寧縣草鋪鎮。在鎮郵局蓋郵戳時，該局的一位李小姐請我吃午飯。她說，她曾在電視上見過我。飯後，她執意要送我至前方祿勝鄉。途中，她突然提出，要同我一起走訪全中國。我花了很大力氣才說服她不要走。

三月二十九日十二時三十五分，進入楚雄市境內，在此後的一些天中，走訪了沿途的彝族聚居地。一直行進在"抗戰"時起過重要作用的滇緬公路上。

四月二日十一時十五分，進入大理白族自治州境內。這是我很多年前就夢想要到的地方。四月五日十一時，翻抵雲南著名的"定西嶺"，這山名是明洪武十四年鎮南將軍平大理後定下的。過了此嶺，即進入大理市。大理市這幾日正在舉行大理白族的傳統節日"三月街"。市內人頭攢動，滿城歡騰。

我參加了"三月街"的所有活動，還去了"蝴蝶泉"。在以後的幾天中，我在蒼山、洱海一帶走訪了白族聚居區。寫了並發表了《大理三月好風光》一文。

四月十九日十二時，行進在滇緬公路永寧縣境內時，美國作家沃爾欽斯基夫婦和他們的兩個孩子停車訪問了我。沃氏同我交談了一個小時後對我說，很久以來，他有過一個"單人步行訪問完世上所有的民族"，然後"由此人來治理整個世界"的小說梗概。但他又認為，徒步訪問這麼多民族是不可能的事。於是，這部小說就寫不下去了。臨走前，他對我說，因為看到了我在走訪中國的五十六個民族，而且已走了五年。他從我身上得到了啟發，現在，他要將這篇小說寫出來。他還說，他要將我的事情"告訴美國人民"。

四月二十二日十三時三十分，進入怒江傈僳族自治州境內。在此後的近二十餘天中，走訪了該州的基督教會、怒江大峽谷，走訪了怒族、傈僳族等少數民族的聚居地。寫出《世界第二大峽谷——怒江峽谷》、《怒江兩岸，蘭花的故鄉》等文，並發表。

五月十日至五月十七日，爲了走訪"半與世隔絶"的獨龍族，我離開貢山縣城，孤身前往同西藏、緬甸交界的獨龍江河谷。在翻越高黎貢雪山丫口時，遭遇大霧而迷失方向，差一點在雪山上遇難。後無意中又走回原處。此後，又第二次冒險翻越雪山丫口並得以成功，又穿越原始森林，走抵獨龍江河谷。在走訪獨龍族其間，取得不少珍貴考察資料。後寫《翻越高黎貢，走訪獨龍族》一文，並發表。

六月四日，從怒江傈僳族自治州返回後，即由賓川前往佛教名山鷄足山。走訪徐霞客和靜聞和尚相遇的地方，並在"金頂寺"爲慈母和亡弟超度、安魂。後寫《徐霞客、靜聞和尚與鷄足山》一文，並發表。

六月十一日至六月十五日，前往永勝縣和寧蒗縣永寧鄉落水村。走訪普米族聚居地和"摩梭人"聚居地，以及瀘沽湖畔的"母系社會"。寫出《瀘沽湖——中國"母系社會"的最後領地》一文，並發表。

六月二十二日至二十三日，走訪麗江縣石鼓鎮及"長江第一灣"。寫出《假如沒有長江第一灣》一文，並發表。

六月二十三日至六月二十五日，前往中甸縣虎跳峽鎮，走訪虎跳峽。

七月一日十時，離雲南迪慶藏族自治州首府中甸縣城。中甸爲滇藏路的起點，至此，正式踏上滇藏路之行。

迪慶藏族自治州風光秀麗，物産富饒，人民淳樸、熱情。

七月二日上午，於德欽縣奔子欄鄉不慎踩在一朝天釘子上，左腳板被穿透。於是，在奔子欄鄉養傷六天。期間，麗江縣縣誌辦公室好友李德靜專程趕來探望。李畢業於雲南大學中文系，是麗江縣納西族的姑娘。她向我介紹了很多有關麗江和納西族的歷史與風俗。她希望能有機會對歷史上曾存在於川、滇、藏邊境的"茶馬古道"作出詳實的考察。

七月九日，於凌晨五時三十分出發。於十三時翻抵滇藏路最高的大山白茫雪山，第一座海拔四千米的山頂。山坡兩側有藏族牧民的帳篷和牦牛。

十六時十七分，經過十一個小時的急行軍，又翻抵海拔四二二〇米的白茫雪山第二個山頭的山頂。山坡兩側有藏族牧民的帳篷與牛羊。山頂上，已有藏族經幡。山坡上有雪山融化下的涓涓細流。爲翻越這兩座姐妹雪山，我日夜兼程十三個小時。於十八時三十分，被滇藏路一六五道班職工華生留宿，並受到款待。

七月十四日十一時，抵梅里雪山主峰腳下一塊刻着"中日首次向梅里雪山峰挑戰的勇士長眠在此"的紀念碑前。我向日方十一名遇難隊員、藏族一名遇難隊員、漢族五名遇難隊員默哀、致敬，並送上一朵小花。

七月十四日至十七日，沿瀾滄江河谷繼續北上。江邊藏族瑪尼堆甚多，皆刻有"六字真言"，瑪尼堆上有牛、羊頭以祭，同西藏無異。

七月十七日十二時五十分，抵滇、藏之交界河。所謂界河，乃山中流下一澗水，由東向西橫過公路、流入瀾滄江中。交界處無任何標識，唯西藏那側有一公路碑，上寫："二一四線三五五公里。"

公路上，有一隊來自西藏鹽井，運鹽去雲南換糧食的馬幫，緩緩而去。

十六時三十分，越過界河。至此乃我正式第三次進入西藏。當夜，西藏芒康縣鹽井納西族民族鄉川味飯店老闆范軍，請我免費食宿於他處。

出鹽井納西族民族鄉三公里，見藏莊中有天主教堂及一片豎有十字架的藏族墓地。當地老人告訴我：這裏的人一直信天主教。建國時，神父被驅逐，現在又恢復了。怪不得這一帶沒有瑪尼堆，房屋上也沒有經幡。由此，我才明白：原來西藏境內也有納西族和天主教。只是僅限於藏東南，並且是靠近雲南北部的地區。

七月十九日十一時十五分，我在感冒和發燒等極端困難的情況下，翻抵海拔四千二百二十米的紅拉山丫口。至此，滇藏路上的大山均被我翻越。

七月二十日十七時十分，走抵芒康縣城。滇藏路全程至此結束。

這是我第二次抵達這個縣城。第一次是一九九一年六月十二日，挺進川藏路時經過該縣。

芒康縣城比兩年前有了很大改觀，造了不少新房，街區也比以前整潔多了。

我決定在芒康休整兩日，然後沿川藏路返回內地。我身邊的“經費”已不足二百元了。我必須設法籌些款，再補充一些裝備，特別是膠卷。

通往西藏的五條“天塹”，已被我走掉三條半了。如果我有可靠的經費來源，我可以直接從芒康沿川藏路趕抵拉薩。然後繼續已走掉了一半的新疆路以及最後的一條中尼路。但現在我必須退回去了。

一九九三年上半年的滇藏路之行，是走得十分艱苦的。這倒不是指這條路要比川藏路和青藏路更難行，其實，真正的困難是在我的心靈深處。

一九八八年七月一日清晨六時，我離開家鄉，開始“孤身徒步壯行全中國"的那一刻，我怕慈母再一次攔阻我，便趁她去買菜時悄然出發了。我原想，慈母還不滿六十歲，有自己的退休工資，不必擔心她的生活。俟我走完中國之後，我還有很多的時間可以照顧和孝敬她。我萬萬沒有想到蒼天竟然如此無情，竟會讓我如此善良的慈母遭此橫禍！而我當年竟連告別一聲都沒有做到！此外，我比任何人都清楚，如果我不去走中國的話，慈母必不會死於非命，這同我沒有照顧好她有直接的關係，對此，我永遠難辭其咎！

我永遠見不到我親愛的母親了！我再也沒有機會報答她對我的養育之恩了！

滇藏路就是在這樣的"背景"下堅持走下來的，在這段旅程中我從未真正快樂過。途中，我非常害怕想到，自己已是個失母的人了。我還經常意識到，從慈母仙逝的那一刻起，我實際上已沒有真正意義上的家了。我終於成了個真正的無家可歸的流浪者。我常常從睡夢中哭醒過來。

直到走完滇藏路，我仍不知道自己是否真正能從這樣的狀況中恢復過來，儘管我已作出了很大努力。

第四章　挺進新藏路

56. 進入阿里之前

"天底下沒有到不了的地方，只有不敢到、或不想到的地方。"靠着這個我在浪跡天涯途中的感悟，我於一九九一年四月十三日至十月二十日，"一氣呵成"了川藏和青藏兩條進藏"天塹"全程的跋涉。此後，我又於朔風勁吹的隆冬翻越祁連山脈，經河西走廊，向新疆進發。此行，既是爲了走訪新疆，同時也是爲了挺進新藏路。

新藏路也叫做"二一九線"國道，西起新疆葉城，東至西藏拉孜，全長二千餘公里，是全世界海拔最高、環境和氣候最險惡的一條公路。爲此，挺進新藏路，實際上便是走遍全西藏的"決戰之役"，直接關係到我能否完成走訪全中國的理念。

千里之行，始於足下。在能夠從新疆葉城真正走上新藏路進入西藏之前，我還必須先翻越天山，再自東向西地縱穿新疆南部浩瀚的南疆大戈壁。而此後的由葉城前往西藏阿里的過程，也就是翻越山高路險、綿延千里的喀喇崑崙山的過程。

一九九二年三月四日上午十時，陰鬱的天空還在飄着細密的雪花，氣溫在零下十五度以下，然而，挺進新藏路的"前奏曲"在位於烏魯木齊市市中心的新疆教育學院門口如期奏響。我同當時我在新疆的唯一的朋友盛雪蓮小姐，選擇這所大學的校門口爲起點，是考慮到，它多少能象徵我是從新疆的首府出發的。

盛小姐是我在一九九〇年夏季途經華山時結識的一位很優雅的小姐。當時，這位來自新疆五家渠的女教師，正利用暑假出去"排遣一下鬱悶的心情"。自那以後的幾年中，她一直關注着我的事業。在好些個我"糧盡彈絶"、遍體傷痛、面臨絶境的日子裏，她給過我許多的支持和恩助。她比任何人都關心我"走遍中國"的帶有"里程碑"意義的事件。這次，我們仍像往常一樣，互相揮揮手，以示告別。一切都非常簡練，我喜歡簡練。

出烏魯木齊後，有兩條線路可達南疆。我没有選擇平坦的甘溝，我走通常人們認爲難走的後峽。因爲後峽景色壯麗；有一座海拔四千二百五十米的天山山脈中的勝利冰達坂，就橫亘在後峽的深山裏。我覺得，我應該順便翻越一下這座新疆的大山。

三月九日十七時零五分，我在當地人認爲幾乎不可能的情況下，冒着暴風雪，成功地翻越勝利冰達坂山頂，從而進入南疆地界。

三月十四日十五時四十五分，走出後峽大峽谷，進入和靜。

三月二十九日晚，抵達輪台。抵達輪台就意味着抵達二千多里長的南疆大戈壁的最東端了。

六月十八日傍晚，在我忍受了無數難以言狀的飢渴、酷暑、狂風和"沙暴"的折磨，長時間跋涉在荒蕪乾旱、浩瀚無邊的塔克拉瑪干邊緣的大戈壁中，一直捱到走上最後一座山崗，終於能遙望見座落在戈壁盡頭、帕米爾高原東麓下的那一大片綠洲時，我的再也忍不住的眼淚像潮湧般地奪眶而出了。我的焦躁、開裂的嘴唇喃喃道：“南疆大戈壁總算被我走完了，喀什到了！”

此後，我又拐往帕米爾高原，去走訪一下生活在塔什庫爾干境內的塔吉克族人，並一直走向我國領土的最西端。接着，我又返回喀什，前往葉城。

七月二十九日十四時十分，我在位於葉城城郊的“二一九線”零公里碑處留影以誌，開始向西藏阿里挺進。

八月二十七日十五時十七分，在連續翻越了喀喇崑崙山脈的庫地、麻札、柯克阿特、康西瓦等海拔四千五百米至五千米的達坂後，又翻抵新疆和西藏交界的界山大坂和“死人溝”。至此，進入西藏阿里地區。

需要強調的是，界山達坂上的一塊石碑上，刻有“界山達坂，海拔六千七百米”的字樣，但我估計，可能達不到這個高度。

一九九二年中秋時節對我而言，是一段囹圄荒原、望斷人煙的日子，由於高寒缺氧，百里無人區中狼群出沒，我在喀喇崑崙山一帶多次遇險，是邊防軍、遊牧在荒原上的藏族牧民和維吾爾族道班工多次救助了我。

當我堅持到了西藏阿里地區的首府獅泉河鎮時，我的臉色青紫，呼吸困難，腹脹如鼓，原先一百七十斤的體重降至一百三十斤。但這些都擋不住我前進的步伐，我仍抓緊做着穿越阿里無人區，直抵聖城拉薩的準備。但不久，我因中央電視台採訪暫停前往。這樣，新藏路的挺進便於獅泉河鎮暫時中斷。

誰能想到，在我萬里飛赴北京的途中，正是我的慈母在一次火災中遇難的慘痛之日！可憐浪跡天涯數載未歸的我，竟"巧遇"奔喪！

慈母去世後，我孑然一身的坎坷人生又一次遭逢劇變。這樣的打擊實在是太慘了！在後來的那些天中，我覺得"孤身徒步走訪全中國"的動力突然少了許多，我又一次面臨萬念俱灰的境地，我幾乎要垮了……

關鍵時刻，理性總是我忠誠的朋友。使我又一次闖過險關的，並不是這些年來出生入死慣了的冷峻，而是責任。一種欲罷不能的責任提醒我：這時節，唯一能打倒余純順的恐怕就是余純順自己了。於是，我在料理完喪事不久，在慈母遺像前磕了三個頭，擦乾眼淚，又繼續前進了。沒有別的，因爲昔者既逝，而原定的事情還須做下去；此外，紀念慈母的另一種方式，更應該是將"走訪全中國"的理念推向最後的成功！

一九九三年春，我又第三次進藏。根據季節的變化，我改爲先走掉尚未涉足的滇藏路，而後再接着走完成一半路程的新藏路。詎料，這一計劃，又因接連兩次遭遇損失慘重的被盜事件而受挫。儘管滇藏路被走完了，但新藏路又被擱了下來。

一九九四年八月，"死不了的余純順"又輾轉千里，返回到西藏阿里。這是我第四次進入西藏，也是最終征服新藏路和中尼路全程的最後的一次衝刺。此刻，距一九八八年七月，離開我日夜想念的家鄉、那一日千里的變化中的東方大都市——上海以來，我已孤身徒步在偉大祖國的懷抱中艱難跋涉了六年多了。

總有許多人問我：你爲甚麼要在走全國時四進西藏？對此，人們盡可以見仁見智。其實，答案就在要實現的目標本身。

進入西藏的五條"人世上最難走的路"只剩下最後一條半

了。我就要在前無接應，後無救援，缺乏必要的現代化裝備的情況下，背負六十餘斤重的行囊，孤身一人行進在海拔四千五百米、五千米、乃至六千米以上的阿里地區和後藏西部的無人區，穿行在喜馬拉雅和岡底斯兩大山系的大峽谷中了……

儘管，在以往的歲月中，有很多探險家在踏上這片土地後一去不再復返；儘管，每年都有人因小小的一次感冒引發高山反應症而死亡……但我決不會給自己留一條退路，我仍會以笑傲江湖的氣概堅決地前進！

如果一切順利，一九九四年年底，大雪尚未封住青藏高原通往內地的山口前的最後一刻，我會再次走抵拉薩，並最終走出西藏。

我不在乎在人類徒步征服自然的載體上，是否會記錄首次孤身徒步全方位地征服"世界第三極"的這位成功者的名字，但我在乎這位成功者應該是中國人。正如在乎壯麗的"世界第三極"——可愛的西藏位於偉大祖國的懷抱中一樣。

57．重返獅泉河

歲月的長河毫不遲疑地流淌到了公元一九九四年的七月。久違了兩年的獅泉河鎮又當刮目相看：鎮中的街道已拓寬，老街兩旁的棚屋都被鋼筋水泥結構的樓房和平屋取代。這些新建的房屋多半被闢為店舖和飯館，成為這座荒原小鎮的主要景觀。

店舖多由四川和甘肅人經營，他們零售並批發各種小百貨和食品。貨品等級幾乎全是低中檔的，價格不菲且偽劣多多。在走遍西藏的那些日子裏，本人也吃過不少苦頭：電池一閃即滅，襪子一天便破……至於商品有否廠牌及生產日期，則不屬

"問題"之列——邊緣地區的人們很少講究這些，也沒法講究。

西藏各地商店的一大特色是：皆有軍用物資上櫃，從軍服、軍被、軍鞋，到軍用罐頭、壓縮乾糧……林林總總，沒有人問其來龍去脈，獅鎮也不例外。

飯館自然是"正宗川味"的天下。不同處便是招牌上各寫："南充"、"涪陵"、"重慶"……以示區別。那飯菜的價格令人瞠目，如我這般自費的旅行者豈敢貿然問津，只是在作"社會調查"時探過幾次價格。當然，你若瞭解獅鎮不產油鹽柴米，所有物資均從千里以外的新疆運來，就不會那麼挑剔了。

獅鎮也有一二家伊斯蘭飯館和藏族甜茶館在夾縫中"發展"。有少數民族人抱怨，這些開館子的漢人將該地的錢都賺走了。其實，平心而論，藏族人一般不善於做漢族人那品種繁多、讓人眼花繚亂的菜餚；而牧區的藏族人很少吃蔬菜；更偏僻些地區的藏族人，則大多數從不知道世上還有炒菜這樣的食物。

獅鎮的蔬菜、禽蛋、大肉生意被四川人把持，牛羊肉買賣則被新疆維吾爾族人操縱。同新疆一樣，獅鎮也通行公斤制，大多數人說話時帶有濃重的新疆味，新疆牌照的汽車多於西藏。

獅鎮的藏族商人喜歡在帳篷中經營，鎮南河邊的小市場便有一個經商的帳篷群體。這個群體在經營規模和樣式上變化不大，但就一貫輕商的藏人而言，這已經是不小的轉變。

獅鎮中心有一圓狀街心草坪。由該草坪再輻射出四條路去。兩年前，我常看到不少土著藏民圍坐在該草坪邊喝酒聊天。這個景觀在兩年後一如既往，而且人也似乎還是那些人。

這些沐浴在全世界陽光最充足的空間裏的人們，往往會閑坐上很長一段時間。在經過他們身邊時，我常佇看良久。我理解他們之所以如此悠閑，是同環境有關，也是同放牧的生活方式有關。

阿里高原天高地闊，方圓幾十、百公里中難見幾處人煙。對這些遊牧或半定居的藏民而言，這座荒原小鎮是他們單調生活中的一個萬花筒，是他們浪跡天涯途中可賴以歇一下腳的地方。

獅鎮距産青稞酒的農區甚遠，獅鎮的民衆便喝啤酒。啤酒也從新疆乃至遙遠的甘肅運來。這在十年前，簡直要被視爲異想天開的事。

據説，阿里是藏地人均收入最高的地區之一。該地盛産牛羊和各類礦産。

流動人口中，除了國中無處不在的＂川軍＂和走遍西藏的＂康巴＂外，便是來自新、青、甘一帶的維吾爾族和回族商人。這是一些經商意識極強且特別能吃苦的人。他們中的少數人在做傳統買賣的同時，也秘密轉手淘金者手中的金砂和偷獵者冒險從無人區帶出來的名貴藥材和皮張。在適合旅遊的季節，也會有寥若晨星的來朝聖這片高原的香客和中外的旅行發燒友的身影出現在獅鎮。但他們並非是專程來看這個小鎮的，他們只是經過而已。獅鎮處在新（疆）——（西）藏公路和黑（河）——阿（里）公路的交匯點上。由此，可北去新疆、中亞各國；南去神山、聖湖、尼泊爾和印度；東去那曲和拉薩；西去古格王國遺址。

獅鎮除一些小旅館外，已建起了一家涉外的獅泉河賓館。通常，西藏阿里旅行社的導遊們將那些飽受途中艱辛的遊客帶到獅鎮後，便逕直將他們再＂導遊＂進這個獅鎮唯一能同

"星"級掛上些邊的賓館。阿里地區和拉薩地區的導遊部門，正在不斷完善"一條龍服務"。

獅鎮以從它的胸腹中流淌過的獅泉河而得名，前身在三十年前僅是遊牧人的夏季營地。它的迅速發展是本世紀八十年代以後的事，契機主要是：原先擬作阿里地區首府的噶爾在自然條件方面有諸多不適；由新疆代行了多年的對阿里地區的管理權於八十年代初交回西藏。

作為一個地區行署所在地，獅鎮不啻是"袖珍"了些；然作為西藏、特別是西藏阿里這片高天闊域、世界人口密度最小的地區的行署所在地，則獅鎮也權且能對付過去了。

如今，中國腹地的經濟改革的浪潮已不可避免地影響着這個邊陲小鎮，小鎮必會隨着歲月的推移不斷發展。但發展的勢頭不會太猛，因為受到環境、特別是地理的制約。這種制約，在獅鎮、乃至整個阿里的歷史揭開第一頁的那天起，便伴隨它們與生俱來。

兩年前，我曾在獅鎮買了些布並設計了紙樣，欲請一對來自鄰近上海某地的開裁縫店的夫婦加工成帳篷，以備穿越無人區用。後因返北京接受中央電視台的專訪而中斷。兩年後，這對夫婦仍堅持在獅鎮。他們曾回家鄉置了公寓並花錢買進了"城市戶口"。然後再回獅鎮換了比原先寬敞些的店舖。我看見他們的氣色都不好，嘴唇也呈紫色。這是高原給他們留下的印記。他們打算在獅鎮再做兩年，賺足錢回家鄉。高原上的錢好掙，競爭相對平和些，但這些都要以犧牲自己的健康、以及同家人的天倫之樂才能換來。

他們還保存着我做帳篷的材料，並堅信我會返回獅鎮走完西藏。可聊以自慰的是，時至我第四次進藏時，我終於有了帳篷，是北京的一位同情者贊助我的。

到獅鎮的那晚，獅泉河賓館因當地政府例行的大會而客滿。賓館值夜的一位藏族保安見我來得不易，便邀我同住他的休息室。儘管我知道這能省下一夜宿費錢，但我還是謝絕了。浪跡天涯已六年了，我已非常珍視獨處。獨處可以使我免卻塵世的各種干擾，得到全身心的放鬆。尤其在這不可多得的神秘高原的夜裏，我更需要靜下來，以感覺這方荒僻地域天宇下的一切。

西藏高原的夜晚有一種難以言喻的沉寂。荒原小鎮上的幾許燈火、飯館和舞廳裏間或傳出來的各種聲響，將人們從久遠的古代拉回到現實。那晚我走在大街上時，已是還有半小時全鎮即要停電的二十三時三十分。幾乎在獅鎮將要全部融入黑暗前的最後一分鐘，我趕到了行署招待所。在那裏，我得到了一間可以獨處的房間。

世界有時真小。當我剛在那個房間燭光前坐下時，隔壁的一位叫陳山的香港旅行者便過來同我打招呼。原來他是香港《中國旅遊》雜誌的忠實讀者。承蒙該雜誌提攜，近年來一直連載着我的遊記。那晚，我們聊至凌晨三時。他說他遊完阿里後還要去尼泊爾和印度。他屬於搭"木頭車(貨車)"遊歷的那撥人。大陸開放後，我經常在神州各地邂逅港、澳、台的遊客。他們鍥而不捨地遊歷四方。他們在觀賞祖國壯麗山河人文景觀時所表現出的虔誠、以及在浪跡天涯的途中以苦爲樂的精神，也常常令我驚嘆不已。

第二天上午，陳山將我介紹給一位來自拉薩的年輕藏族女子認識。這位名叫嘎珍的漂亮女子是拉薩一個國家級明星企業、西藏西亞爾進出口總公司的副總經理。陳山從拉薩來時，便是搭着她的"木頭車"，而她則是到阿里來創辦一個分公司的。陳山一再說，他同一名外國旅行者搭嘎珍的車穿越荒寂的藏西北時，這位拉薩女子恪盡地主之誼，所表現出的俠肝義膽令他們終生不忘。

這位嘎珍滿可以在西藏自治區工商局的某把交椅上悠哉閒哉，但她偏不願意在一天乃至一年的大部份時間中靠一張報紙一杯茶地在機關中耗。於是就停薪留職，換來幾年的自由身以便自己可以闖一下(這一點倒是同我挺相仿)。難怪嘎珍一聽陳山說我居然想徒步遍訪西藏和全中國時，尤為讚賞。當時她就說：“真了不起！我就佩服你這類敢想敢幹的人。”

嘎珍在“內地班”讀過書，後又在西藏大學和上海進修過。因此她比較“現代”和務實。

嘎珍那天設宴將我也請了去。席間，她當着那些獅鎮方面的來賓的面對我說：“這幾位都是獅鎮的‘地頭蛇’，要想在此地站穩腳跟，這些人是不能不請的，而你則另當別論。”嘎珍在講這些話時從容不迫，而“這幾位”聽後也從容不迫。

在獅鎮的那幾天中我受嘎珍關照不少，臨出發前我決定回請她一次。嘎珍接到口頭邀請時便馬上說：“好！好的！”詎料，在飯後結賬時她搶先一步。剛欲責問，她笑道：“你有這份心意就行了。客還屬你請，錢由我來付。”席間，她一再問我：上海人在數字上何為吉利，何為不吉利？我答：上海人最忌被人叫做“十三點”，至於吉利之數似乎也沒個定論。她見我說不出吉利數來，便復問她的助手：“獅泉河到拉薩有多少公里？”該助手答：“一千七百五十二公里。”嘎珍聽罷就對助手說：“那好，請點一千七百五十二元，我代表我們公司將這筆錢贊助余先生，祝他順利走到拉薩，順利走完全國。”

真沒想到，這位素昧平生的藏族女子能如此理解並切實地幫助我，而且風格幽默頗具戲劇色彩。

後來證明，嘎珍的這“一公里一元錢的補貼”確實並非僅限於幽默。在我囊中羞澀，由阿里向拉薩挺進的那段艱險卓絕的旅程中，這筆錢實實在在地起到了我能否安抵拉薩的作用。挺進途中每念及這一恩助，我常回望遠天、仰面落淚……

鑒於地圖上不會詳列旅行者所需要知道的一切，嘎珍又代我向她的藏族老鄉打探前方的地理環境，尤其是兩條淘湧大河的情況。她將掌握到的情況畫成草圖交給我，以備不時之需。

我出發前，嘎珍以快刀斬亂麻的談判作風，擇定了她的阿里公司的商場舖面。不久，又開出一間電子遊戲機房和一家獅鎮最氣派的餐廳。我們相約在拉薩見面。但當我勝利到達拉薩時才知道，嘎珍只能熬到來年三月方能返回拉薩。因爲新開張的商場需她"坐鎮"一段時間。此外，餐廳燃料的來源竟成了一個非常棘手的問題。

二十多年前，獅泉河水沿岸百公里長的灘地上，還被西部特有的生命力極強的紅柳林鋪蓋着。那些遷來新址的人們曾相信，從今後這片荒涼的河邊平坎上將會因着這片取之不竭的紅柳林而世代炊煙不斷。人們理所當然地將燒牛糞改成了燒紅柳。於是紅柳林的面積就日見一日的縮小着。廿年後的今天，這片紅柳林終於被斬盡殺絕，獅泉河邊一片荒漠。耗盡了地力的獅鎮人又只得重新去揀牛糞。牛糞自然是不夠燒的，便輔之以燒汽、柴油；燒汽、柴油非長久之計，便派人四處去找煤；阿里本地的那點貧瘠的煤也不能解燃"眉"之急，便下決心建水電站；水電站發了幾天電便被水沖垮，便又研究推廣起太陽能的利用……

當我走出阿里、走完西藏，返回萬里之外溫暖富饒的大海邊，走遍西藏的經歷似乎也已恍若隔世，但我總忘不了這位名叫嘎珍的美麗的藏族女子。每當我想起嘎珍還要在隆冬和春寒中，帶着她的屬下，去那寒風凜冽的阿里荒原上，刨那殘存在地表下的紅柳根，以使那個新開張的餐廳以及他們自己能得以生存下來時，我就會回望西天、淚沾衣襟……

在獅鎮的最後一天，駐軍的一位同情者給我送來了一條被褥。我自己準備了壓縮乾糧、四川榨菜、一把匕首和一件羽絨服。加上原有的裝備，挺進阿里第一階段的準備工作已就緒。當然，這是最低限度的。

58. 阿里高原和新藏路

在我走中國的幾年中，經常有人問我："你害怕不？"通常，我便反問："怕甚麼呢？"話雖這麼說，其實只有少數幾個親友和我自己知道，我一直在擔心着阿里，並且只擔心阿里。我深知，能否走出阿里，不僅是走遍西藏的關鍵，也是走遍中國的決戰之役。

被稱爲"世界屋脊的屋脊"的阿里高原，位於西藏的西部，平均海拔四千五百米，面積約三十餘萬平方公里，而人口僅六萬，平均五平方公里僅有一人，是世界人口密度最稀的地區。在走阿里之前的六年中，儘管也經過很多自然環境惡劣、偏遠荒寂的地方，但還沒有經過完全意義上的無人區，也難得在荒野露宿，但要走過阿里的話，這類經歷便如小菜一碟了。

阿里是不能不走的。這不獨因爲走阿里是實現走遍西藏和中國這些目標不能或缺的組成部份，還因爲我實在是太嚮往這片如此遼闊、如此壯麗、如此神秘的高原哪！

如果不是科學考證，誰能想像，四千萬年以前，如今莽莽蒼蒼俯世獨立的青藏高原尚被浸漫在熱帶的古海中，而阿里高原不過是海洋底下的一抔泥沙。後來，海水漸次退去。經歷了地球上的被地理學家稱爲印度板塊和歐亞板塊的擠撞，又經歷了喜瑪拉雅造山運動，於是阿里高原也隨着青藏高原而隆起，成了喜瑪拉雅山、崑崙山、喀喇崑崙山和岡底斯山相匯攏、境内外數條著名江河發源地的焦點，故阿里素有“萬山之祖”、“百川之源”之稱。

不知緣自何年何月，阿里平沙漫漫、乾旱寂蕪的荒原上出現了來自四方的朝聖者的身影。他們或踽踽獨行，或扶老攜幼，不辭艱險地來尋訪他們精神的故園和心中的聖地。他們去了一批又來一批，雖萬死而不悔，歷千年而不輟。這一切，無不基於阿里的魅力。

其實，阿里的魅力是多層面的。對旅行者而言，這種魅力還體現在一系列“不可預知”的突發事件上。舉例如下：

1. 作為一名徒步旅行者，在浪跡天涯的過程中，就要承受比坐車或騎車的旅行者更多的艱難。在挺進阿里高原的過程中，就要忠實地沿着新藏公路前進。而新藏公路是舉世聞名的世界上海拔最高的公路。它由新疆烏魯木齊至西藏首府附近的拉孜，全長四千公里(也有從新疆葉城至西藏普蘭的算法)。沿線須翻越喀喇崑崙山等十餘座冰雪大坂，最高海拔六千米左右，氧氣不足平原處的三分之一，對人的心肺是個嚴峻的考驗。途中還要穿越乾旱浩瀚的千里戈壁，泅渡眾多江河。全線海拔四千米以上的地區約一千公里，海拔五千米以上的線路在五百公里上下，屬世界公路史上最難走的路段。内中，以紅柳灘、死人溝、甜水海、界山大坂、阿里同後藏之間的無人區等地段，被歷代旅人視為畏途。

2. 一九九〇年四月十八日，我途經北京時，中國登山協會的于良璞給我畫了一幅“西藏略圖”，明確標出西藏普蘭至仲巴之間的無人區中常有“人熊”(學名或叫馬熊)出沒。又是無獨有偶，此番我再抵獅鎮時，普蘭縣縣委書記劉明和公安局副局長就告訴我，今年五月，普蘭一名二十五歲的藏族男牧民於野外被"人熊"吃掉。除了"人熊"以外，狼群也是一大禍害。兩年前，我走在斑公湖邊時，見當地龐大的馬群中小馬駒少得不成比例，便問放牧的藏民，藏民道：小馬駒跑得慢，夜裏狼群來襲時，小馬駒就首先被吃掉。你一個人夜裏過草原時要加倍小心！

阿里高原還有雪豹和大量的野牦牛，這幫傢伙也非"等閒之輩"，均須認真對待。

3. 來自人類社會的侵襲也不能忽視。迄今為止，"兩條腿的野獸"從未在地球上絕跡過，阿里也不例外。走阿里前，普蘭縣公安局副局長便告誡我，去年九月，有一身高一點九零米的外籍旅者在阿里"神山"附近的野外露宿時，被"兩條腿的野獸"將正在睡袋中熟睡的他的頭砸得稀爛，所帶財物被洗劫一空。

鑒於上述情況，"皇帝不急急太監"的是我的家人和朋友。他們一致勸我不要走這段路，可採取或繞開、或坐車過阿里的辦法。囿於該路段存有許多非人力所能為的因素，世人也不會對我這個"徒步旅行者"有過多非議。

我當然知道情況的嚴峻，且何嘗不想"完好無損"地回返我那溫暖的家鄉。然而，倘若繞開這相當於國土面積二十分之一的地區，那還能算"走遍全中國"、尤其能算"走遍全西藏"嗎？至於要搭車的話，如果我真能在無人區找到車的話，那就不是無人區了。何況，在六年多"走遍全中國"的過程中我從未坐過一次車，阿里不會例外！無人區也不例外！

其實，阿里至拉孜，還有一條較穩妥的路同樣可達目的：即由獅鎮走革吉、鹽湖、改則、措勤至拉孜，但那已不是原來意義上的"新藏"路，而難度上也遜色不少。我是一個知難偏要上的人，我當然會選擇走邊境的這條極富挑戰意味的路。這條路不僅要穿行於無人區，還要從我嚮往已久的喜瑪拉雅和岡底斯兩大山脈的中間走過。如此千載難逢、能使我過足探險癮的機會，豈能輕易放棄！唯其艱險無比，方能盡顯英雄本色。

我僅採取了一項應變措施：在即將翻越新疆和西藏交界的界山大坂進入阿里腹地前，先自己前往醫院摘除了闌尾。並非危言聳聽，便是如此一個小小的器官，如果偏巧在無人區爲難我的話，也足以使我喪失生命。身體髮膚受之父母，不到萬不得已，是決不想無端去挨這一刀的。

在右下腹被劃過一道口子之後，我仍有一事祈求上蒼：只要不讓我在無人區攤上"胃部大出血"，那麼，就身體而言，我相信自己必能走出無人區。我深知這種麻煩更能在無人區致人於死，儘管我並沒有明顯的胃病。

對於阿里，在未進入她的領地之前，我便將自己的闌尾做了獻祭。

59．挺進阿里

海拔四千三百米，一九九四年八月三日晴

上午九時，挺進阿里的號角吹響了。

爲了說明穿越被稱作"西藏中的西藏"的阿里的艱難，從現在起，我記錄下每段路程的海拔高度和惡劣多變的氣候。

登程前，裁縫店夫婦及另幾位支持者同我一起合影。不料，剛按下快門，便有人驚呼："余哥，不好，你的背後是'陽痿山'。"頓時，衆人皆大笑不已。

原來，緊挨獅鎮的東側，有一呈赭紅色的怪異山巒。傳說，山中潛有害人精怪，凡挨近此山的男子，均會染上陽痿之症。多年來，凡知曉此山之遠近男子均唯恐躲之而不及。久而久之，該山便被喚作"陽痿山"而臭名昭著。

這當然是一種沒有多少科學根據的傳聞，但頗能蠱惑人心。這幫談虎色變的朋友認真得不行，堅持要我換個角度再拍一張以免晦氣。我暗想："我孑然一身浪跡天涯，這陽痿與否，於我又有甚麼實際的利害？"于是便道："沒關係，便以這夥計權當獅鎮的一大風景，留個到此一遊的紀念也好。"言畢，抱拳作別，掉頭向阿里腹地前進……

今日天氣燥熱，料想會很消耗體力。

六年中，走在中國其他地區時，我所背負的裝備都限制在四十斤上下，但要走出阿里，就不能仍背這個份量了。今日揹負的重量已達六十五斤，雖大大超過了長距離徒步的極限，但在這荒遼的阿里高原上，這點裝備是萬不能再減免了。

獅鎮的南面同樣是荒蕪乾旱的戈壁。走出四個小時後，回望來路，仍能看見在漫漫平沙中獅鎮的孤寂身影。高原上空氣純淨，能見度高，一馬平川中能遙望得很遠。

中午時分，高溫及紫外線照射下的我已汗流不止，但汗水很快就被蒸發了。我始終節制着喝水，每次擰緊壺蓋時，都要反復檢查是否漏水。憑我的經驗，我知道今日帶的水肯定不夠。這是因爲增加了二十斤壓縮乾糧，不可能再帶更多的水了。我指望能在途中找到水源，在那裏喝飽、並加滿第二道水，這樣堅持到今夜的宿營地便不會有問題。

走出約二十五公里時，負重太過的問題很快就凸現了出來，我已感覺不勝負荷。我明白，倘若仍負重如斯，恐怕難以走出阿里。我決定將精打細算才帶上路的裝備再作精減。權衡再三，覺得唯有忍痛將睡墊放棄掉。

睡墊從背囊的上端被抽了出來，我將它擱在路邊一顯眼處，以便後來經過的人可以將它撿走。這條羊毛編織成的睡墊是一位邊防軍人勻給我的，他希望能在我露宿荒原時阻擋掉一些地上的寒氣。

十四時，水壺內再也倒不出一滴水來了，我的處境更加艱難。

十六時十五分，天際邊駛來一輛小車，我忙對自己自言自語道：" 一定要把它攔住。這也許是今日唯一的指望了。"小車在我的不斷招手下停了下來，我急切地問車上的幾位藏人可有水否？他們擺了擺手，又將車開動了。但車開出三十米左右，又奇蹟般地停了下來，內中的那位藏族姑娘從車窗內遞出一罐健力寶來⋯⋯

從下午至黃昏前，靠了那罐飲料，我仍在熱氣蒸騰、折射着強烈紫外線的荒漠上堅持前進。荒漠上寸草不生。此時，我已觀察到今日要經過的地段皆距四週的山脈較遠，而且還盡是些我最痛恨的我將它叫做" 乾山"的那種山，故今日只能是" 圀圀荒原、望斷雪山"，不可能遇見水源了。我唯有堅持到日落，日落後溫度便會迅速下降，對水的需求較之白天要小些。此外，我更期待着能趕抵預定的宿營地———一個叫魯瑪橋的地方。從資料看，該橋處有條尚未乾涸的河，甚至還有一對藏族夫婦在那裏守橋。如果我能堅持到那裏，則不僅那條河中的水都可以盡歸我有，而且，沒準還可以覓得一棲身處，以免卻露宿荒原與狼共寢的麻煩。

暮靄漸深，橫亘在我前方的那脈大山的山腳看似近在眼前，卻總也走不到。此時，我已是每走五百米左右，便要躺在地上喘一會兒氣了。我極端乾渴，已處在脫水狀態。與此同時，我又間歇性地感覺噁心和胸悶，這是海拔高、空氣稀薄處的高山反應。這種狀況持續太久，隨時會致人暴死。

天全黑下來時，我看見前方山腳下突然閃過一點火星，我斷定那是吸煙發出的亮光。"快到有人的地方了！純順，再堅持一下呵！"我不斷這樣告誡着自己。這時，我已是每前進二百米，便要躺下休息一會兒了⋯⋯

二十二時十五分，在星光的輝映下，有如倒臥在地的一面巨大的鏡面漸漸地呈現在我的腳邊。定睛細看，不禁愣了半晌。此後，我便扔下背囊，慢慢地跪了下去⋯⋯

這是一洼如三個乒乓球桌面那麼大的淺水坑，水深不過二十五釐米，水面上散發着牛、馬、羊排洩出的屎尿的騷腥味。我用水杯將那水舀起，喝完了又舀，舀了又喝；我的淚水緩緩地流淌了出來⋯⋯

一陣猛烈的旋風突然從寂黑的荒原深處襲來，我的身子隨之開始打冷戰。我知道自己已沒有體力走到前方那個閃過一次小火星的地方了，我必須"撈現鈔"似地守住眼前的這洼水。"望山跑死馬"，天知道那該死的魯瑪大橋還遠在甚麼鬼地方。何況，萬一那橋下只是一條乾涸的河床呢?!

風越來越大，氣溫下降得甚快，星光晦暗了下來。我在水坑邊選了一處平地，藉着手電光，在大風中抖擻着支起了帳篷。鑽進帳篷前，我又跑去水坑邊喝了一遍水，並將水壺灌滿。

在帳篷裏，我摸索着將我的棲身處佈置好之後，便就着水吞下一片壓縮乾糧。連帶中午的兩片，今日一共吃了三片。這種乾糧十分堅硬，味道很怪，如若沒有水，便愈發難以下嚥。為了活命和換取一些體力，我往往是粗粗嚼上幾口，便將它吞下肚去。

沒有力氣再記當天的筆記了，只能第二天補記。

當我鑽進睡袋時已近午夜，風仍在荒原上呼嘯，不停地撕扯着我的帳篷，不時傳送來遠處群狼淒厲的嚎叫聲。我仰臥在地，閉着雙眼，平靜地聽着四野的聲響。我的頭邊放着一把藏刀和半壺我不知道是否可以稱它爲水的那種液體……

60．魯瑪大橋

海拔四千四百五十米　一九九四年八月四日晴、小雨

清晨醒來，方覺一夜無夢，在這荒寂的戈壁上，竟能酣睡如此，皆因昨日白天的極度疲倦。鑽出帳篷，延頸四望：發現魯瑪大橋就在僅距我三百米左右的那脈山巒的腳下，那橋的邊上緊挨着兩間房舍，房舍前的草甸上黑、白、綠相間，有晨放的牦牛和羊兒在吃沾着露水的青草。

魯瑪大橋下沒有我昨日最擔心的那種乾涸的河床，倒是有一泓清流來自我右側的天邊。那泓在朝霞的輝映下，水面閃耀着銀光的清流經過那座大橋後，又向着我左側的草原深處蜿蜒而去……

眼見這一切後，不禁莞爾一笑。不想責怪自己爲甚麼昨夜不再堅持多走三百米，這種極具戲劇化的經歷在浪跡天涯的途中是常事兒。我回頭瞥了一眼昨夜喝過的那個淺水坑，發現坑邊果然有牛屎和羊糞。我笑着搖了搖頭，將水壺裏還剩的半壺水倒掉，便開始收帳篷。

支帳篷不易，收帳篷也不易。稍動彈一下就心跳加劇，喘不過氣。我看了一下海拔表，指針指在四千三百米的標線上。

又出現噁心、胸悶和嘔吐狀況，但腹內早已空空。噙着因難受而沁出的眼淚，痛苦地摁住胸口，將湧上喉嚨口的、混進着膽汁的口水吐盡後才緩過氣來，但人已像死過一回。這種狀況在我走遍西藏的日子裏一直沒有饒過我。

我知道務必再減輕一下裝備。考慮再三，遂決定再扔掉兩雙舊襪、一瓶維生素、一條舊內褲、一本小像冊、一隻小背包和幾張傷膏藥。同時，又擠掉半支牙膏、撕掉半本筆記本白頁。

　　上午十時，收拾停當，開始向三百米外的魯瑪大橋走去。行前，又撿起那已放棄的小背包和傷膏藥。

　　那橋邊的屋裏果然住着一對守橋的藏族夫婦和他們的一個女兒。他們疑惑不解地讓我進屋去。我將那隻小背包和幾張傷膏藥遞給那位藏族女子作爲聯絡感情後，便立馬作了個要求喝水的手勢。那男的看懂了我的意思，忙示意他的女人給我拿來暖壺。

　　我拿出軍用口杯，在里面放了些茶葉，將水倒滿後，便坐在一邊等候。我覺得此刻我是在等候人世上最美好的東西。

　　那藏族漢子會些漢話。他告訴我他叫昂希多。他同其妻共同在此守橋，每人每月工資二百元。他們有三個孩子，兩個大一點的分別在獅泉河鎮讀書和做事。他們還有三十餘隻羊、六頭犛牛和十餘隻雞。不容忽視的是，他們還擁有在屋前的小塑料棚裏種着的一些小青菜，他們沒提，但我進屋前觀察到了。

　　方圓幾十公里中唯有他們一家在這裏居住。他們放牧着看己的牛羊，養育着心愛的兒女；有草原、河流、山巒和藍天與他們爲伴；住着公家的房子、拿着國家的薪水，其富足和閒逸莫過於此！

　　一壺水很快便要被我喝完。那女人見狀，便又用引火柴點燃乾牛糞再燒。在這個間隙中，我吃了昂希多拿給我的兩隻白麵做的饃和幾根我自帶的四川榨菜。此外，我還堅持拍了幾張這個藏族人家的照。通常，只要被拍攝對象有要照片的請求，並且又有可靠地址，我都會如約寄去一份。昂希多夫婦沒提這個要求，我不知道他們是不懂拍照爲何事呢，還是沒想到這上面去？我知道，不少邊遠地區的藏人一生也未拍過一張照。

從十時十五分至十二時，我喝空了兩壺水(大號暖壺)，直喝得那對藏族夫婦和他們的女兒目瞪口呆。他們幾乎一直坐在鋪有長墊的坐榻上靜靜地看着我喝。我同他們的話不多，倒不是語言不太通，而是因爲我一直感覺口渴，我需要一而再、再而三地不停喝水，我發覺我的臉頰處很燙。

十二時十分，我對這家三口說了"吐機氣"(謝謝！)、扎西德勒(吉祥如意)後，又瞟了一眼三百米外我昨夜"下榻"的那塊"風水寶地"，便繼續前進。

今日天氣仍很炎熱，路面甚難走，都是大小不等的石頭，且高低不平。昨日右腳起一血泡，今日左腳也起一個。這分別是"孤身徒步走訪全中國"①以來的第一二六和一二七個泡。通常，換上一雙新鞋，或路況不好時便會起泡。

今日途中有幾處水源，但分佈不勻：有時走在山邊，山中下到公路的水甚多；有時走上戈壁灘後，則十多公里中滴水不見。我常想，這也猶如天下萬事那樣——總是不公平的居多。

因爲腳上有泡，昨日又飽嘗乾渴之苦，同時也要吸取昨夜在黑暗中支帳篷難的教訓，故今日不敢戀戰。剛近黃昏，便在邊走邊觀察中尋找今日的宿營地。十七時，看見一水源處有一片乾燥的沙地，沙地上長着叢叢紅柳。覺得此處甚好。除了有水，地下乾燥外，若將帳篷搭在紅柳叢中，甚或還能阻擋掉一些野獸的視線。

這個地方距魯瑪大橋四十六華里。

---

① 余純順在此之前自稱"壯行"或"環行"全中國，而此後則一直改稱"走訪全中國"。

在沙地上搭帳篷的缺點是可用以壓帳篷繩索的大石頭較少。這樣，我便要去四處尋找，並上氣不接下氣地將那些石頭一塊一塊地搬過來。如果沒有這些石頭壓住撐帳篷的繩索，則阿里荒原上的夜風起時，帳篷就有可能被風吹垮。

天未黑時，帳篷支好了。我在帳篷內鋪開睡袋，擺放好收音機和英語書，便開始晚餐。晚餐其實就是就着涼水吞下三片壓縮乾糧和幾根四川榨菜。今日不用喝髒水。今日之水又涼又甜，是雪山上融化下來的活水。這種水的品質遠勝過市面上出售的礦泉水。

晚餐後，我看見有二三條蜥蜴在我的帳篷外跑來跑去。我知道它們不會傷人，是一幫可愛的小傢伙。此時，不知從何處又來了許多蚊子，圍飛在我的帳篷外。不久，戈壁深處的風又颳來了。旋即，天空中便落下小雨滴。於是，我趕緊爬出帳篷撒了泡尿。當然，我也利用這撒尿的時間再觀察一次四野有否可疑的動靜。此後，我便鑽進帳篷。

夜裏，我在帳篷內聽廣播、補習英語和記筆記。我當即在筆記中糾正了我以前認爲西藏高原沒有蚊子的錯誤。

凌晨零點四十分。我開始躺下。此時，帳篷外風雨交加……

61. 手搖的轉經筒

海拔四千四百米　一九九四年八月五日多雲

昨夜的那場風雨持續到凌晨五時。這心驚膽戰的一夜，與其說是在睡覺，還不如說是在同風雨搏鬥中度過的。爲了防止帳篷被風吹垮或被雨壓塌，我得手、腳、頭並用地頂住兩端的撐杆，並不時要撥去積在帳篷頂上的雨水。我那可憐的帳篷沒有防雨的功能,當尼龍布吸足了水後,雨水便滴答、滴答地滴落到帳篷內……

在荒原的寒夜裏,這風雨的到來誠然會給我帶來不少麻煩,但我也暗想,這恐怕倒是利弊兼得的事:至少,慣於夜間覓食的野獸或許也會因風雨而被阻在了它們的巢穴中。

黎明即起(天知道我"睡"了幾個小時!)但並不着急收帳篷,因為篷布是濕的。此外,還得拖出被雨水滴濕的睡袋並將其展開在沙地上,有清晨來的風和初昇的旭日將它們吹晾乾。這是一日中最好的時光。我常利用這段時間在附近慢慢地散會兒步……

阿里高原的清晨神秘而幽靜,寬曠的四野空氣清新。仰望遠處藍天下的雪山,在朝陽的映照下,愈顯其莊重而玉潔冰清。在多次的環顧和仰望之後,我常懷疑我正造訪着的這片區域莫非不是地球上的某地;這片平靜而又如此震撼我的荒原常使我辨不清自己是活在古代還是今日,是身處前世還是今世?這真是一塊無與倫比的隔世之域。我常想,多少年來,她一直隱蔽在這地球最高的地方,堅持成為這個人世上億萬人畢其一生也無緣親歷的聖潔之地是在等待着甚麼?

此時的我猶如一個拖着自身長影的聖徒,雕像般久久地佇立在這片天地之間,週遭的氛圍一再令我感動,常引領我思索生命的意義、人類的未來……

突然,有動物尖細的鳴叫聲此起彼伏。循聲俯看,有野兔在附近的沙地、有旱獺在下方的草甸了上跑來躍去、戲耍覓食……阿里高原新的一天便這樣開始了。

十時四十五分,收拾好背囊繼續前進。今日之路全延伸在鋪滿小石塊的戈壁灘上,腳踩在上面,每每疼痛得就像在受刑。今日的水源卻又過於充足了,充足到一日內記不清有多少次蹚過水淹路段。爲此，我整日均濕鞋走路，而濕鞋走路是很難受的。

十五時，走抵一不知名的草原小湖。湖中有野鴨，湖的上空有水鳥在飛，湖的四週有牛羊和放牧人的氈包。我沒有貿然走近，因爲那幫忠實的牧羊狗已用它們傳統的方法在"歡迎"我，我不想自討沒趣。很快，氈包裏便有幾個藏族小孩子跑出來朝着我雀躍。他們的大人隨後跟出，手搭涼棚朝着我的方向張望。我沒有停留，邊走邊朝着他們擺擺手，他們也回我以擺擺手。

十八時十分，過一定居的藏族小農莊。農莊邊的幾十畝青稞地裏青苗勃發，農莊前的草甸子裏牛羊點點……我暗想：這裏還有一隅半農半牧的地方，此非我原先所料也。

我走過那藏莊時不見一人，甚至也不見一條好管閒事的狗，唯有那些石塊壘砌成的簡陋房屋和幾座佛塔默默地站立着。這藏莊非常寧靜。

十八時三十分，正在蹚涉一水淹路段時，有一輛東風牌大卡車從我身旁駛過，車上有人大叫"小余！小余！"頓使我吃驚不小。回眸細看，原來是我挺進新藏路時在新疆葉城認識的那位美國女子在叫我。這美國女子的漢語水準挺棒，此番正帶着她一句漢語也不會的男友乘車專遊西藏。看着蜷縮在後車廂裏、頭上裹着毛巾、像傷病號似的他們，我站立在水中，邊向他們揮手邊發出很愜意的笑聲。兩個月前，我由新疆第四次挺進西藏時，這位美國女子對我要成爲人類史上第一個孤身徒步走遍全西藏的嘗試半信半疑。如今我們又在西藏腹地不期而遇，並且他們仍在車上，我仍在車下。這下她總該信服了吧！

十九時十分，我卸下背囊，擬在鄰近水源的戈壁灘上支帳篷，卻無意中瞥見公路拐彎處貼着山角的地方有一些房舍和院牆。根據經驗，我判斷那可能是一個區政府所在地，而區政府所在地通常都有一個招待所的。於是，便停止支帳篷，復又揹起行囊，朝那房子走去。

這個有幾間像樣房屋的地方，果然是阿里地區噶爾縣昆莎區的區府所在地，儘管地圖上並沒標明。西藏一些地方的區、鄉府所在地不掛招牌。

我進屋環顧四週，房間為藏式佈置。同西藏偏遠地區的幹部們習慣的那樣，這房子既是辦公場所又是住人的地方。這符合藏人平和閒適的心態。

終於有人問我可有證件。未及回答，邊上便有人提醒我，問話者就是昆莎區黨委書記羅馬吉(譯音)。看過身份證後，羅又問我：“可有地區有關部門開的介紹信？”我答：“我是一個不受任何人委派，不帶有任何公幹的徒步走訪全中國者，故無須任何地區開介紹信，我也不知道他們是否會開給我。而我來到貴區府只是經過而已。我的目的很簡單，想在招待所住一晚上，如果需要費用的話，我可以照付。”

我深知，長期以來，邊境地區的民族幹部均有一種職業警惕，這是距國界近的緣故。此外，他們也想不到居然會有一個西藏以外的漢人來孤身徒步走遍西藏。為此，我又將一些隨身攜帶的有關我旅行的照片和剪報拿給他們看。當他們看到一九九一年七月二十二日的《西藏日報》報道過我走完川藏路的文章後，才收起了疑惑的眼光。

帶我進招待所那間簡陋屋子裏去的是該區的區長，他沒提宿費的事。進屋不久，有一位藏族婦女到我門前做了個吃飯的手勢，我便跟在她後面去到她家。她是羅馬吉的妻子。她給我吃了內有羊肉片的湯麵。這是我三天來所吃的第一頓煮熟的食物。

在我吃這頓飯的過程中，這家的一位臉上佈滿皺紋、看似祖母級的老婦人一直微閉着雙眼坐在長墊上。她始終沒有轉過臉來看我一眼。她的口中唸經聲喃喃，手搖的轉經筒不停地順時鐘旋轉……

62. 路遇"坐車族"

海拔四千五百米　一九九四年八月六日
晴、多雲、陰、風雨

清晨七時三十分，我在昆莎區那個簡陋的小土屋中醒來。起身撥開自製的頂門棒，看見天空尚未放亮，便點起剩下的半截蠟燭，在半明半暗中，捲攏睡袋，用昨晚省下的暖壺裏的水洗漱。洗漱時，用十湯匙水來刷牙，用二湯匙水沾濕毛巾一角來擦一下眼角，剩下的二十湯匙則用來吞下三片壓縮乾糧。每遇水緊缺時，我常這樣對付過去。

一切停當後，便揹起行囊，掩上門，悄然出發。出發時，嘴裏含着五根四川榨菜。因爲沒有菜吃，口中常苦，含一點有味的東西或許能好過些。我承認，我確實買不起巧克力之類的東西，儘管這對長途跋涉的人維持體力是十分有用的。

有一篇文章稱我是"二十世紀中國最末一個古典式的殉道者"。對此，我不置可否。但我竊以爲，之所以會産生這個提法，或許因爲在挺進西藏的艱苦歲月中，唯一的"奢侈品"僅是四川榨菜。

西藏的時差，同遠在萬裏之外、大海邊的我的家鄉相差兩個小時。我出發時，昆莎區的人們仍在睡夢中。我竊喜這倒省略了我前去告辭的程序，只須警惕趴睡在各家院門前的牧羊犬，別被這幫傢伙懷疑我順手牽羊而遭追咬便行了。

從羅馬吉先生家的院牆外走過時我停了一下，我聽見有喃喃的唸經聲依稀從院內傳出來。我想起昨晚見過的那位手搖轉經筒的祖母級的老阿媽。此刻，定是她老人家那麼早就起身在做着貫徹她一生的功課。這情景使得我的鼻子有點酸脹。皆因聯想起了我那生前也吃齋敬佛的奶奶。不知辛苦祈禱了一輩子的親愛的奶奶已坐在天堂裏吃糖果了否？不過，有一點倒是現世便清楚，而不想讓她老人家知道的：即她的兒孫們並沒少經歷人世間的種種磨難。

　　往事如煙，也許，我之所以浪跡天涯是基於天性浪漫和渴求學到更多的知識。但更重要的，恐怕還是我渴望精神上的更大滿足。縱觀我的前半生，我從來都無法做到違心地去讚揚那些我根本不喜歡的事物。我清楚，要使自己保持自由、高尚和遠大的目光，就必須學會自己作出判斷。因此，我還頑强地保持着自己的純真，儘管，常有人提醒我過於天真了。

　　在走訪全中國的日日夜夜中，常湧現於心頭的歡樂和痛苦每每超出對現實的感受。我曾無數次地看到，生命在自然和社會這兩大陣營前常常顯得多麼的孤苦無助；人，究根尋底，不過是生活在自己營造的虛幻中。當這種孤苦愈顯、虛幻的實質終於逐漸被人感悟時，有些人便走向宗教。

　　那麼，孤身徒步走遍全西藏、抑或走訪完自己的祖國的理念，會否也是基於某種宗教觀念——一種現在自己也證明不了的宗教觀念呢？我說不清楚，更不想妄貼標簽，因為那並不重要，也沒有多少意義。

　　今日沿途甚多從雪山融下、而又漫過公路的冰流。在阿里高原清晨的寒風中，我一次次地蹚過那徹骨的、混雜着冰塊和雪花的冰冷的流水。每當我凍得受不了時，我常抬起頭來仰望東方，企盼太陽快些從天地相接的地平線上昇騰起來……

太陽終於昇騰起來了。我的週身頃刻便感覺到了溫暖，我的臉上也露出了燦爛的笑容。此時，我對這顆照耀着我們人類、也呵護着我的星球輕輕說了聲：" 多謝你了，哥們！"

在阿里荒原長時間沒有同類和我說話時，我常尋機自說自話，但這並不意味着我害怕孤獨。有人問我：" 你有感覺孤獨的時候嗎？" 我答道：" 往往，同很多彼此不能溝通的人在一起時，反而是我最感覺孤獨的時候……"

十時十分，隨着太陽的昇騰，我在另一方面竟感覺到愈發不自在了。此時，有很多肉眼不易發現的小黑蟲先是叮咬我的兩耳根部，繼而是整個耳朵、鼻子、眼皮、頭頂、面額和脖子。最後，發展到只要是裸露在外的身體部份它們都叮咬。儘管我不斷拍打，但哪裏能招架得住這無孔不入的陣勢？不出三十分鐘，我已被咬得焦頭爛額、渾身搔癢，有好幾次難受得直跳腳，像發瘋似地對着荒原狂叫起來了……

繼續拍打已無濟於事，何況你根本找不見而又無處不在的這些小壞蛋。這就好比一個拳擊手對着虛空出拳一樣的滑稽。此時，我終於明白了：一個鬥志昂揚的戰士找不到對手時該有多麼的痛苦！

我雖有試着戴上帽子和風鏡，將手巾的中間搭在頭頂，兩邊垂掛在臉頰處。這樣做是寄託於走路時毛巾的擺動，起到了驅趕這些小壞蛋的作用。這一策劃果然有些效果。至少，我的頭臉部的被騷擾減少了許多……

中餐，自然仍是雪山上淌下的水就三塊壓縮乾糧。只不過，今日有幾隻似乎想充當 " 敢死隊 " 的小黑蟲自願飛進我的嘴裏給我佐餐。

十五時二十分，從我正在翻越的那個山坡的頂端突然冒出一輛拉薩旅遊公司的豪華中巴來，車中有幾位到 " 神山 "、

"聖湖"觀光的外籍遊客。他們一見到我時的神情就好像發現了一個外星人似的，並立即就將車停了下來，問明我的情況後，皆驚嘆和佩服不已。他們分別來自日本、美國、英國和印度國。看起來，是一幫不知天高地厚的傢伙。但他們都表示很高興能深入到西藏腹地。

他們中的那位美國女子每朝我的頭部看一次就要大笑不已。我明白她是在笑我怎麼搞成這副"土八路"的模樣。我心想，這些"坐車族"便是不可能領略在阿里荒原小黑蟲"集團軍"的包圍中，仍挺進天涯的那份豪邁了，他們居然還笑，笑自己吧！内中的那位披着紫紅袈裟的印度僧人嘴巴裏嘟噥了幾句，不時對我做一下"手掌合十"的動作。

在那熱情的美國女子的提議下，我們分別用自己的相機合影留念。背景便是那戈壁和遠處的雪山。如今，那張我被擁在他們中間、我那尊容有點像"防化兵"的怪裏怪氣的照片存放在了家中的資料箱裏。

十六時，各奔東西。繼續上路不久，突然驚覺這些"鬼佬"也太不仗義了，居然沒想到勻幾片巧克力或一個易拉罐甚麼的給我余哥！

十九時二十分，高原上空烏雲滾滾，有零星小雨點飄落下來。小黑蟲"集團軍"眼見得天時對其不利了，便及時"收兵"，不一會兒就不知藏身哪兒去了。剩下一個可憐的我無處藏身，唯有抓緊支起帳篷，來迎接這個已經逼近的荒原雨夜……

63. 夜宿涵洞

海拔四五〇〇米　一九九四年八月七日陰、大風、雨

陽曆八月的西藏正處在雨季，阿里高原上差不多每夜都有

風雨不招而來。昨夜的那場大風和暴雨持續了一夜，多虧支帳篷的地點選得好，壓帳篷的石頭個個重量十足，到底也捱到了天明。

上午十一時三十分，俟晨風和旭日吹曬乾了帳篷和睡袋，便繼續前進。對我而言，每天要向前走一段，就像每天要去上班一樣了。

浪跡天涯的六七年中，曾被千百次地問過："有否打退堂鼓、走不下去了的時候？"對此，我從來都不假思索地回答："没有。"如今，對此類問題我常笑而不答。我覺得常人有這種想法是可以理解的，但對我，其實没有必要問這樣的問題。我想說的是，這難道不是我自己選擇的事嗎？人世上還有甚麼比能做自己喜歡的事更幸福的呢?!

今日跋涉的路段一直呈上坡趨勢。因為沿途没有斷過可飲用的流水，故走得不甚累，還可抽些時間，在行進中欣賞那阿里高原的壯美風光，不時拍下幾張照片來。

十五時，在涉過一連串湍流後抵公路左側一個名叫那卓的藏村。該村只有七、八戶人家，全村均為低矮的土房，没有電，村民們以畜牧為生，看起來十分貧困。

經過該村時，村裏的大人小孩均站在土房的牆邊看着我。我注意到他們各自都攏住了自家的没有繩拴的牧羊犬。為此，我很感激，及時向他們揮手示謝。儘管語言不通，不是同一民族、同一地域的人，但人類的心靈都是相通的。

生活在衛藏以東、橫斷山脈以西的康巴人，不愧是藏民族中一支不凡的群體。為了他們心中的生活理念和價值觀，自很久遠的年代起，這雪域高原便没有他們的足跡不到的地方。今天，即便在經過這樣一個偏遠的阿里的小村，竟也能邂逅一九九一年我挺進川藏路時便熟悉了的這些來自康藏一帶的藏人。

我觀察到有一頂簡便的、肯定屬於康巴人的帳篷搭在了這個小村莊的兩間土房的中間。西藏的七、八月間正是收購皮毛的季節，這就意味着這個藏村的所有牛羊皮張和毛絨便均歸這頂帳篷來收購了。

地圖上當然沒有那卓這個不起眼的小村莊的標誌。在該村的土著居民無人會講漢語、而我又不能完全聽懂藏話的情況下，自然是迎上前來、住在帳篷內的那位頭紮"英雄結"、腰佩藏刀的康巴漢子將這個村名告訴了我。

康巴人極富經商意識的名聲遐邇皆知，故向有"藏區的猶太人"之美譽。在他們漫長、艱辛的經商生涯中，除了西上青藏，南赴印度、尼泊爾以外，還東下川、甘、滇乃至更遙遠的地方。因此，他們多半會講些帶有濃重康巴味的漢語。當我又問這位康巴漢子巴爾兵站還有多遠時，他想了一下說：還有三十公里。

藏民也許是人世上最憨厚且天真的民眾。在走遍西藏的日子裏，經常遇到一個令我忍俊不禁的情況，有些藏民不好意思不回答你的問題時，常會根據自己的想像回答一個數字；加以他們本來就對里程和時間的觀念不強，故在問他們到某地還有多少路程時，一般只能將答覆的數字作爲參考。在這方面，我已經有很多次經驗了。

十六時四十五分，翻抵一海拔四七〇〇米以上的山頂。山頂靜寂，唯有風、細雨和靜臥在山頂一側的三座瑪尼堆。我將背囊放了下來，順時鐘圍着這三堆瑪尼堆各走一圈，又分別在每一堆的頂上加放了一塊我從附近撿來的石塊……

在我經過的藏區的廣闊土地上，無論是城鎮、鄉村、湖泊，還是山頂；無論是草原、雪山，還是人跡罕至的戈壁，都能見到這種藏區特有的瑪尼堆。瑪尼堆是藏族文化的典型標識之一，是藏區的象徵。

藏區的瑪尼堆分山丘形和方形兩種，多以白色或淺白色的石塊堆壘而成。瑪尼堆的邊上常插有飄着經幡的樹枝或木棒。這些樹棒的上端，還牽有掛着紙或布片做成的藏族人叫“風馬”（一種咒語）的繩索。繩索懸向對面的屋宇、樹或山崖上——讓行人或車馬從這個“繩橋”下通過。

永遠忘不了，我所見到的第一座瑪尼堆，是在艱難翻抵川藏交界處的二郎山的山頂。那天，我淚流滿面，我知道，企盼經年、輾轉萬里，我終於走到藏區了……此後，在走遍康藏、衛藏、後藏和阿里高原的迢遙萬里的途中，在我翻越過的千百座山口（山頂）的上面都無一例外地看到過瑪尼堆。每次都深深地感染過我。每次我都會在堆頂上加一塊屬於我給她的石塊，並要在邊上坐一段時間……後來，我悟出規律來了：每次由山腳一步一步向某座山頂跋涉時，只要一瞅見瑪尼堆或飄揚在瑪尼堆上的經幡，那就意味着山頂不遠了。

在跋涉西藏的日子裏，我最盼望見到的事物中，瑪尼堆是其中之一。她使我不斷加深對西藏的印象。

在西藏，有最多最高的瑪尼堆的地方，是山頂。

遇到瑪尼堆時，藏族人有他們傳統的做法。我在翻臨一些山頂時，常看到過路的藏族人，除了對瑪尼堆繞一圈外，還會在瑪尼堆上添放上一塊石頭或頭髮、羊毛之類的東西。與此同時，口中喃喃有詞地唸一段經文或咒語，以祈望天神的賜佑。

我常思索這個問題：瑪尼堆固然象徵着藏人敬畏的“山神”、“戰神”，因而瑪尼堆建在山頂上居多。山本身很高，瑪尼堆又君臨其上，確然給人一種居高臨下、威武升挺和永不敗倒的感覺。這種感覺激勵和制約着一代又一代的藏人……然而，自遠古便在西藏高原崛起的藏民族本身，不也是一個具有深厚民族信念和强大的精神支柱的"天之驕子"嗎？因而，在以瑪尼堆爲象徵，敬畏和崇尚他們的保護神的同時，是否也兼具了對自己民族精神的宣告和頌揚的成份呢？我看是有的。爲此，我們或可説，瑪尼堆也是藏民族精神和英雄形象的象徵……

十七時五十分，坐在瑪尼堆旁，望斷一隻在藍天和白雲下飛翔、漸漸遠去的蒼鷹之後，開始下山。下山途中，遇一公安車。問車中人："巴爾兵站還有多遠？"答："六十公里。"

十八時，遇突降的雷暴雨，全身頃刻濕透。旋於蒼茫荒原中尋找着可避一下雷暴的地方。那雷電十分危險。

十九時二十分，於鋪天蓋地的風、雨、雷電中堅持走到新藏路一一九五公里碑處，終於發現公路下有一涵洞，遂鑽進洞內躲避。躲避中，發覺該洞倒也過得去，頓生何不在洞內宿營的想法。

於是，公元一九九四年八月七日這一夜我的下榻處，是阿里荒原的一個涵洞內……

64. 康巴人

海拔四千五百米　一九九四年八月八日陰、雷雨、大風

"洞眠不覺曉"，一夜到天明。

住涵洞也有它的好處：一是不怕風吹雨淋；二是不怕帳篷被吹走或壓垮；三是可以抵擋一下野獸和歹人的侵襲。故這洞中一夜便可高枕無憂，不必像在戈壁灘上那樣"睜一隻眼，閉一隻眼"地睡，以致很難恢復體力。

昨夜的那場雷暴雨半夜便停了。清晨醒來，鑽出洞口，張望四野：發現一隻野兔就在洞口右側不遠處悄悄地看着我，看那架勢，怕是已觀察了我一會兒了。而且這傢伙似乎還在朝

我作鬼臉哩！"好你個哥們，幸虧你不是一頭黑熊！"在我笑着對它說了這句話後，這"哥們"便走了。

自出發後，一直在擔心從獅泉河帶出的壓縮乾糧維持不到巴爾兵站，於是每頓飯均省着吃。節食日久，便招來飢腸轆轆、雙腿發軟、走路打飄的報應。我始終不知道，我寄於很大希望的巴爾兵站的準確方位在哪裏。

爲防乾糧接不上，我反復告誡自己："從即日起，遇車便攔，遇藏人的帳篷便進——走遍西藏不是請客吃飯，但填飽肚皮還是需要的。肚皮！"

但在這天高地遠的荒原上，車和人都在哪裏呢？一切須靠運氣，撞上了，算你走運；撞不上，你就自己忍着吧！

今日也許算是走運了。十五時，經路邊一片草甸子。草甸子上有幾頂牧人的氈包和一頂收羊毛的"康巴"帳篷。那收羊毛的"康巴"漢子名叫斯郎頓珠，他的部落在遙遠的西藏東部、一個名叫芒康縣幫達鄉幫達村的地方。那地方我在一九九一年走川藏路和一九九三年走滇藏路時兩次到過。斯郎頓珠獲悉我曾到過他的部落，便邀我進他的帳篷喝酥油茶和吃糌粑。吃糌粑只須將盛糌粑的口袋往我面前一放，而酥油茶則由斯郎頓珠身材健碩、面孔紅潤、身穿艷麗藏袍的妻子負責給我且斟且飲。很快，附近幾個氈包的牧民都來到這頂帳篷看我，他們都不會漢話。當我通過斯郎頓珠的翻譯，回答他們我是甚麼地方的人後，他們都搖頭笑笑。看得出，他們不知道上海那個地方，他們從未走出過這片高原……

不久，有一輛裝羊毛的東風牌大卡車開來。斯郎頓珠將收來的幾捆羊毛裝上車，那車便開往獅泉河方向去了。

這輛車的到來，對斯郎頓珠有金錢的利益，但對我而言，是一個重大損失。因爲斯郎頓珠的妻子可能出於看護羊毛的原因，也爬上車走了。她一走，我的酥油茶便"到此爲止"了。其實，當時我還巴望多喝點兒，以補充我的體力。

飲茶，是藏人不可一日或缺的習慣。只要你一踏上雪域高原，不論你身處牧區，還是走過鄉村，或作客城鎮，都會有濃郁的茶香味撲面而來。確切地説，整個藏區就是一個飲茶的世界。關於此，在我走遍西藏的日子裏，體會是太深了。

藏人的飲茶風格別具特色，完全不類同於閩粵一帶的"功夫茶"，蒙古族、撒拉族、哈薩克族、鄂溫克等族的"奶茶"，以及回族的"蓋碗茶"、佤族的"苦茶"和漢民族的"泡茶"……西藏的飲茶分三種：奶茶(也稱甜茶)、清茶(也叫大茶)和酥油茶。

製作奶茶時，先將紅茶放入水壺中熬到紅褐色，濾盡茶葉根渣，加進鮮奶(或奶粉)、糖、以及少量食鹽，再倒入一定量的開水，然後搖晃水壺，俟水奶交融後即可飲用。這種奶茶芳香撲鼻、香甜可口。

熬製清茶最簡易，將磚茶放入水鍋中熬到一定時間後，加入一定比例的食鹽，經攪匀後即可飲用。清茶的特點是清涼爽口，沒有奶品時照樣有茶喝。

酥油茶是藏區茶類的上品，也是我最喜喝的一種。走遍西藏途中，只要住在藏人的屋裏或帳篷中，每天都看到勤勞樸實的藏族婦女黎明即起的第一件事，便是生火燒水打酥油茶。人們起床後的第一件事便是喝茶。飯可以不吃，但茶不能不喝。只要條件許可。中午、晚上都要打。請客人喝，自家也喝。年年月月，直到永遠。

喝酥油茶當然離不開酥油。所謂酥油，是從牛、羊奶中提煉而出。將奶中的水和油分離開，將浮在上面的那層黃色油脂冷卻，便成了有很高的營養價值的酥油。

熬製酥油茶很有特點：先將磚茶用水熬成濃汁，將茶水倒入特製的專用來搗酥油茶的長柱形木桶內，加入一定比例的酥油和食鹽後，抽壓木桶內的木棍，使茶水、鹽和酥油在桶內不斷攪動。俟三者完全交融後，便成了酥油茶。

酥油茶確實是藏人每日不能或缺的飲料。一九九二年，我第一次走新藏路，經過定日時，聽幾位在公路上攔截逃學孩童的縣幹部說，那些孩童之所以逃學，居然是因為孩子們認為住讀學校未像他們在父母身邊那樣——每日有幾次酥油茶喝。後來，我又常聽曾到過內地出差或上學的藏人說：內地雖然繁華，但就是沒有酥油茶喝。我們藏人在內地為此苦惱時，只能因地制宜，想些土辦法打酥油茶喝……於是，我逐漸理解了酥油茶對於藏人的重要。

去藏族人家作客，請喝酥油茶是藏人的待客之道，但客人要懂些規矩。一般情況下，主人給你倒上一杯(碗)酥油茶後，你不要一口氣喝完。而是喝上一兩口，再將杯子放回原處。此時，主人會及時替你加滿。加滿後你再喝，喝後再加滿，如此循環。酥油茶以邊喝邊添趁熱喝為宜。如果不想再喝了，便不要再動那杯子。俟起身告辭時，端起杯子一飲而盡。這是一種不成文的習俗，更是禮貌。

自踏上這片高原起，我便開始體會和琢磨藏民族的這種非常獨特的飲茶習俗。結論是，與雪域高原獨特的自然環境和生活勞動的方式有關。最直接的是，茶內的酥油能產生很高的熱量，可以禦寒。又因藏地(主要是牧區)以肉食為主，缺乏蔬菜，喝茶可助消化並去油膩。

又據有關資料顯示：茶中含有維生素 B、維生素 C、茶鹼、咖啡因等物質，可助人攝入一定量的人體不能缺少的維生素。此外，長期的經驗和一些研究證明：藏地高寒缺氧，常使人有氣短、心慌、噁心和頭暈的反應。酥油茶中的咖啡因、芳香油，能促進身體新陳代謝、興奮大腦、增強心臟和血管功能，起到滋潤皮膚、醒腦提神、防止感冒、減輕高山反應的奇效。

在藏族人的傳說中，公元三世紀前藏地尚無茶葉，當時的吐蕃古民便採集樹皮和樹葉熬汁喝。後來，吐蕃強盛起來了，吐蕃的鐵騎便深入到了西域和中原。在眾多的戰利品中，也包括了茶葉。吐蕃人驚奇地發現，原來人世上還有比樹皮和樹葉熬成的汁更好喝的東西。此後，是文成公主和金成公主進藏，唐蕃古道暢通，藏地同中原的貿易和文化交流日盛，吐蕃人在接受相鄰各民族的飲茶習俗的基礎上，又因地制宜，演變成了今日藏人獨特的飲茶方式。

有必要提一下的是，一九九三年春、夏，我在挺進滇藏路時，曾瞭解過有關"茶馬故道"、"茶馬互市"的歷史沿革。很多線索和歷史遺存都顯示：唐蕃之後，藏地同中原的交往頻繁。根據不同地域、民族的各自需要，一個以藏地供應馬匹為主，以滇蜀一帶供應茶、鹽為主的史稱"茶馬互市"的貿易交往，曾長時間地存在於藏、滇、蜀等省的邊界，那顛簸在"茶馬古道"上的馬幫的鈴鐺聲，一直回蕩在雪域高原和橫斷山脈的崇山峻嶺中⋯⋯

我經過溫暖濕潤的藏東南時，注意到林芝和察隅地區也有茶田和茶廠，如著名的易貢茶。這些"藏茶"是藏地古已有之，還是後來由"唐蕃故道"、"茶馬互市"，或別的甚麼途徑引入藏地的，我尚沒有機會詳查過。

現時西藏各地城鎮的大街小巷均有眾多的帶有營利性質的茶館。茶館內一般只供應甜茶和酥油茶，而沒有清茶。男女老少只須花一點錢，便同樣可在茶館喝到清香可口的甜茶和酥油茶。這不啻也在發展着藏民族的飲茶文化……

藏族男子一般情況下不直接插手打酥油茶這類事。通常，只有他們的女人不在身邊時他們才會自己打。今天，由於事情轉換得突然，斯郎頓珠可能沒想到這一層，我也不好意思提醒他，只能自認倒霉了。儘管糌粑不少，但我不喜歡吃糌粑。

"康巴"人不愧爲"康巴"人，反應就是比一般藏民要快。斯郎頓珠沒把酥油茶給我打來，見我在抓拍那些土著牧民，便提出給他拍張照，然後寄回他家去。

斯郎頓珠肯定不知道我正在等他這句話。其實，我比他更想攝下他那身穿藏袍、腳蹬馬靴、頭紮"英雄結"、腰挎長刀的典型"康巴"漢子的英姿。

十六時二十分，繼續前進。風又乍起。

二十時四十五分，抵新藏路一千二百二十七公里處。見天色不早，便在戈壁灘上支起帳篷。鑽進帳篷後，又利用最後一點天光記筆記。

八月的阿里高原，二十二時十五分天黑。

"巴爾兵站，你到底還有多遠呢？"午夜，我躺下時，喃喃地說……

65. 巴爾兵站

海拔四千六百米　一九九四年八月九日
冰雹、陰、大風、雨

凌晨一時，昨日黃昏乍起的狂風在戈壁灘上肆虐得更瘋狂了。原本就沒敢合眼的我只能頭、腳、手並用地抵住那小帳篷的撐桿，祈禱老天爺千萬別把那可憐的鐵皮撐桿給折斷了……

在狂風的呼嘯聲中，也不斷有群狼的嚎叫和狗吠聲。這些叫聲時強時弱、時遠時近，令人毛骨悚然，不敢掉以輕心。

昨晚支帳篷時觀察到獅泉河在我的北側，河的南岸影影綽綽有一些牧人的帳篷，這使我感到有些欣慰。一般來説，八月的西藏高原的狼很少傷人。因爲這季節有羊群放牧在外，狼群就隨着羊群走，所謂"有羊的地方必有狼，有狼的地方就有羊"。爲此，我常笑想：這羊群豈不成了狼群的"活動糧庫"了？

人常説，狼的天敵是牧羊狗，但也有倒過來説的。反正它們原本都同屬犬科類，大概也和人類的同姓一樣："五百年前是一家"吧。

我的單人帳篷距獅泉河邊大約二公里。二公里在一馬平川的荒原上並不遙遠。我深知，如果不是獅泉河邊的羊引開了"狼們"的視線，則它們一旦掉頭奔襲我的話，真是再容易不過了。爲此，我常下意識地撚亮手電，掂一掂我那把一到夜間便出鞘的藏刀。七年來，每遇此類非常時刻，我總渴望有一件現代防身武器。然而，我從未得到過。

凌晨二時五十分，有一種奇怪的聲響似乎是從宇宙的深處傳來。不久，我的帳篷頂上就響起了急劇的劈啪聲。我端坐於帳篷內凝聽片刻後，便自言自語道："這不像雨，是冰雹。"

我撚亮手電，悄悄掀開帳篷一角，頓時有一股冷氣襲來，我看到帳篷外的地上有冰雹在蹦跳，且地上已發白。我心想：幸虧這冰雹才蠶豆般大小，如果大如鷄蛋，便夠嗆了！

冰雹過後，風就小了。風小時，我便趁機睡着了。

清晨醒來，荒原已平靜如初。鑽出帳篷，發現四週有一些零亂的動物腳印，這説明夜間曾有不速之客光顧過此地。至於是甚麼動物，恐怕只有問老天了。

宿營地處没有水源。餓着肚子邊前進邊尋找着水源。走出七公里，遇到一條水流，大喜。這才刷牙、洗臉、吃早餐。一切按程序來。

飯畢，正欲起身，前方來了一輛卡車，卡車在水流邊停下加水。這是上天賜我的良機，趕緊上前打聽，方知望眼欲穿的巴爾兵站就在三公里外。車上那位叫符新民的甘肅青年商人還告訴了我從拉薩至普蘭、從"神山"至仲巴縣那幾段無人區的大致情況，這對找不到前方詳細資料的我來說，是個重大收穫。

只要不被山體隔斷你的視野，阿里高原從整體上看，皆爲能瞭望得很遠的荒原地貌。但在每一個局部地段上地勢的起伏很大，旅行者經常會身不由己地如同走在迷宮中一樣，每每在翻過一個山崗時才驚覺要找的目標已近在眼前。十三時五十分，在翻過一面漫長的斜坡、涉過兩條河後，便走到了巴爾兵站。如果早知道這樣，我昨日定會再堅持多走兩個小時，那樣，就不必在荒原上露宿了。

巴爾兵站海拔四千六百米，處在"生命禁區"，自然也是一處極不適合人類生存的艱難地帶。

該兵站的站長因事外出，只有軍醫王寶和兩個小戰士留守。王寶初見我時便堆出一臉的疑惑。當時我的模樣確像個流浪漢，而且有點探頭探腦。我之所以如此，是因爲經驗告訴我，進軍門時往往有兇悍的軍犬出其不意地來襲，我不可不防。

我請求王寶讓我在兵站內住兩天，王寶還沒聽仔細便指了一下鄰近房子內的空蕩蕩的、沒有任何被褥的大統鋪說："要住就住在這裏吧，每天十元。"我又要求買些食物給我，王寶說："可以。只有罐頭。十元一罐。"我知道這價格貴得沒譜了，但我忍住了不說。在管倉庫的小戰士給我拿菠蘿、糖水梨、紅燒豬肉等罐頭時，我終於忍不住叫出來了。因爲有些罐頭的出廠日期竟是一九七二年，比那兩個小阿兵哥的歲數還多出二年！那小阿兵哥説："那就八元一罐吧，有賣給你就不錯了。有甚麼大驚小怪的，我們來西藏後就只能天天同這些東西打交道。"正當我抱出十幾個罐頭欲付款時，原先漫不經心的王寶指着我背上的"徒步全中國"的標誌問："你背上的字是甚麼意思？"

他們終於明白了我的來歷。於是，罐頭便免費了。住處也免費、並被換到了"首長休息室"。王寶事後説："不好意思，開始不知道你是'徒步走訪全中國'的。"

王寶説他已好幾年未下山了。長年處在"世界屋脊的屋脊"，長期生活在高寒缺氧的自然環境中，難怪反應也變得遲鈍了。我觀察到：他的臉色灰黃、嘴唇紫黑、指甲朝外翻……這些都是很明顯的高原反應。

那兩位小戰士稍好些，畢竟來高原的時間不長。他們當兵三年便可復員回家。他們告訴我：今年五月，有兩個一起入伍的小老鄉，坐大客車由新疆葉城來阿里，中途因高原反應死在半路上。爲此，他們愈加認爲孤身一人走遍西藏簡直難以置信。他們目前唯一的願望是，在回返家鄉時能到西藏自治區的首府拉薩看一看。但由於回内地時發給的車資只夠從新疆走，因此就無法去那座聖城了。他們的家鄉遠在四川、陝西和甘肅。

王寶同我拉家常時也説些很實際的話。他調資後的月薪爲人民幣七佰元，而在繁華西安也是軍醫的戰友爲五佰六十元。但"山下"福利高，各種收入多，不像"山上"是死工資，而兩地的環境卻如此懸殊。

他還要熬些年才能回"山下"去。

當晚，我同官兵們一個竈上吃飯。在以往的六天半中，我僅吃過一頓熱飯，喝過兩次開水和一次酥油茶，其餘皆食以壓縮乾糧就雪山上流下來的水，外加幾根四川榨菜。

是夜，巴爾兵站的上空下起夜雨，氣溫驟降。

睡前，王寶告訴我一個非常壞的消息：幾天前，附近草原上發現鼠疫，阿里地區防疫站已在兵站附近設卡，步行恐怕難以通過……

這個消息對我而言，不啻是五雷轟頂！

66. 鼠　疫

海拔四千六百米　一九九四年八月十日陰、雨、大風

昨夜聽說的那個糟透了的消息，簡直令我傷透了腦筋！我搞不懂，爲甚麼在如此艱難的旅行中，還會平添出這樣的麻煩來?!

上午，在兵站用完早餐，便逕直去王寶告訴我的阿里地區防疫站的帳篷打探究竟。

那頂帳篷就搭在兵站附近前往普蘭和札達的“一夫當關，萬夫莫開”的路上。很明顯，這儼然是一道關卡。防疫站的一藏一漢的兩位工作人員接待了我。事情的原委是這樣的：

前不久，有幾個遊牧的藏民在阿里地區門士草原上發現了三隻暴死的旱獺。他們將此事報告了阿里地區防疫站。防疫站的工作人員經過檢驗，斷定這三隻旱獺是因感染了鼠疫而死。與此同時，同西藏接壤的印度正在流行震驚世界的大規模鼠疫。爲了控制疫情，阿里地區防疫站迅速在通往門士、普蘭和札達的路口設卡，對來往車輛和人進行消毒、檢查和登記。

防疫站的那位藏族工作人員名叫次仁旺堆。“次仁”和

"旺堆"在藏語中分別是"長壽"和"有權"的意思。對於我的旅行，次仁旺堆既表示了理解，也沒忘行使他的"有權"。這是基於對控制疫情的需要，也是對我本人負責。他警告我："要麼退回去，要麼坐車通過疫區。"

次仁旺堆的警告不是沒有理由的。歷史上阿里草原流行的幾次鼠疫，常伴隨有大量人畜死亡。西藏自治區防疫總站內至今還掛有一幅淒慘的照片，記載了一家藏民因食用了一隻旱獺，而那旱獺偏巧感染了鼠疫，結果全家八口人死了六口，只有老奶奶和小孫子活了下來，因爲他們沒有牙，吃不動肉。

在鼠疫流行區，只要人畜喝了感染過鼠疫的水或碰上感染過鼠疫的物體，就會感染上鼠疫。感染者發病很快，二十四小時之內即會發高燒，此後高燒不退，不出三天就沒救了。死時全身發黑、非常痛苦。

次仁旺堆他們談虎色變，巴爾兵站四週人人自危。看來，我最擔心的事終於發生了。

然而，退回去是不可能的，坐車通過也不合我的作風。我不想使多年來完全以徒步方式走訪全中國、尤其是徒步走訪全西藏的計劃在阿里的中途"擱淺"，怎麼辦?!

經過緊張思索，我決定説服防疫站，讓我一如既往地繼續前進。儘管這可能以生命作爲代價，但我別無選擇！

次仁旺堆他們被我説服了，其實是被我決意走完全西藏的精神感動了。但他們提出，若要繼續走的話，就不要去札達了，因爲那裏更危險。應該直接前往普蘭，並且要以最快的速度穿越巴爾兵站至門士草原這段區域……

我權衡再三，決定採納這一提議。好在札達並不在新藏路上，並不影響走完全西藏的計劃，但要放棄它又是十分痛苦的。

札達，舊名托林。位於壯美的象泉河畔，是阿里地區海拔最低的一個縣，也是一個被眾多土林簇擁着的地方。前往該縣要翻越兩座海拔五千米以上的老子大坂和兒子大坂。盤山途中景色誘人。

　　西藏史載，吐蕃王朝滅亡後，西藏進入四百年的分裂割據時期。吐蕃王朝最後一代贊普朗達瑪被謀刺時，他的兩個兒子尚小，權柄被兩派貴族操縱，分別控制着衛藏一部和山南的東部。雙方對峙，連年征戰，一直延續到他們的後代。後來，郎達瑪的一個名叫尼瑪袞的曾孫在他的父親又被害後，帶領親信及一百名騎兵，向西逃亡到荒遠的阿里布讓(今日的普蘭縣)，並與當地地方官的女兒結爲秦晉。此後，尼瑪袞經過慘淡經營，終於又成了雄踞一方的新興的地方封建勢力。後來他又生了三個兒子。在兒子長大後，又讓這三個兒子分別控制着三個小政權。其中，幼子德祖袞控制着象雄(即今札達縣)。此後，德祖袞的大兒子柯日不僅繼承了父業，而且還將其伯父的地區也歸併在自己的名下。但他最偉大的事業，是開創了長達七百年的藏史上有名的古格王國。

　　星移斗轉，滄海桑田，如今古格王國的先民們——按照藏傳佛教的説法，他們都進入永無休止的輪回中去了。那麼，古格王國的遺址今何在呢？我們知道，人類史上的任何朝代都會在地球的表面上或多或少留下它的痕跡的。這，也是我去阿里前即心向嚮往之的事情。

　　去阿里前，我曾看過有關資料。古格王國遺址西距札達縣城廿公里左右，是個依山而築的古城堡群。那土山高三百米，山上有三百多間房屋，三百多孔洞穴和三排十餘米高的佛塔，以及一些碉堡、工事和地道。其中尤以紅廟、白廟和輪回廟等最爲壯觀。使古格王國遺址身價倍增的是那些至今仍存留於廟堂之中的風格各異的壁畫、雕塑和石刻。三者中又以壁畫著稱，比之西藏其他地方更具活潑和寫實的個性。此外，王宮四週還有幾座著名的古廟遺址，以及當年堆放戰俘屍體(如今已成爲乾屍)的藏屍洞……

世襲十六個國王、有七百年江山的古格王國在西藏的歷史上佔有重要和特別神秘的一頁，它的興廢至今仍是個謎。有說是同時代的達拉克人(今克休米爾)使得古格的最後一個國王人頭落地的。就連遺址本身也有異議，有些學者認爲，該遺址也許是早在古格前的象雄國的王宮遺址也未可知……

在雪域高原，在這塊地球的表面上隆起得最高、而又千年不語的隔世之域，許多事情就是這樣：真切而又虛幻，撲朔迷離、莫衷一是。或許，這就是西藏的魅力之一。

這次我不能去古格了，是這場不期而至的疫情使我一時還難圓古格之夢。

浪跡天涯多年了。竊以爲，宇宙間萬事萬物的存在和遭逢都是有其理由和緣份的。當理由不充足、緣份未顯時，勉強從事便沒有意義。

我很想到古格去看一看，倒不是因爲" 不到古格就等於沒到阿里 "這句話。爲了走遍西藏，我已四上高原了。爲了古格這個" 失樂園 "，莫非我還會第五次進藏嗎？

67. 看見了高壓鍋

海拔四千七百米　一九九四年八月十一日多雲、大風

在巴爾兵站得到喘息的機會是十分寶貴的。因爲吃的是熱飯菜，又補充了些葉綠素，加上晚上睡在室內，故很快便恢復了些元氣；就連前幾日一直呈蠟黃的小便也轉變成了白色。

本應多休整幾日的。但爲防防疫站反悔對我"網開一面",我明白,事不宜遲,得趕緊前進。

臨走,軍醫王寶爲我多蒸了十幾個白麵饅頭,又給了我幾塊壓縮乾糧、四川榨菜和一些飲用水。應他的請求,我同三位軍人以遠處的雪山爲背景拍了合影,答應走出阿里後給他們寄去。

走過阿里地區防疫站的關卡時,次仁旺堆又鄭重提醒我多加小心,並給了我幾包"增效聯磺片",用以對鼠疫的早期預防。我將這些藥片用塑料袋包好,藏在貼身的口袋內。

走出巴爾兵站後,仍能在沿途零星地看見牧人的氈包以及他們賴以生存的牛羊。我猜想他們並非不知道這一帶發生了鼠疫,因爲他們是土著居民,他們離不開這片生養他們的草原。

一路上,我始終堅持不喝"死水",不涉足鼠洞和旱獺洞多的草甸子,僅在光禿的戈壁灘上前進。戈壁灘是連這些"肇事者"也不屑一顧的地方。戈壁灘源於蒙古語,其意是"没有水的地方"。此外,我始終節約着喝從巴爾兵站帶出的水。因爲負重已過極限,我實在帶不了更多的水以維持到走出疫區,而喝野外的水是最容易感染鼠疫的渠道之一。

十四時五十分,前往路邊一牧民氈包內討茶喝。主人是位帶着三個孩子的藏族女子。這位背上馱着一隻水桶的女子原先要去溪邊汲水的,發現我向着她的氈包走去,便笑盈盈地返了回來。她走近我時流露着的神態連同她那面相,一望便知,是生活在僻鄉之壞、善良之邦的那類人。我便在她的示意下放心地先她走進氈包。

氈包很小,用牦牛毛編織而成。氈包的底圍皆用草坯堆壘護靠,起到防雨、擋風的作用。

因爲我學的藏語不夠用,而生活在草原深處的人幾乎都聽不懂漢語。於是在大部份時間内，她自顧說她的話，我自顧說我的話，儘管都聽不懂，但也能明白一點意思。

那兩個大點兒的藏族男孩子的撲閃撲閃的眼睛純淨得如小牛犢似的，頭髮也都是“自來捲”。我摸出兩個白麵饅頭分給他們，他們伸出髒兮兮的小手接過去了。

沒等我明確要求，女主人早已撥燃火爐尚存餘溫的灰燼，將原先就打好的酥油茶溫熱，倒進碗裏後，用雙手端給我。在未倒酥油茶前，我瞥見女主人先將那碗置於胳膊肘下，用藏袍象徵性地擦了一下。我沒有感覺這有何不妥，只是覺得她的這個動作和待客心理非常典型地體現着藏人慣常有的淳樸和天真。儘管她的藏袍上沾着不少油膩，但我假裝沒有看見。

那酥油茶非常香濃，喝上幾口便頓覺力氣倍增。令我始料未及的是，這位女主人還煮有米飯和炒有青椒羊肉片等菜，而且米飯還是用高壓鍋燒成的。

酥油茶尚未喝完，女主人就開飯了。她先給我盛了一碗，並裝了不少菜。但我謝絕了，因爲我知道我若加入進去的話他們就不夠了。

同高壓鍋燒飯不相協調的是，他們吃飯時既不用筷也不用匙，他們用手撈或用小刀撥。我還看見女主人一面用手將乾羊糞添進爐内，一面仍用此手撈飯吃。但我並不感覺奇怪。此類習慣我不僅在阿里，並且還在西藏其他地區的大草原上同樣看到過。每遇這種情景，我就作如是想：草原上的一切皆以青草爲根本，只不過經馬牛羊的肚皮轉換成了另一種形式而已。如果你想到草原是那麼壯美，青草兒是那樣蒼翠，草原上的人兒是那樣敦厚，而那裏的生活環境又如此不易的話，對有些事你就會忽略不計了。

十六時，我起身輕輕撫摸了一下女主人懷中那個最小孩子的臉，給了三個孩子每人一張五元的人民幣，對女主人"雙手合十"，說了"吐機氣"（謝謝）、"扎西德勒"（吉祥如意），便繼續前進了。

上路後，心情沉悶了好長一段時間。我敢肯定，很多年以後我仍不會忘卻在走出阿里高原的途中進過的這頂氈包。一頂氈包即是一個縮影。儘管他們既保留着酥油茶、牛羊糞燒火和席地而睡的"古風"，也同時引進了高壓鍋、大米和青椒，但畢竟距離現代文明還那麼遙遠；儘管這是人世上與世無爭、自給自足、心靈最自由的生活，但那種生存的艱辛，那份多少能讓人感覺出一點的置身於孤立無援中的無奈，終究也無法掩飾地凸現了出來。這一切，只有走過這片地球上最艱險的地區，聆聽過吹拂在荒原上的寂寥的風聲的人才能由衷地感覺得到。

十八時，已走出三十公里，決定在一避風、乾燥、且有活水流動的地方支帳篷宿營。

從巴爾兵站帶出的飲用水已喝完。支好帳篷便去附近的山澗邊汲水。汲水時觀察到水邊的草甸子上有數不清的鼠洞和旱獺洞。黃昏時分，正是這些鼠和旱獺跑來躍去尋覓食物、到澗邊飲水以及招呼交配的時候，當然，這也是最易傳播鼠疫的時刻。但我別無選擇，失去了水便意味着失去了體力。我唯有小心地繞過那些洞口以及遍地皆是的它們的排洩物，在流動的澗水中汲足了水後趕緊離開。

我的帳篷搭在一個山溝中的沙地上，這是鼠和旱獺不來打洞的地方。至於我汲的水中以及我的鞋底上是否含有或沾有鼠疫，只有碰運氣了。我覺得自己似乎有點像拿自己的生命作賭注似的。

一切停當後，離天黑還有三個多小時，我便坐定在帳篷前靜靜地環顧着眼前的這些自古以來就在那裏的雪山、河流、草原和天空。除了流水和風聲，高原的這一隅顯得十分寧靜。此時，太陽已經西斜，四週的群巒中，除了雪頂仍閃爍着耀眼的銀光外，其餘皆已漸漸籠罩在深黛色的陰影中去了。我常常會在這樣的氛圍中陷入我把它叫着"冥思"的一種狀態。我不知道這種狀態是否可以稱作"忘我"抑或"天人合一"。我也不知道，此時此刻我們這顆藍色星球上的其他人是否也如我一樣地陷入在這種出神入化的狀態中。

當我將思緒引領回自己身上時，我感覺到自己的心境非常平和：沒有憂傷，也沒有快樂；沒有愁苦，也沒有興奮，真個是"既來之、則安之"也。

記得在走甘肅五鳳山時，有一位在山中修煉了十五年的道長對我說："見到你後深感自愧弗如。走遍中國才是真正的大修煉啊！"對這句話，在很長一段時間內，我一直不得要領。我常常在問自己："我是在'修煉'嗎？並且又何以理解他說的那個'大'字呢？"古人云："生年不滿百，常懷千歲憂。"從前我可一直是這樣的人呵，何以一下子就變成"大修煉"了呢？然而，等到我四進西藏，尤其是走上阿里，每日裏搭一個小小的帳篷，獨自面對這高天厚土下千年不語的日月山川，面對孤獨、面對死亡時，我才真正感悟到了所謂"修煉"的實際含義了。

但我還不敢說自己是大修煉了，所謂大修煉者，其實就是指達到了某種"境界"，而所有"境界"都是至上的、無極的，此生不敢妄求。但我可以說，從前的那個余純順已經"死了"，取而代之的是一個"新的"余純順。有許多從前我耿耿於懷、斤斤計較、自認爲很重要的東西，現在已不重要了，永不會去想它們了。相反，有些從前不經意的、不視之爲人生萬不可失的東西，如今卻認爲很重要、很重要，以致須臾不能或缺了。

旅行，尤其是徒步旅行再造了我。她使我從無知走向充實；從浮躁轉爲平和；從狹隘漸入寬厚。儘管在這個過程中，我忍受了常人難以想像的磨難，經歷過很多次孤立無援的日子。其間的艱險卓絕、辛苦勞累，實在難以盡言。但我仍無怨無悔，至死不渝！有甚麼能比一個"迷途的羔羊"從迷惘中走出來，得到新生更榮幸的事了呢?!

時至今日，我已多有感悟。其實，生命只是一個過程，結果不很重要。如果你在這個每天都實實在在要面對的"過程"中，都沒有及時完善自己、感悟生命、擁抱生活的話，那麼"結果"又有甚麼用呢?!爲此，我常在旅行途中告誡自己："你現在是以這樣一個獨特的方式來表達自己對生命的理解、對自己祖國的熱愛，以及對整個人類的關注。吸引你的並非旅行的所謂結果，而是旅行途中的這個過程，是旅行本身。走訪壯麗河山時，路雖同樣伸展在每個人的腳下，但你卻要用心去走。"

68. 我成了"危險分子"

海拔四千三百米　一九九四年八月十二日陰、大風、雨

清晨醒來，看見帳篷上掛滿水珠，昨夜下過雨了，我卻睡得全然不知。這應該說是我的福氣，"出門沒有車，吃的沒有魚"沒多大關係，但覺是一定要睡好的。倘若連覺也睡不安穩了，白天就沒有足夠的體力維持前進。

不忙收帳篷，要等太陽出來將它曬乾。可別小看了帳篷上那點雨，說句不好聽的話，揹在身上就像揹了具死屍似的沉。

又繞開那些鼠洞和旱獺洞，跑去山澗邊洗漱、汲水。在水

邊的當口，看見幾個旱獺在洞口探頭探腦，心裏頓生憤然，指着那幾個洞口說："都是你們這些傢伙給我添的麻煩。看甚麼看！統統給我老老實實地呆在裏面，等哥們走了，你們再出來！"

十一時，吃完早餐，收好帳篷，吞下幾片所謂防鼠疫的"增效聯磺片"，便繼續前進。上路後，想到昨日在鼠疫區走了一天仍毫髮未損，便繼續給自己施加"阿Q精神"道："我不病我，病焉能病我！"

今日所經地段均是鼠疫流行的中心地帶——門士草原，三隻中疫後暴死的旱獺就是在此發現的。沿途，雖見連疇豐茂的水草，卻不見任何人畜。但從草原上俯拾皆是的一些曾搭過氈包、安過爐竈的"遺址"來看，不久前這片草原應該有不少人畜的。

在這片失去了生氣的草原和戈壁相間的地方走着、走着，我的腦海裏突然掠過一片悲涼的情愫，眼前的景象使我的思緒由近及遠地回溯到了久遠的從前：

現在已經知道，那個鄰近門士，現時稱爲札達、過去曾叫古格的、有七百年輝煌歷史的王國已經確確實實地滅亡了。然而，殊不知，在古格，乃至吐蕃之前應還有一個更古老的王國的，那個在人類史册上隱去得更久的古老王國是怎麼回事呢？

一九九二年秋，我由里新疆向西藏進發，途經阿里地區的日土縣時，曾瞭解過新發現的日土岩畫。畫中的內容反映了藏地遠古人類狩獵的場面，畫中的動物以馬、牛、羊居多。令人驚異的是，畫中還出現了現時早已在阿里滅絕了的鹿、斑馬和野豬，而在這些動物的生存條件中是少不了木本植物的。爲此，人們推測，大約在距今三千多年前的悠長歲月中，阿里地區曾經有過廣袤的森林；阿里以東也曾經有過一直連接到羌塘的大草原；而馬甲藏布、朗欽藏布、噶爾藏布及森格藏布這四條河流的沿岸，也曾出現過發達的農業。但如今，除了普蘭和札達一帶尚保存有農耕和少量的森林以外，阿里地區基本上都是空寂的大山、荒涼的戈壁和大面積的無人區了。

在大工業、商業、手工業以及農業尚未出現的蠻荒時期，遠古的人類是逐水草而放牧、獵動物而生存的。古已有之的阿里森林和棲息在森林中的動物、加上後來出現的農業，便是阿里古人生息的理想條件。如果不是，更便不會有日土的岩畫。但這些古阿里人還不是我們現在已清楚的、曾迎娶過唐朝文成公主的吐蕃人，更不是已能在宮廟的牆上留下精美絕倫的壁畫的古格人，那麼，他們是些甚麼人呢？

西藏史載，阿里曾經確實存在過一個叫做象雄的古國。這個古國最早形成於何時尚有待考證，但古國的鼎盛期，也即象雄王赤維式吉希日在位時期，人們還是清楚的。當時，象雄國曾分為外象雄、中象雄和內象雄三部。這三部分別控制着現時的多康、衛藏以及阿里、拉達克的廣袤的地域。

據《象雄年續》載：象雄國到了李迷甲國王時走向衰敗，但即使在最衰敗時期，象雄也擁有一支近百萬人的軍隊。根據比例推算，象雄國的人口在一千萬以上應該是沒有問題的。

歲月如白駒過隙，轉眼間，幾千年就過去了。時至今日，已經沒有人會在意，在二十世紀末葉的某一天，一個對傳說有着超乎尋常的癡迷的旅行者會獨自來造訪這片如今已顯得空曠的荒原，並且在他的遊記中重提這個古代邦國的那段光榮歲月。

對於象雄的亡因，如今的學者沒有一個能詳加論述，在保存下來的藏地的典籍中，對這個謎一樣的王國的記載，也僅是片言隻句。

除了戰爭和來自地球本身的自然災害以外，可以想見的原因不外是，擁有千萬之眾、生存了上千年的象雄人的繁榮，是以破壞生態平衡爲代價的。昔日象雄人幾千年中砍伐森林，一如當代的阿里人十餘年中將獅泉河邊的紅柳林砍盡殺絕一樣。當森林消失，致使水土流失、動物逃遁、氣候變壞、土地荒蕪後，等待象雄人的，便只剩下割捨這塊溫柔的家園，走向新的陌生的土地這一條路可走了。

同南極、北極並列的"世界第三級"——西藏，以其險峻的地理環境、神異的宗教氛圍和獨特的風土人情著稱於世，是這個星球上尚未被人類探清其底蘊的最後一塊地方，而阿里則是"西藏的西藏"。如今，象雄的光榮已蕩然無存，昔日捨棄家園、尋找新地的象雄人也早已成了異域的人民。幾千年前佔據西藏一隅的象雄王國擁有一千萬的人民，而幾千年後的整個西藏的人口才不滿三百萬。於是，就留下一個千古之謎，讓後世子孫作無盡的懸想和嗟嘆：這幾倍於現時西藏人的象雄古民究竟去了哪裏呢？

這幾日的行走中，我常因不絕如縷的思古之幽情而浮想聯翩。我常想，千萬年來，長眠在地下的先人，不知要比當今尚活着的人要多出多少倍；我們的現在，便是將來的歷史。

鑒於象雄的歷史之悠久、影響之廣大，不少學者認爲，人類還應該面對和正視一個不亞於"瑪雅之謎"的"象雄之謎"。

象雄、瑪雅以及眾多別的邦國的滅亡，是人類生存歷程中交過的學費。這體現了人類和自然的遊戲規則永遠是：你進我退。

當今的人類應珍視我們週圍的生存環境。如果說，地球洪荒時代的象雄人和瑪雅人可以在一夜間，那麼大範圍地走得遠遠的話，則當今的、遍佈環宇的人類已無處可去……

十八時，有一條如白練似的蜿蜒在草甸子上的河水橫淌在了我的面前。我看見河的對岸有一些房屋，我知道，門士草原已被我走完，那有房屋的地方，便是我今日的目的地——門士。

我沒有向河灣左側的那座橋走去，我觀察到那裏也有一個阿里地區的衛生防疫站在檢查來往的人、車，以遏止鼠疫的傳播。我站在原處未動，像是吸進了一大口涼氣。我很清楚自己在鼠疫流行的中心地帶步行了兩天的身份。他們決不會歡迎我這樣的 " 危險分子 "，甚至還有可能會扣留我，我當好自爲之。

我在河邊考慮了片刻，意識到自己的當務之急唯有走出阿里、走遍西藏，我實在已沒有更多的精力來應對可能出現的麻煩。

十八時三十分，我脫下長褲和鞋子，從一處大橋上望不見我的有利地形涉水過河……

69. 朝聖之路

海拔四千六百五十米　一九九四年八月十三日大風、雨

昨日 " 偷渡 " 過河抵門士後，沒有人對我從鼠疫區徒步而來提出異議。這使我既感到快慰，又體會到某種淒涼。

小鎮上有一家小飯館和兩家小店舖。在其中的一個小雜貨舖裏，我又見到了前幾日在途中給我指路的甘肅青年商人傅新民，他正忙着招呼生意。到這個荒僻小鎮上來當一回顧客的人，多半是那些從牧區騎馬來的藏民。這些藏族牧民買東西不懂還價。他們喜歡那些大紅大綠的衣飾，這同他們平靜單調的

生活和環境有關。

門士有一座規模不大、時停時開的煤礦。礦工多從人口過剩、生活尚不富足的巴蜀招募來的。說真的，我想像不出慣於遊牧的藏地牧民假如也來當礦工時會是怎麼個模樣。

這個煤礦利用在鎮上的幾間十分簡陋的房屋開了個小招待所，由一個藏族漢子和兩個藏族姑娘照看。房價倒是不低，住一夜要人民幣二十元。傅新民對我說："你可以省下那二十元來。如果不嫌棄，可以吃、住在我店裏。"我非常欣賞他的這種仁義之舉以及對我的信任。他的家鄉遠在甘肅的一個名叫秦安的縣內。他的不少老鄉也不辭艱辛地來到西藏，專在後藏和阿里地區的藏人中賺些差價。四年前，我曾走過他們的家鄉，並且還在位於那個縣城的第一中學作過一場演講。

昨晚在堆滿百貨的店舖裏睡了個好覺。清晨醒來，傅新民已煮好了一鍋土豆並又在着手做甘肅人最得意的揪麵片。在一旁看着他那專心致志、不計報酬、誠待江湖中人的神態，使我的心裏又一次得到了淨化。

上午，有一位嗜酒如命的新疆客商慕名跑到小雜貨舖來請我喝酒。此君前來阿里做皮毛生意的同時仍不忘隨身帶着杯中物。我看見他臉色青紫，說話時上氣不接下氣，便規勸他在高原上千萬不要貪杯。他說，這不成，我在大家都叫做"生命禁區"的界山大坂處，還坐在駕駛室裏喝烈性酒呢！聽罷此君的這番豪言壯語我哭笑不得。我猜想這傢伙再如此胡鬧下去，便隨時有可能回不了他的家鄉。

西藏高原空氣稀薄，初到此地的人都會因此呼吸困難、心跳加劇、體力每況愈下。在這種情況下，若再喝酒，特別是喝烈性酒，會使本來跳動加劇的心臟更不勝負荷。爲此，應盡可能禁絕喝酒，如果你還想活命的話。

我自然不會同他"有酒共飲之",但很樂意接受他帶來的下酒菜——一隻不知從哪兒弄來的半生不熟的羊腿,這對體重日見銳減的我實在是太有必要了。

　　十一時四十五分,辭別傅新民,又一次提醒那酒佬千萬別因酒失命,便繼續前進。

　　出門士時仍需經過那個把守着進出路口的防疫檢查站。爲防被他們扣留而壞了我的大事,我在鎮外繞了一個很大的圈子,趟過門士西側的一條河流,才最終甩開了"包圍圈"。與此同時,便算是走出了鼠疫流行區。當我終於踏上那條通往前方的正道時,我對自己說,此生再也不想走過甚麼該死的鼠疫區了!

　　離開門士後的前方大站便是遠近聞名的"神山"、"聖湖",這是我早就瞭解、此番要重點走訪的兩個去處。

　　今日沿途多爲無人煙的高原台地,台地上的草兒長得又短又瘦且分佈稀疏。因爲土地面積很大,遠遠望去,讓人覺得像是好大一片草原。但你若近前細看,便會發現那草不好。走遍中國,我還沒有見過有比內蒙古呼倫貝爾盟更好的大草原。

　　十五時十分,經一個叫光明橋的地方,橋邊有兩間小土屋。那橋下的河水直接從岡底斯山的胸腹中流淌過來。我看見那河水從河底的大鵝卵石上流過時清澈無比,便將背囊卸下,就着那河水午餐。午餐有從門士帶出的土豆、羊肉、餎餅以及我原有的榨菜,就走阿里而言,有這樣的伙食簡直就像過年了。

　　十六時二十分,經過距光明橋西側不遠處的二號橋。在翻過一座山脊時,便看到有一個藏族老漢早已在橋邊朝着我走去的方向張望。待到走近,方知他是位在此守橋的退休幹部,名叫扎西次仁。我問他是否去過"神山",他說他現在還未去,但遲早總要去一次的。因爲背囊裏的食物還可過兩次"年"，便沒有多停留，閒聊幾句後，又繼續上路。

十七時三十分，從我正前方的地平線那裏走過來一對藏族老人。那老漢牽着一匹馱着氈包和各種器物的馬。那老婦左手拄一根拐杖，右手撥一串念珠邊走邊唸。這個情景讓我看得非常感動，以致他們已從我身邊走出好遠時我仍呆立在那裏。毫無疑問，他們已在阿里遂了多年的心願，此刻正返回已離開很久的家鄉。我又回望一眼他們漸漸消失在地平線上的背影，不禁由衷地感嘆道："這風雨兼程中遙遠的朝聖之路呵！"

有些事以前一直不得其解：在走遍西藏的日子裏，我常因撲入眼簾的自然環境的嚴酷、藏族人生活的艱難，而表示出由衷的同情和慨嘆。但與此相反，幾乎所有的藏人對他們遭逢到的一切，均表現出令人難以置信的平靜和達觀。他們幾乎從不抱怨，隨遇而安，活得相當坦然。現在或能明白了，這是信仰使然。這種信仰使在精神上的滿足填補了擺脫塵世苦難的渴求。多少世紀以來，他們就這樣在這塊高天闊域、僻世之壤上，在自己的心靈深處，同冥冥的蒼穹對話，將自己整個兒地交給了未來。

在西藏，崇佛的活動貫徹着信徒的一生。他們中的不少人，除了每日裏的唸經，經常在他們生活的地方轉經外，還經常去附近或遠處的寺廟拜佛，去他們認爲有特殊意義的山峰和湖泊朝聖。後兩種，人們管它叫轉山和轉湖。這種活動是一種宗教文化。

位於阿里西南部、岡底斯山脈中的岡仁波齊峰以及鄰近此峰的瑪旁雍錯，是藏人心中至高無上的"神山"、"聖湖"，千百年來，吸引着無數的藏人心嚮往之。如今，我正向着那個方向走去。

二十時，天空烏雲密布，驚雷陣陣，此時我正走到荒原上的一座瑪尼堆的旁邊。我在附近揀了一片模樣比較周整的石塊，加在了這座瑪尼堆的頂上，便開始支帳篷。今夜，便有請這座"沉默是金"的朋友作我的佳賓，與我共同捱過這茫茫黑夜，再一次迎來新一天的太陽。

晚上，我端坐於敞開門的帳篷內，長久地凝視着和我相對着的瑪尼堆，此刻，它正在雷電的閃爍下忽明忽暗。從外表看，這座孤獨的瑪尼堆的年代已十分久遠了。可以料想，在往昔的悠悠歲月中，有很多人曾從它的旁邊走過，留下了一個民族艱難前進的足跡。

70. 岡仁波齊神山

海拔四千六百五十米　一九九四年八月十四日大風、雷雨

儘管昨夜的雷電和風雨一直撒野到今日凌晨，但清晨時分，我和身旁的那座"沉默是金"的瑪尼堆還是迎來了新一天的太陽。

十一時，帳篷已晾乾。攀上附近的一個山崗，瞭望前方地形，發現十公里內不存在有水源的可能，便退後一公里，在昨晚記下的一個水源處洗漱和早餐。四十五分鐘後，在水壺內灌滿水，便繼續前進。

今日之路段全爲草地和戈壁相間的高原台地，連綿雄奇的岡底斯山脈就緊挨在我的東側，山頂上白雪終年不化。記得少年時代學地理時就曾想像過它的樣子，如今我走到它的身旁來了。

途中，未見一居民點，也沒有遊牧的人民。

上午，有兩輛豐田車先後從戈壁深處向我的前方馳去。下午，有趕着牦牛的藏民沿着岡底斯山脈的山腳往門士方向去。這些都是因朝聖而來往於"神山"的人們。

十七時二十分，發現一個可疑的身影在距我不遠處的岡底斯山腳處的草地上跑動，便迅速卸下背囊、蹲下身子仔細觀察。當看清楚那原來是一匹野驢，便鬆了口氣，索性坐下來看個仔細。

這匹野驢且走且停。一會兒停下吃幾口草，一會兒又抬頭警惕地張望四週。它的體色呈深黃色，跑起來步伐非常輕盈。

藏人常將野驢叫做野馬，因爲兩者的形體十分相似。西藏高原從前確曾有過不少野馬，然現在已幾近滅絕了。野驢的現狀也不容樂觀，儘管偶爾還能見到它們的蹤影。

爲了防禦天敵的侵襲，野驢養成了群居的習性，從不單獨行動。在荒原的生存規則中，形單影隻就意味着死亡。看來這匹野驢原先所在的群體多半出了甚麼麻煩，而眼前這匹孤獨野驢的處境將非常艱難。

我的相機只配有一隻中焦鏡頭。若要在不驚動它的前提下，用這樣的鏡頭拍攝距我一千五百米開外的這隻野驢，在洗出後的照片上最多只能看到一個小黃點。原先我是備有一隻28—200的稍長一點的鏡頭的。可惜在第三次挺進西藏時，被芒康的一個樑上君子連同二十多卷拍好的膠卷一起"代勞"了。

今日怕是進入了荒原腹地。野生動物似乎想我太孤單了，都跑來同我作伴。十八時十分，戈壁灘上又跑來一隻很漂亮的羚羊。這哥們距我很近時才大大咧咧地放慢腳步，以一個很優雅的姿態示意我通報："來者是誰？"我即刻停住了腳步，作出了一個"請閣下先過"的暗示。雙方比肩而過五十米後都回頭深情地互看了一眼，就又各走天涯了。

二十時十分，在岡底斯疊嶂起伏的山脈中，有一座潔白晶瑩高居群巒之上的、外形有如一顆巨大水晶鑽石的、不同凡響的雪峰突然顯現在了我的眼前。它的出現，使我頓時就觸電般地收斂住了正在疾行中的腳步，抬頭仰望，目不轉睛。許久，我才口中喃喃道：“岡仁波齊！你真的是岡仁波齊？你就是茫茫荒原上孤獨的朝聖者心中的那盞耀眼的明燈、萬千佛教徒皈依的精神故園嗎？”

　　在此之前，除了在藏人供奉佛像的神龕上見過岡仁波齊的照片外，我從未在實地見過這座神峰。現在，當她第一次呈現在我的面前時，雖然初時略有疑惑，但我很快就確認無疑了，儘管只有我一人在荒原上，並且沒有任何東西參照。因為我從未見過如此鶴立雞群、無與倫比的山峰，我斷定她是不可替代的。

　　此時，太陽已開始偏西，岡底斯附近的四野已漸漸融入薄暮時的灰黛色中。但岡仁波齊峰後面的天幕仍湛藍如洗，峰頂被幾縷白雲拂繞，時而隱去峰尖，時而坦露崢嶸。這是非常扣人心弦的時刻，這種時刻於我千載難逢、稍縱即逝。我迅速拿出相機，伸開三角架，邊走邊拍，亦近亦遠，黑白、彩色輪流上，連續拍了三十餘張才放心。

　　阿里高原的八月要到二十二時以後天才完全黑下來。想到此生或許就這一次機會，能在這樣明晰的角度、如此親近地看着這座神山，便不願輕易離去了。好在距天黑還有些時間，讓我端坐下來，再仔細欣賞一下這座高貴的神峰。

　　岡仁波齊，藏語意為“寶貝雪山”或“雪聖”。山形有如半顆巨大橄欖狀的水晶鑽石，四週有八瓣蓮花狀的群巒護繞，山身冰清玉潔一如聖女，是亞洲腹地、西藏境內最為神聖的山峰。在藏人的心目中，她既是自然美的象徵，也是信仰的象徵，她是一座神山。

二十一時十分，我行至岡仁波齊峰西側的一面山坡下，山坡後側的山脊上有塊巨大的台地，台地上有一些房屋和帳篷，這是＂神山＂下的轉山大本營。也是我定在今日的宿營地。

在前往轉山大本營的山坡下，我被橫亙在山坡前的兩條湍急的河流擋住了去路。就像西藏大多數荒涼的地方一樣——河上無橋。我清楚，要想在前方的某一間房屋中得到一張今夜屬於我的床舖，我唯有抓緊在氣溫驟降、尚有天光之前強行過河。

二十一時二十分，我抖擻了一下跋涉了一天的疲憊之軀開始下河。剛下到水中，便被沖了個趔趄，但我穩穩地站住了。很快，冰涼河水那徹骨的寒氣開始浸染着我的全身，我的身體便隨之打顫。我站在水中望了一眼前方已亮燈的那個地方，又回頭瞥了一眼已融入暮色蒼茫中的我白天曾走過的那片荒原，驀地，一股悲壯的情愫突然湧入我的心懷，我的眼淚流了出來⋯⋯

暮色更深、寒風愈加強勁了。我定了定神，鎮靜了一下自己的情緒，咬緊牙關，重新挪動雙腳，一步一步走向河心、走向對岸。緊接着又向第二條河走去⋯⋯

二十二時三十五分，天已全黑。在藏地牧犬的吠叫聲和凜冽的寒風中，我拖着濕透和凍殭的身子又一步一步爬上了那面巨大的山坡，摸進了岡底斯賓館的一間冰涼的房子裏。

最先聞聲跑來給我開門的是一位三十歲上下的藏族青年，他見到我時表情十分驚愕。我進屋後的第一件事，便是迅速脫去濕衣，將自己緊緊地裹在睡袋裏。不久，這位藏族青年按我的要求給我拿來了方便麵、啤酒和開水。臨走前他對我說：＂你先暖和一下身子，待會兒可以上我那裏喝酥油茶。＂

那晚，我沒有喝到那酥油茶，因爲我很快就在極度的困乏中睡去了。睡去前，我迷迷糊糊聽到那位藏族青年在過道裏對人説："這個人簡直太了不起了。一個上海的漢族大學生，居然能吃這樣大的苦，孤身一人來走遍我們西藏⋯⋯"

71. 轉經佛塔與千年石屋

海拔四千七百米　一九九四年八月十五日大風、雷雨

黎明即起，正是晨雨剛停時分。出得屋門，想看一下崗仁波齊神峰在清晨時的模樣，興許還能得到一張好照片也未可知，但發現所處的角度竟然見不到那座山峰。又瞥了一眼仍在山腳下兀自流淌着的那兩條冰河，憶及昨晚抵大本營前的最後一刻，倒覺得男兒立於天地間，能有在"神山"下強涉兩條冰河的如此氣勢如虹、悲壯神勇的經歷，此生或能留下些可供暮年的某一天向子孫們笑傲江湖的故事了。

牽一根繩索，將昨日的濕衣晾出，便去細看"神山"腳下的這塊地方。這是個有幾十間土石修砌的古老房屋的小村莊。有一條從崗底斯山直瀉而下的湍急澗流將該村一分爲二。澗流的對岸有不少臨時搭就的帳篷。藏人的村莊常給人一種節奏緩慢、色質凝重的感覺。此刻的這個村莊裏，只見着一個彎着腰的藏族老婦，正由她的帳篷向一座高聳在村莊中央的白色尖頂的佛塔走去，佛塔的四週青煙繚繞。

這"神山"下最靚的建築就數崗底斯賓館了。儘管其設施尚難同"星"級掛靠上。但它卻是歷盡艱難的旅行者在僻鄉之壤的一處難得的港灣，它的名聲在阿里乃至西藏很少有人不曉。

在一間門前的屋檐上放着兩隻碩大的盤羊頭骨的屋子前，

我又見到了昨夜招待我的那位藏族小伙。原來他就是阿里旅遊公司派駐這個賓館的經理，名叫斯扎。他告訴我，他曾到北京、上海學習過。他長就一張“很西藏的”忠厚的臉。我問了一下房價，外賓一天須人民幣七十八元，內賓則三十九元。不知道中國以外是否也如此收費。

賓館的圍牆內停着幾輛豐田越野車。這些車專供拉薩、日喀則或普蘭至“神山”的旅行者租用，而司機和翻譯則是上述幾個地方旅遊公司的工作人員。他們中的不少人除了會說自己的母語和英語外，還會說日本語、印度語和漢語。斯扎告訴我，有一批“坐車族”昨天便動身去“轉山”，到現在還未回來。

在賓館走廊的角落裏，有一個蜷縮在一條舊毯子內席地而睡的“老外”正在乾吃炒麵粉。見此情景，我便進到房內拿出暖壺勻了些開水給他，他便對我反復說着“尼泊爾”這個詞，同時向我做了個轉完“神山”的手勢。走廊的另一角也席地而臥着幾個長相同這位“尼佬”差不多的人，這位尼泊爾朝聖者便指着那邊反復對我說着“印度”這個詞。

被藏傳佛教徒叫作崗仁波齊的這座“神山”，在印度人那裏被奉爲能代表天地萬物之本源的“世界之柱”、“群山之首”，他們管她叫“喀拉斯”。“喀拉斯”意即“麥如的神秘肖像”，也即梵語指的須彌山。早在公元前二百年的印度教中就已提到過麥如的壯觀景象。古代的印度人認爲流入他們父母之邦——印度的幾條洶湧江河的上游均發源於這座他們叫做“喀拉斯”——即崗仁波齊的山頂。他們認爲崗仁波齊是一座棲息於宇宙中心的極致之峰，是喜瑪拉雅山脈聖潔的終端象徵。因此，遠在二千多年前，那些印度和尼泊爾的朝聖者就或騎馬、或步行，經過千山萬水，翻越喜瑪拉雅寒冷險峻的關隘，沿着古老的聖途前來西藏"轉山"。這些異國古代民衆的朝拜活動較藏地佛教徒更爲久遠。印度教徒在朝拜崗仁波齊的同時，也將整個喜瑪拉雅山置於他們的膜拜中。他們之所以這樣做的原因是可以想見的：喜瑪拉雅山以其卓然不群的姿態高聳於印度的北方，從它那巨大而壯麗的冰川中融出的雪水而形成的江河，源源不斷地滋潤着古往今來印度的土地和生靈，印度人没法不對其感恩戴德。印度人認爲喜瑪拉雅山雲霧繚繞的峰巔是神居住的殿堂，整個山脈連同附近的崗仁波齊都是神的化身。

無獨有偶，藏人也同樣將喜瑪拉雅看作是神山，只不過習慣於將膜拜的聚焦點落在崗仁波齊上。因而，與其說這兩座大山是地理上的中心，倒不如說更是精神上的中心。

上午九時，朝聖完畢的印度教徒在"神山"腳下的一塊空地上列隊向"神山"作最後一次祈願並合影留念。此後，他們就擠在一輛破舊的大篷車裏，踏上返回他們祖國的艱險備嘗的路途。那位尼泊爾人没走。我看見他向那輛大篷車揮手時在暗自流淚。依他的情形可以料想，俟他返回家園時不會有車來接。

九時二十分，我鎖上房門，帶着照相機和記事本前往"神山"下的那個村莊看個究竟。

經過山澗邊時，撞見兩個頭飾和身材皆很漂亮的康巴女子正在洗衣便趁機抓拍。但這種小動作是瞞不過像羚羊一樣機靈的康巴女子的。很快，就有小石頭回敬過來。但小石頭並非真正飛向目標，而只是擲在附近的水裏以使水花濺起。其時我的目的已達到便假裝抱頭鼠竄，於是身後就留下了一串銀鈴般的笑聲。通常情況下，藏族姑娘總會表露出歡快爽朗的共性。

這個小村莊一側的幾間低矮的土屋和十餘頂帳篷内都住着些做小買賣的藏人，他們經營藏地的特產和日用雜貨。雜貨中不少是尼泊爾、印度和克什米爾的產品，在貨主不緊不慢的打理下，靜靜地等待着來到這天涯盡頭的人們將它們帶走。看得出，這些在帳篷內經商的藏人並非只是爲了買賣，也不急於離去。他們就在神山下平靜地煮飯、洗衣、養育着自己的兒女。他們只要帶足了糌粑和鹽就能堅持很多時日。他們從遙遠的家鄉踏上聖途時趕着自己的牦牛。牦牛是那種可以且走且牧且出奶的動物，如今它們都在主人可以遙望到的地方自由地吃着"神山"下的草兒。如果說，工人離開了工廠，農人離開了田地，便意味着離開了他們賴以生存的衣食父母，那麼藏人則不然，藏人只要趕着他們的牦牛就行了。對藏人和他們的伙伴牦牛而言，唐古拉山下的草原同岡底斯山下的草原都同樣是草原。他們在"神山"下駐紮停當後，每日裏都會很多次地抬起頭來仰望一下就在身旁的那座神異的山峰。他們認爲這是在經歷着一生中最神聖和幸福的時光。

曾聽說過兩個美麗而又淒婉的聖途故事：

在藏東南的一個藏村裏，有一對年輕夫婦新婚不久就趕着牦牛踏上了朝拜崗仁波齊的萬里的聖途之路。他們沒有地圖，也不知道路徑，只是義無反顧地向着藏西南艱難地前進。途中，他們且走且遊牧。不久，他們生下了兒子，兒子隨着聖途的延伸一天天長大……終於，他們接近"神山"了。當這對已變得年老體衰的夫婦從遠處遙望見崗仁波齊那晶瑩雪白的峰巒時，便欣慰地閉上了眼睛。他們的兒子將雙親的遺體就地"天葬"後，依舊向着那座山峰前進，去繼續他的父母未竟的"轉山"的願望……

在後藏的一座冷僻的尼姑廟裏，人們偶爾能看到一位風韻猶存的住持。其實，她原本不是西藏這個地方的人。很多年前，她伴隨父母從遙遠的青海藏族聚居地踏上了朝聖之路。在歷盡人間苦難、遂了"朝山"的心願後，她的父母先後魂歸西天。失去了雙親、失去了盤纏、不知歸途在何方的如花少女，只得含淚削髮爲尼。從此過起了晨鐘暮鼓、青燈伴夜的客尼生涯……

村中央的那座佛塔邊有一排經輪。有位轉佛塔的藏族老婦見我抓拍了她，便走攏來微笑着向我平伸出一隻手來，我就付給她兩元錢。我認爲這是合理的，客觀上她是在要求自己的權益。不管怎麼説，我畢竟是拍了她的"寫真"。此時，碰巧有一位打酒的藏族少年急匆匆從邊上走過。我便請他立於一塊碩大的刻有經文的瑪尼石邊拍張照，他憨憨地答應了。完事後我同樣給了他兩元，他同樣憨憨地接受了。

我始終堅持盡可能不讓被採訪者(尤其是少數民族同胞)"白忙"的規則，不是日後給他們寄去一份照片，就是當場送些禮品或少量的錢。我這樣行事，既體現了對被訪者的尊重，也是爲後來的旅行者留一條路。我認爲這應該成爲闖蕩江湖的人的行爲準則。説真的，我常聽途中的一些民衆對我説，先前某人、某單位採訪他們時，答應給寄一份照片的，然事後就石沉大海了。我常爲這些"同行"的不地道而感到羞愧，我要求自己不要做這樣的人，而應做個親善使者。

這個村莊中央的一些土屋裏住着的是"神山"下的老居民。有一座完全用鵝卵石砌成的很古舊的兩層樓的"石房"引起了我濃厚的興趣。我在房前拍照時，有一位名叫次仁扎西的當地藏醫提醒我，這座"石房"有兩千年的歷史了。村莊的地名叫特爾欽，意爲"神山下的一個村莊"。該村共約五十户人家，主要從事畜牧業。

次仁扎西的話引起了我的思索：如果他説的這座"石屋"確實歷兩千年風雪而不倒的話，那就意味着兩千多年前"神山"下就有人定居了。兩千多年前古格王國和吐蕃王朝均未出現，那麼，這個位於"神山下的一個村莊"中的人民恐怕就有可能是歷史更悠遠的象雄古國遺留下來的後裔了；而特爾欽作爲地名或村名，也有可能是從那個時代沿襲下來的。現在的問題是，特爾欽的牧人還記得"他們的"那個遙遠的古代邦國嗎？

正午時分，我返回下榻的岡底斯賓館。此時正巧有幾輛豐田越野車又從拉薩方向送來了十多位歐美遊客。他們分別來自美國、英國、挪威和芬蘭。

在旅行途中，經濟發達國家和經濟落後國家的遊客在物質基礎和精神氣質諸方面所表現出的涇渭分明，常給我留下深刻印象：經濟發達國家的遊客多精神飽滿、面色紅潤、衣裝充實；他們包租便捷的車船直達任何想去的地方，開房間時不擔心房價，並且都擁有很好的攝像條件。而落後國家的遊客則正好相反：他們不僅難得旅行，即便有這個機會，一俟涉及到經費問題時，難免會顯得有些委瑣和寒酸。這些，我常看在眼裏、疼在心底。爲此，我常會在心中由衷地呼喚：人類所有貧窮落後的國家一定要快快富強起來呵！

我同意人需要一點精神，很多情況下，信念確是一種支撐力。但是你不能因此說物質就不是基礎。事實上，在很多情況下，物質確實能影響到國民的精神面貌。同樣生而爲人，上蒼並沒有規定，某些人應該露宿在走廊冰涼的地上或擠在車況很差危機四伏的大篷車裏，而有些人不是。

公元十八世紀以前，已熱衷於海上航行開疆拓域的歐洲人，以及正忙於建國的美利堅人對喜瑪拉雅還知之甚少，更無從瞭解隱匿在西藏腹地、岡底斯山脈中的崗仁波齊。那時，崗仁波齊峰下朝聖的桑煙都是由清一色的亞洲人點燃起來的。據説，第一個尋訪這塊隔世之域的歐洲人是意大利的一位耶穌教的傳教士。他以無比堅毅的信念橫穿了西藏西部荒涼而恐怖的大戈壁抵達了"神山"腳下。此後，又順着雅魯藏布江直抵拉薩。那是一七一五年冬季的事。但他可能只是"奉聖父、聖子的名義"爲宗教的目標來的。不無遺憾的是，他的那次艱苦旅行所期待的"目標"，至今也未在西藏形成氣候。因爲，藏傳佛教的理念已深烙於藏人的心間。

歐洲人中最勇敢和成功的旅行家當推瑞典的斯文·赫定。他在撰寫《亞洲腹地探險記》的同時，於一九○七年成功地飲馬崗仁波齊峰下。這位充滿好奇心和膽魄的瑞典人，不僅成了第一個跟隨在亞洲的朝聖者身後亦步亦趨轉完"神山"的歐洲人，而且還意外地發現了印度河的源頭。他的這次西藏之行，比他橫穿塔克拉瑪干大沙漠的那次行動有收穫多了。那次旅行中，他的全部隨從均葬身瀚海，唯剩下他一人跌跌撞撞地逃了出來。後來，這位餘悸未消的仁兄還專門給塔克拉瑪干起了個令人毛骨悚然的名字——死亡之海。

國土狹窄、生存空間有限的歐洲人是喜歡斯文·赫定的探險經歷的。他們對斯兄講述的神秘亞洲、神奇西藏的故事無比神往。事實上，時至今日西藏仍是我們這顆藍色星球上最後一塊尚未被人類探清其底蘊、最缺乏科學考證的地區。於是，他們中的不少人終於禁不住引誘也開始身體力行了。

記得一九九二年我第一次抵阿里時，曾邂逅一位金髮碧眼的荷蘭女子露易斯。她告訴我，她利用自己開集裝箱拖車和製作圖片攢下的錢遊遍了除亞洲以外的世界各地。當她開始亞洲之行時第一個目標就選中西藏，而遊歷西藏的第一個目標就是"西藏的西藏"的阿里。在歐洲旅行者中我最欣賞露易斯。同我一樣，這位崇尚自由、酷愛大自然的堅強女性也孤懸西藏，儘管她並不完全採取徒步的方式。但願她千萬不要犯傻。這種異常艱險的嘗試，由我這樣的＂大老爺＂們＂自討苦吃＂就已足夠了。

歐洲人紛至沓來西藏的好時光始於本世紀七十年代末中國改革開放後。毫無疑問，生性好動、凡事當仁不讓的美國人也接踵而來了。此外，自然還有日本人。從此，崗仁波齊就不僅僅是只供朝聖的＂神山＂了，她同時又成了旅遊、探險和從事各類考察的一個熱點。

這些歐美遊客在崗仁波齊賓館下車伊始，便是帳篷部落中的藏人前來兜售各種藏地小特產之時。我看見那兩位洗衣的康巴姑娘正在向＂老外＂推銷藏刀和佛珠項鏈。次仁扎西則借來＂老外＂的望遠鏡在眺望＂神山＂。斯扎自然就要忙着開房間了。

不久，又開來了一輛西藏的標有＂人民郵政＂的汽車。有趣的是，從那輛郵車上最先卸下來的不是郵件，而是一個接一個的藏族男女朝聖者外加一個黃頭髮的＂老外＂。說實話，走遍中國，此類十分滑稽、令人忍俊不禁的旅客和郵件混裝的超乎常規的事也僅在西藏被視爲無可無不可。究其原因，西藏地大人稀，在一些特別荒僻的地方很難設置定時的班車。久而久之，定期往來的郵車便拾遺補缺充當起藏人可依靠的＂班車＂，而郵車司機也樂得順路賺些外快了。

傍晚，有幾個昨日動身去轉＂神山＂的＂老外＂，經過一天半的跋涉返回賓館了。他們皆疲憊不堪，但心智卻得到了滿足。斯扎和一位藏族小姐及時送去了開水，很快，從他們的房間裏就飄出了雀巢咖啡的香味。這種熟悉的香味於我已成爲遙遠的過去，我便走開了。

我的中、晚餐都是在賓館附設的一間小食堂裏吃的。掌勺的是斯扎催傭的一個四川的漢族民工。買單時，他給我打了折扣，他說這是斯扎關照的。在阿里，特別是在阿里的岡底斯一帶，你別指望有甚麼新鮮的、品種繁多的好食物。老實説，能找見一個賣飯處，就是太陽從西邊昇起來了。

岡底斯的晝夜溫差很大，太陽一落山，凜冽的寒風便颳來了。即便在夏季也經常會飄落下雪花和冰雹，這幾日則常下小雨。晚飯後，我看見那位會説藏語的美國女子披着大衣、拿着雨傘和手電，像是赴約似地又往"帳篷部落"的那些藏人中去了。她的隔壁房裏住着幾位她的同胞，但她似乎視而不見。

明天我就要離開這個地方繼續我的"走出阿里"之行了。我回到房間，穿上羽絨服，拿了手電，佩上藏刀，鎖好門，便向賓館右側的那片能望見岡仁波齊峰的高地走去。

高地上非常寂靜，只有風從我的耳邊掠過。我久久地眺望着不遠處的正在漸漸融入黑夜中的岡仁波齊。或者説，這千年不語的岡仁波齊也正在久久地注視着孤懸於阿里荒原上的我。

天地無聲。

"這就是'神山'嗎？"我的腦海裏總在湧動着這句話。可以料想，在往後的很多年中，這句話會長久地縈繞在我的腦際。但我知道，這並非我刻意要去求索的問題，時至今日，我或許應該比更多的人感悟到天底下的許多事是萬不能去探究其緣由的，因爲原本就不需要緣由。

不管怎麼説，在我浪跡天涯所走過的千山萬水中，岡仁波齊的確是不凡的、不可替代的。她屬於你只要瞥過她一眼，就再也忘懷不了的那種山峰，這種山峰你一生中只能見到一次。

72. 香格里拉傳說

海拔四千五百五十米　一九九四年八月十六日
陰、雨、大風

中午，給自己規定的走訪"神山"的時間到了，行前去結房費。斯扎對我説，你的房費就免了，我們以這樣的方式來支持你走遍西藏。隨後，他又將自己備用的一隻背囊換下了我的那隻已難以爲繼的破背囊。

提到背囊，不妨"藉題發揮"一下。走遍中國期間，我曾跑遍所有大城市的一些百貨商店，均未買到一隻國產的可供徒步旅行的那種背囊，就連舶來品也没有。以致每當我看見一些外籍旅行者揹着那種多功能、又合體的專用背囊在我的祖國走來走去時，常羨慕不已。

不生産、無銷售，就説明無這種需求，或至少可以説需求量不大。爲此，我常慨嘆，爲甚麼在歐美、乃至港台非常普通的商品，在中國大陸卻没有它的市場。僅此一點，便足以體現我們中國人還習慣於呆在家裏，在四平八穩中打發歲月。這倒也無可無不可。但就有不少人偏偏還熱衷於將那些敢於藐視"傳統"、試圖"呼吸一下新鮮空氣"、"換一種活法"的人一概視爲"異端"、或説一些"此人是不是腦子有病啊"等怪話。對此，我領教得是太多了！竊以爲，中國大陸實際上還非常缺乏自覺的、有獻身精神和有作爲的旅行和探險。但人類社會應該有各種不同層面的活動，我們不僅需要作家、藝術家、科學家、思想家……並且還需要旅行家和探險家。而在一個連旅行專用背囊都難尋覓到的環境中，旅行家將面對的就不僅僅是物質裝備上的艱難和困窘了。

可以坦率地說，真正的旅行家和探險家是羞於同那些"飽食終日"、"無所用心"的人爲伍的，更不會是他們所說的那種頭腦有恙的人。恰恰相反，他們具有健康、高貴和自由的心靈，或至少在將自己造就成這樣的人。

千里滔滔江溟，萬里巍巍群山。通過旅行，你遲早會感悟到：熟悉的地方沒有風景，遠天的底下有許多可去的地方。你會鍛煉自己堅毅開朗的性格，培養人道主義的操守。當你一次又一次地被那廣袤的宇宙天地、壯麗的日月山川震撼，又瞭解了許多不同的地域和不同的民族後，你的心裏遲早會獨白出：人世的功名利祿、世俗的榮辱得失其實可以看得很輕很輕；人間富貴如雲煙，換不回的是從前。如果你是個正派的、有境界的人，你會通過旅行逐步形成自己遠大高尚的目光，使自己真正成爲父母之邦和遼闊大地的兒女，成爲見識淵博和心靈自由的人，成爲勞動和富有同情心的人。

十四時，風雨交加，我正行進在一片大草甸子中，斯扎同幾位藏族青年又開着吉普車追上來了。皆因他覺得應該同我拍一張照。於是我們就留下了一張在"神山"下茫茫草原上的雨中合影。

意味深長的是，在我留訪"神山"期間，斯扎自始至終一次也未問過我：爲何人家都轉"神山"而你不轉？我敢肯定，這個問題他不會沒有想過。因爲一般來說，走到"神山"而不轉山，確實有些離譜。通常會理所當然地被認爲是一種違反常規的表現。但我知道，在崗仁波齊峰下自由呼吸，又在內地受過教育的斯扎應該是個有靈性的人。他能免我房費、贈我背囊、又趕來同我合影，必定已多少讀懂了我——一個走遍遼闊中國千山萬水的人自有自己的方式，他決不會拘泥於形式主義地去看某一座山或某一條河，他的心胸應該是寬廣的。當人們對身旁的那些週而復始的東西表示出由衷的敬畏或有意無意地亦步亦趨時，他會根據自己的判斷而決定是否應保持一定的距離。他的行為方式完全受自己心靈的支配。在某些特定的情況下，環境或許會影響到他，但決不可能最終"俘獲"他。

我之所以這麼説，並不意味着我對崗仁波齊神峰有甚麼不敬。事實上，她在我的心目中已留下不可磨滅的印象。我想説的是，作為一個旅行家，在浪跡天涯的過程中，應始終堅持凡事應有取捨的準則，而不能一概囫圇吞棗。正如同樣在西藏荒原的罡風中艱難行進的西藏人同我的旅行目的大相徑庭一樣，區別在於：他們是朝聖者，而我則是個旅行者，我們各自的文化背景和哲學觀不盡相同。朝聖者盡可以一代又一代前赴後繼地去圍着"神山"轉山，以告慰自己的心靈，尋找到一條通達天宇之路。而我則將興趣放在向"神山"挺進的那個過程本身，至於轉山與否則不是我必須要考慮的。在我的觀念中，隆起在地球表面上的每一座山峰除了外形和內部構成上有些差異外，本質上都是一樣的。它們都叫"山"，並且同樣自古至今地站立在那裏。就我而言，我並不指望要求過多，我的通達天宇之路就在我走遍中國、走遍西藏所經歷的千山萬水之中，我因此而獲得快慰和升華。

岡底斯上空的風雨仍無遮無攔，崗仁波齊峰已漸漸離我遠去。途中，我且走且朝那個方向再回望幾眼。但我看到的已是風雨和虛空中的那種飄渺，這種氛圍最能使我陷入一種冥思狀態，這種狀態往往又受某種意念的支配。不久，我想起了一個美麗的傳説，傳説中的那個神秘的香格里拉在我的腦海中漸漸地浮現了出來。

記得還在孩提時就聽過一首動人的吟唱香格里拉的歌謠，但當時不解其義，更無從知道它究竟指的是何種事物。及至走遍西藏期間，香格里拉的傳說又一次次地回蕩在我的耳旁，出現在聖城拉薩和西藏各地的鄉鎮。那麼，香格里拉究竟是怎樣的一個所在呢？

有人說，香格里拉是一個神秘的王國，它的國土就在西藏阿里岡底斯山脈中某個隱密的地方；有人說它在一座孤島上，但常識告訴我們，現時已離外海那麼遙遠的西藏已沒有那樣大的足夠容得了傳說內容中的生存條件的島嶼；也有人說香格里拉其實是在我們站在地球上就可以望得到的一顆星球上，但那畢竟又太遙遠了⋯⋯

為此，我曾翻閱過一些記錄西藏歷史的資料。有些書中吞吞吐吐、似是而非地提到：歷史上曾出現過一個四週有大雪山環繞，內中呈八瓣蓮花形的香格里拉國。這個國度的子民從不知道貧窮和疾病，更不會有地球人化了幾千年還停不下來的愚蠢的戰爭；香格里拉國遍地是黃金，滿山有珍珠；香格里拉人無須勞作，想要甚麼就有甚麼；據說，他們的空間是我們的時間，而我們的時間則是他們的空間。因而香格里拉的子民長生不死，他們的分分秒秒都是永恒。無獨有偶，這類描述還出現在西藏的一些經卷裏，出現在寺廟的壁畫上，就連每一代國王的名字、國家大事都刪繁就簡地記錄得有綱有目。由此看來，人們就更不能簡單從事地將其僅僅看成是一個美好的願望了。

真希望人世上真的有這樣的所在，正如我最相信大西洋的海底有湮滅了的大西洋古國，地球以外的星球上有外星人一樣。西藏是個遍佈大雪山的雪域之地，西藏人均以八瓣蓮花形為最吉祥之形狀。因而，描述中的香格里拉如果確曾出現過的話，它的所在地當在西藏無疑；而西藏最有可能存在香格里拉的地方則捨岡底斯其誰？

在挺進岡仁波齊的途中，我曾經顧盼過香格里拉的蹤跡；

昨夜，站在"神山"下的那塊高地上，也曾遙望過夜空下岡底斯背後那一片神秘山巒。而今我要離開岡底斯前往喜瑪拉雅山脈，我知道我是看不到傳說中的那個地方了，如同許多拋棄了塵世生活、畢其一生心血的佛教徒也終於未尋覓到香格里拉一樣。

誰能告訴我：香格里拉究竟在甚麼地方？

十七時四十五分，於風雨中抵阿里普蘭縣巴噶區區政府所在地——茫茫草原中一個有幾排房屋的地方。這是個典型的牧區，有許多馬兒在雨中的草地上悠閒地吃着青草，草原上空無一人。

這個區政府的房間裏已經拉上了電線並安有燈泡，但還沒有通電。如此看來，這個地方離香格里拉之佳境還有很漫長的一段距離，但它比從前已靠攏了一步。的確靠攏了一步。

73. 走近"聖湖"

海拔四千六百米　一九九四年八月十七日
小雨、多雲、大風

清晨微雨，天地一片蒼茫。因知正當藏西南的雨季，往後十數天中天氣便是這樣了，遂冒雨前進。剛出門，又看見昨日黃昏無意中瞥過一眼的那匹白馬仍孤零零地呆立在原先的位置上，既不吃草，也不挪動。便笑想，這風雨中它石雕般地一夜在想些甚麼呢？該不會也在想香格里拉吧？

巴噶區的南面均為逶迤起伏的山巒，我必須翻越一條足有七八公里長的慢上坡才能將這道山巒甩在身後。科學測定：一個內地人在西藏室內坐着辦公一天的體力消耗，等於在內地的平原上背負四十斤東西走上一天，這是海拔高、空氣稀薄的緣故。而我在西藏每日裏平均背負四十斤的裝備，因而，我實際上是負重八十斤左右，孤身徒步行進在海拔四千五百到五千米以上的"生命禁區"，我每日裏的體力消耗可想而知。而這種消耗在翻山越嶺時更加强烈，但我都堅持了下來。

古往今來，人類社會從不缺乏試圖在某個有意義的領域做得前衛一些的人們。當我在二十世紀末葉的某一天從一枕黃粱中驚醒過來時，方驚覺徒步征服南極和北極已沒有我的份了，唯剩下"世界最高極"的青藏高原尚未被人捷足先登。於是我便對自己説："接下來的事留給我來做吧，這也許是我一生中最輝煌的得意之作，下輩子不會再有這樣的機會了！"如今，我爲自己而感到自豪。

我在西藏走路時總是採取勻速前進的科學方法。因爲如果走得太慢，在規定的宿營處沒有到達之前，就等於加長了負重的時間；但若走得太快，又會因空氣中含氧量少，呼吸時就會上氣不接下氣。在上坡時須將身體前傾一點，一步一步不緊不慢地走。如果上坡長了些也不必抱怨，因爲一般來説，上坡有多長，下坡也會有多長。下坡時，慣性會推着你前進，此時你便可以步子加快些又不致太累。於是，上坡時吃的虧在下坡時又被你賺了回來。須知：天底下決沒有老是給你下坡，而不來點上坡的好事。

在寒冷地帶和冬季走路時，最好不要因好玩而順帶踢一下路上的某一件東西，這，我是有慘痛教訓的。我在走青藏路時見到路中間有一個驢糞蛋，覺得這傢伙蠻好玩的，便以我從前踢左前鋒的習慣一腳朝它踢去。詎料因天寒地凍，這傢伙已凍成一團冰球並死死地粘在了地上。結果就可想而知了——直疼得我眼冒金星地倒在冰涼的地上，抱着腳呼天搶地了好長時間，幸虧尚未造成腳趾骨折！此後，我給自己下了一道死命令：從今往後，見到地上任何再滑稽的東西，均一律朝邊上繞行！

十二時十分，天空開始放晴，此時我離這脈山巒的頂端已經不遠。無意中，我回望了一下已被拋在身後的來路，我一下子被震住了：那七八公里長的上坡來路迂迴起伏一覽無餘，坡路的盡頭是那片遼闊的大草原，草原的後面聳立着大雪山，草原和雪山的上面是飄拂着白雲的湛藍天空……這是何等壯麗的一個場面呵！我深知，像這樣渾然天成壯闊美麗的畫面，即使在西藏也不是每天都能見到的。

在深深地被感染過之後，我的腦子裏產生了一個想法，如果能以這樣的地方爲背景拍電影和製作電視廣告片的話，一定會產生震撼人心的效果。反正也是趕路，不妨自己構思一則廣告片以自娛。於是就邊走邊想，當我快要翻抵山巒的頂部時，我的創作已經有譜了。我心裏很清楚，這則廣告片真能拍成的話，完全有可能成爲上乘之作。

十二時三十分，翻抵飄有經幡的山頂。此時，靜臥在雪山之間、藏族人心目中的“聖湖”驀地展現在了我的眼前……

與“神山”崗仁波齊齊名的“聖湖”，也叫瑪旁雍措或瑪法措，藏語意思是“永恆不敗碧玉湖”。在西藏人的眼裏，她是西藏眾多“聖湖”中的“聖湖之王”。該湖座落在崗仁波齊峰東南約二十五公里之處，海拔四千八五百八十八米，面積四百一十二平方公里，湖水最深可達七十米，是一個巨大的高原淡水湖。她的湖水由岡底斯山的冰雪融化而來。

“聖湖”之“聖”，是因了許多宗教典籍的記載，或傳奇故事中的描述。同時，也同她所處的非同凡響的地理環境有關。同崗仁波齊一樣，瑪旁雍措也屬於那種你只要瞥過一眼，就再也忘不了的造物主的傑作。而“神山”與“聖湖”在位置上的巧合，又昭示着此地不愧是個天造地設的神聖所在。兩者一陽一陰、一剛一柔，互爲補充，君臨天下，成爲信徒們心中的"世界之父"和"世界之母"。

瑪旁雍措的湖水極爲清澈，在陽光的輝映下閃爍着迷人的色彩，她很像一顆巨大的藍寶石。站在湖邊，你頃刻間就會有一種身不由己的感覺。只要你是個心智敏感的人，你就會感覺到她確實蘊藏有億萬年日月之精華、山川之底蘊感染給她的那種妙不可言的靈氣和巨大能量。

在造訪了西藏的"神山之主"的崗仁波齊不久，緊接着又來到了"聖湖之王"的瑪旁雍措。在相隔如許近的時空裏，我相繼走到了這人世上的大多數人畢其一生也無緣到達的地方，這要歸結於我自己的造化和執著。然而，當我面對這西藏最神聖壯麗的山水時，我也十分清楚，這不是我一下子能消受得了的，我們只是確曾彼此面對過。有很多感受只能留待在今後的某些黃昏和清晨裏，逐漸地明晰和回憶出來。西藏人說，有幸見到"神山"和"聖湖"的人是有福的，那我就是有福之人了。

我在湖邊且走且看。週遭非常靜謐，澄碧幽深的湖水靜臥在雪山和山間草甸的中間。微風徐來，湖面波光粼粼，就像少女的絲裙在飄拂。不管從甚麼角度看，瑪旁雍措都不失爲諸神加冕於西藏高原的一面瑰寶，是地球上不可多得之湖。但此刻，除了湖面上不時有鳥兒掠過，那"嘎、嘎"的叫聲愈加反襯出瑪旁雍措的靜謐之外，就只有我這個"萬物之靈長"了。同崗仁波齊一樣，我不準備將瑪旁雍措轉個遍，但這卻是西藏、尼泊爾和印度的佛教徒們心儀所在。

唐代著名的佛學家、旅行家玄奘在艱險倍嘗的西天取經途中，也到過瑪旁雍措。後來，他在不朽的《大唐西域記》中將該湖稱爲"西天瑤池"。時至今日，當我也來到這個湖的旁邊時，仍能由衷地感覺到這位高僧的觀察和描述甚有見地。然而，彈指一揮間，一千多年就這樣過去了。

十四時，走抵高聳在"聖湖"邊一孤山上的久貢巴寺。該寺倚山傍水，地勢十分險峻。當我攀至半山腰時，有一兇猛的護寺犬便出現在那"一夫當關，萬夫莫開"的險要山徑上，並不停地朝我吠起來，以通知我不能再越雷池一步。憑我的經驗，"寺前聞犬吠"不久便會"僧隨吠聲出"的。沒想到，延頸等待了好長一段時間，也不見有僧出來。於是便撐着酸脹的脖子，悻悻然下山。在西藏，有村莊的地方就有寺廟，那麼，有寺廟的地方就必有村莊了。寺中不留人，自有留人處，我朝上山時就瞥過一眼的那座久貢巴寺下的村莊走去。

錢這個東西有時還真有些意思，它能把人類社會中的一些毫不相干的人牽扯到一起。在我向那個村莊走去時，有一個揹着水筒正欲前往"聖湖"汲水的藏族漢子停住了腳步。他在原地手搭涼棚觀察了我片刻之後，便一面對我叫着"阿美利加、阿美利加"，一面朝我這個方向趕將過來。我知道他是將我當成美國人了。但不管怎樣，我總該等他近前來問個究竟的。

那老漢一到我跟前便用手指了指他身後的村莊，復又用手作了個邀我去那裏睡覺的姿式。我明白他可能在那裏開着一個私家旅店，我若停留一天，他便有一天的進賬。我作了個問價的手勢，那老漢便向我伸出十個手指。我覺得價格還算公道，他的面相也在善良之列，便允他前面帶路。

這老漢家的一家土木結構的側屋內放着兩張單人床，我知道這就是旅店了。老漢指着這張床，又一次向我強調，在我之前，曾有一男一女兩個"阿美利加"非常榮幸地在他的床上睡過。我笑着向他示意我相信了此事，並果斷地將房錢提前付給

· 255 ·

了他。他走後，我收拾了一下那床。無論我浪跡何方，我只睡自己的睡袋。

老漢家的鄰居正在建屋，久貢巴寺的四個青年僧人前來相助，這在西藏是個很好的傳統。該地的建築材料全爲泥巴和事先曬製成的土磚。藏民們用馱在背上的竹簍一簍一簍地將這些材料送上正在封土的屋頂。他們在勞動的過程中，時不時會哼一段悠揚高亢的藏族長調。

傍晚，在岡底斯賓館遇到的那位在走廊的泥地上睡覺的尼泊爾朝聖者也來到了我住的房間。看樣子，他也是一步步從"神山"走到這裏來的。我勻了些乾糧和飲料給他，並示意他正巧和我同路，在返回他的祖國的途中，還有好長一段路也許我能給他些幫助。他回覆我，他暫時還不能回國，因爲他正在繞"聖湖"一週。他一再示意：菩薩會保佑我的，因爲我心地善良。此後他便向我告辭，於暮色蒼茫中向着他今夜的棲身地久貢巴寺走去。

深夜十一時，我在燭燈前看書時聽見不遠處有唸經聲，遂披衣出門，循聲尋去。那聲音是從店主老漢的屋子裏傳出來的。隔窗窺望，只見屋裏唯老漢一人盤腿坐在牛糞爐前。他的左手數着佛珠，右手搖着轉經筒，雙目微閉，口中喃喃。他的那張因高原風霜而佈滿皺紋的臉在牛糞爐前顯得十分虔誠和生動。

我沒有驚動他。悄然退去。離開那間屋子後，我在阿里高原清朗的月光下站了好長一段時間，我的旁邊就是那片巨大的"聖湖"，來自湖中的水氣摻和着夜空的氣息不時撲面而來。想起白天見到的那個不辭遼遠奔赴西藏拜佛的尼泊爾人，以及身居桑梓深夜還在作貫徹一生的祈禱的店主老漢，我深深地感到了人類心靈的苦難。

我在憂傷的少年時期，以及大學畢業後爲生存被迫做自己不喜歡的工作時，均有過强烈逃避現實、浪跡天涯的念頭，皆因時機不成熟而忍受了下來。那時，我唯有在只有我一個人常去的屋頂上遙望藍天下很遠的地方，這樣一直捱到了一九八八年，我終於開口對自己說："哥們，你必須換一種活法了。升斗小民、週而復始的活着僅是'存在'而已。這種最簡單的'過程'不會令你真正快活，更没有絲毫的創意⋯⋯"因此，我便於那一年離開了我的父母慣常的生活方式，去向遠方。

74. "神女"與"鬼湖"

海拔四千五百米 一九九四年八月十八日多雲、大風

十時，離久貢巴寺下的藏村。揹上行囊，向"聖湖"作最後一次回望，便繼續向普蘭前進。

途中皆爲低緩的山坡。前路在山坡下起伏的草地中間自由散漫地穿行而過。因昨日花十元錢享受了一夜"阿美利加"級的待遇，既免卻風雨野獸來襲，又有兩瓶熱水供我支配，故今日體力和興致大增，一路走得輕快。

十時三十分，有一座巨大的雪峰在我前方的山坡後初露崢嶸。繼續前進中那山峰便漸次升挺，待至看清她的"盧山真面目"，方知已走到喜瑪拉雅山脈五"神女峰"之一的第五高峰——納木那尼峰的下面。呆立峰前，尋思片刻，這才意識到，我已走出岡底斯山脈，開始進入地球表面上隆起得最高區域——喜瑪拉雅山脈了。

喜瑪拉雅的"神女"們真是落落大方、禮儀有加。在我剛造訪她們時，先就有她們的"五妹"在山門前給我一個驚喜。這"五妹"的個頭也不賴，海拔爲七千四六百九十四米。此刻

她正玉潔冰清笑容可掬地端立於我的前方。看得出，即使畢我一天的腳力也走不出她那熱情顧盼的視野。這又何妨！在這樣荒僻的地方孤身跋涉居然有"仙女"來伴，你還能要求比這更好的嗎？於是又平添一層喜出望外。

十一時，翻抵納木那尼峰前一個只能算作"小弟弟"級的山崗。此時，我心裏早就有準備的那個巨大的、令我一見到便怦然心跳的"鬼湖"便出現在了我的眼前。同"聖湖"一樣，"鬼湖"也如同一顆巨大的藍寶石靜臥在雪峰的下面，但所有的朝聖者都避免來到她的岸邊，甚至都不願提及她。

"鬼湖"真名叫蘭嘎措。如果說，瑪旁雍措是伴着"神山"崗仁波齊同爲世人矚目的話，那麼，蘭嘎措則是伴着"神女"納木那尼也佔據着地球一隅神奇地帶，只不過蘭嘎措的名聲不太好罷了。也許值得蘭嘎措慶幸的是，偏偏我不在乎這些，並且一向清楚：在現實生活中某事物的"名聲不好"，往往並不等於該事物的本身不好。蘭嘎措便是典型之例。這表明當地人在界定事物的習慣上慣常於運用"相對"和"二元"的方法。通常，他們習慣於善惡分明：有仙，就必有鬼；有給人洗滌罪孽的，就必有給人降災的。既然瑪旁雍措已被界定爲"聖湖"了，那麼蘭嘎措就應該理所當然地成爲"鬼湖"了。退一步說，即使蘭嘎措不成爲"鬼湖"，那麼別的甚麼湖也要成爲"鬼湖"。

蘭嘎措甚大，自然形成的公路就伸展在湖岸的旁邊。一路盡是大小不等的礫石，徒步其間，非常難走。以前有人告訴我，湖邊曾有過一座寺廟，但那座孤獨的寺廟一直未能進入我的視線。我有些懷疑它是否真的存在過。

我在這個被佛教徒遺棄而景色卻甚美麗的湖邊足足走了半天。我看見湖的中間有幾個小島。小島在湖面升騰起來的氤氳之氣籠罩中時隱時現。環顧湖邊，湖邊的淺水中長有翠綠的水草，錯落有致的湖岸曲線很美。平心而論，這裏的水光山色並不比"聖湖"遜色。以湖論湖，她也完全可以稱得上地球上不可多得之湖。只可惜她在"聖湖"出現的那一刻便受到了壓抑，從此注定了"門前冷落車馬稀"的厄運。

有趣的是，我一直未想到要刻意去喝一下"聖湖"中水，卻跑到"鬼湖"痛飲了一頓，並且還將水壺灌滿留待途中續用。

同我喝過的所有的湖水一樣，蘭嘎措的水質中也帶有一絲輕淡的泥土、水草和腥味，這恰好是水中有生命存在的佐證。事實上，蘭嘎措之水來自於喜瑪拉雅的"神女"處。蘭嘎措不僅在她寬闊的胸腹中孕育着生命，並且還是棲息在她四週的荒原生物的生命之泉。在我繞湖行進的半天中，先後看見兩群野驢專程從山上下到湖邊飲水。倒是因為發現了我這"人類中的一員"，它們才匆忙喝了幾口趕緊棄湖而去。

本世紀初，瑞典的斯文·赫定曾划一葉扁舟探測過瑪旁雍措，並差一點在湖中翻船賠了性命。不知這位鍥而不捨的探險家也來測過蘭嘎措、並也膽大妄為地喝過蘭嘎措的水否？如果他也曾來過，他是否也會善待蘭嘎措呢？我不得而知。

在今日途中的荒原上未見任何人跡和村莊。這在被叫做"鬼湖"的蘭嘎措邊上自然是可以想見的。二十時十五分，抵距久貢巴寺約八十餘華里的一處戈壁灘。灘上堆滿了大小不等的鵝卵石。從地上印痕看，這塊地方曾無數次經歷過大洪水的浸漫，但現在是乾燥的。今夜便選中這地方作棲身地。這地方還能望見那個巨大的同我已有一面之交的蘭嘎措湖。

我選中一處距納木那尼峰三百米遠處的低凹地支帳篷。這是基於防風、避開野獸的視線、以及防範雪崩的考慮。我在一九九四年夏季向新疆北部的伊犁哈薩克自治州挺進時，在翻越環境險惡的天山山脈中那令世人畏懼的果子溝途中，曾遭逢一系列巨大的雪崩。有一輛跑在我前面的中型客車被距該車一百米處雪峰上崩塌下來的幾百噸重的積雪活埋，車上的十七名漢族和哈薩克人僅三人死裏逃生。爲此，我選擇距納木那尼峰三百米遠的間距並非是沒有道理的。儘管在通常情況下" 神女"們總是可人的，但誰又沒有偶爾作錯事的時候呢？

今夜我宿營的地點明顯有曾經支過帳篷和多次用火的痕跡，而且有一堵塌剩一半的石牆明顯是人工壘起來用以擋風的。我知道這不外乎是浪跡天涯的西藏人、印度人、尼泊爾人、抑或一千多年前的唐玄奘西天取經時住過的地方。我支好帳篷，又順手搬來附近的石頭，將那堵倒塌的石牆補齊，想像着他們拖着疲憊之軀來到這裏後的情景。

我在鑽進帳篷前又最後瞥了一眼正在隱入暮色中的納木那尼峰及四週的荒原、不遠處的蘭嘎措湖。我感覺到我正處在一個巨大而凝重的時空點上。此時此地所面對的那種特有的感惑，絕非人類傳統的生息之地所能有。它使我愈加清晰地感悟到人生是渺小和短暫，而宇宙才是那樣遼闊和深邃。兩者是無法相提並論的。而正因爲兩者間的反差十分明顯，人類更應意識到生命得來的不易。唯其不易，我們更無須在生活中要麼就是浮躁，要麼就是矯情。我當即告訴自己：走出西藏、走完中國後，要對自己的餘生持平靜和遠觀的態度。就像在浪跡天涯途中一樣：環境是甚麼模樣，旅行就是甚麼心境。當你腳踩在地上時，不要忘了頭上還有一方更無垠的天空。生命的短暫和能力的有限決定了我們的認識是極其有限的，就像在我面前如此高不可及的納木那尼峰，在宇宙中左不過是個小土堆一樣。因此我們有必要十分珍視自己所有有價值的感覺。因爲唯有自己真正感覺過的事物才能最終悟識它。而多一次悟識，就等於多添了一盞引領你步入達觀人生之佳境的指路明燈。

75. 喜瑪拉雅山下，一個秀麗的村莊

海拔三千九百五十米　　一九九四年八月十九日
多雲、大風、雨

凌晨，即被凍醒。依稀聽到從荒原深處席捲過來的風中夾雜着的野獸此起彼伏的嚎叫聲，便下意識地摸了摸放在頭邊的匕首和照相機上的閃光燈。天亮尚早，蜷縮在睡袋裏繼續假寐。整個夜晚，我的耳朵始終像狗一樣地保持着高度警惕。我慶幸自己找見一塊鋪滿亂石的戈壁灘宿營簡直是聰明無比之舉。我天真地認爲只要聽見石頭的撞擊聲，便能及早查覺侵襲者的來臨。

十時十五分才鑽出帳篷。因爲我要抓緊天亮後的那段時間真正地熟睡一會兒，以恢復體力，同時也是在等待太陽將帳篷曬乾。

清晨的納木那尼峰在白霧繚繞中隱去了她的身姿。我忽而想起當地人管納木那尼爲"管珠寶的女峰"。不知道她爲誰而管，更不知道那些珠寶藏在這雪山上的甚麼地方。我又望了一眼納木那尼，禁不住笑了出來。因爲假定真有這回事的話，我也沒有必要知道得那麼清楚。即便知道了我也不會拿，拿了也帶不動。更何況，在這樣荒僻的地方再好的財寶對我也毫無實際的意義。相反，如果沒有帶足水和乾糧，即使家裏正開着世界上最大的飯店，也照樣渴死、餓死。

十一時，就着納木那尼雪峰上化下來的水用早餐——兩片壓縮乾糧、幾根四川榨菜。然後，繼續前進。

今日一直行進在起伏不平的山路上。神聖的喜瑪拉雅山比任何時候更清晰地橫亙在我的前方。她那堅挺偉岸的身姿有一種無法比擬的恢宏氣勢，像一塊巨大的磁鐵吸引着我奮勇向前。我能感覺到，這種吸引同時也是一股強悍的衝擊力，是地球上最大的山體對我的衝擊。反過來，也是我這個“人類中的一員”對她的衝擊。我認為，從某種意義上來看，這種互相的吸引和衝擊不存在“大”、“小”和“強”、“弱”之比。山，盡可以顯示其“黃雲萬里動風聲，白波九道流雪山”的氣勢。而人，則與之對應其“揮劍決浮雲，諸侯盡西來”的豪邁。山的魅力表現在外表，人的信念根植於內涵。兩者的和諧與統一是最高境界的大完美，是人類千百年來一貫崇尚的宇宙精神！

下午，在一座小石橋上遇見兩個徒步朝聖的尼泊爾中年男子。他們將拄棍和行囊置於一邊，正疲憊不堪地坐靠在橋欄邊喘息。因為語言不通，估計也交流不出甚麼內容來，便朝也在向我點頭的他們回以點頭後逕直而去。

十七時三十五分，走抵一個位於喜瑪拉雅山麓北側山腳下名叫都壩(譯音)的藏莊。該藏莊由前後左右相距不遠的八個村子組成，屬普蘭縣豆有(譯音)鄉管轄。這是我隔着一堵籬笆向正在不遠處的水渠邊洗頭的一位藏族姑娘打聽後才得知的。這姑娘毫不保留地向我介紹了她的家鄉後，還告訴我她曾在內地讀過書。天涯途中，雖然只是如此簡短的一問一答，但這位生長在喜瑪拉雅山下的藏族女兒特有的健美身姿和淳樸熱情的性格已深深地印在我的腦海中。這種感覺，在喧囂的都市不會如此強烈。

這個藏莊是我所見過的藏莊中比較大的一個。此時，明顯感覺到呼吸通暢了些，溫度也高了。我瞟了一眼海拔錶，指針已從先前的四千五百降至三千九百五〇米，這個藏莊中有很多縱橫交叉的溝渠將八個村子有機地聯繫了起來。從喜瑪拉雅山脈融化下來的水通過這些溝渠流經每一個村子，流水充沛而又清澈。村民們相對獨立的房舍都建在田壟的中間，從每一間房舍的門前窗後，都可以看得見高聳在藍天白雲下的喜瑪拉雅山。我從村子中走過時，不斷有藏族村民在他們勞作的田地中和打開的窗戶裏向我揮手致意。這些天涯盡頭的揮手頓使我熱淚盈眶，我知道我永遠走不出善良人們熱切的眼光。天涯有盡，愛無涯。

我没想到在這地球上最高大的山脈下隱藏着如此秀麗的村莊。我還發現都壩村除了普遍種有青稞、蕎麥和油菜外，還生長有不少柳樹。有資料說，札達縣是阿里地區唯一能見到樹的縣。我認爲此説不確切。

都壩距普蘭縣城還有五公里。十九時十分，在迷宮一樣的叢山峻嶺中繞了好幾個大圈後，我走到了西藏阿里地區同尼泊爾國接鄰的邊界重鎮普蘭縣城。普蘭是新藏公路的終點。但按照另一種普遍的説法，必須走抵拉薩附近，方能算走完新藏路的全程。我要求自己選擇後一種我認爲更嚴謹的走法，這符合我這個"完美主義者"的性格。

普蘭縣城的海拔又降低至三千七百米，差不多就是拉薩的海拔。有一條歸屬恒河水系的孔雀河將這個縣城分爲幾塊。我決定先放下已在身上壓了一天的行囊再作打算。

我在縣府招待所找到了住處。唯一的一位藏族女服務員不懂漢話，想必也不識漢字。從她的手勢中，我明白了住一天要十元。但爲了讓她"放心起見"，必須一次先交五十元。她始終未提看一下證件的事。在西藏不少地區，没有"證件"這個概念。

住處安排妥貼後，我決定當務之急是先要去美美地吃一頓熱飯菜。我知道我的體能已透支了很多。這個渴望了好些天的想法，在招待所對面的一家漢族小飯館得到了滿足。

自八月三日從獅泉河鎮出發，到走抵普蘭縣城共用了十七天。內中八個晚上住在房內，九個夜晚露宿荒野。萍蹤所至，天地相依，過的完全是隨遇而安的雲水生活。走遍西藏，既是我對西藏的全面走訪，也是西藏對我的智慧、身體和膽略等諸方面素質的全面考驗。這些年來，我常問自己："我是甚麼？"回答是："我是人。是人類中的一員。"那麼，走訪"世界第三極"、即西藏全境的嘗試也就是對人類自身極限和能力的挑戰。儘管人類並沒有"選拔"我來充當這個角色，但我一向認爲，人世上的許多有創意的事情無須等待選拔，可以自己選拔自己。

飽餐一頓後精氣大增。跨出店門，抓緊落日前的那段時間，便去大致熟悉一下這普蘭縣城。這是我每到一地的習慣作法。

很多年前，當我在地圖上查閱西藏時，就已多次注意到"普蘭"這個地名。當時，它給我的印象就已定格在"天哪，那地方多麼遙遠"的感覺上。我甚至不指望自己有可能到達這個地方。今天，當我漫步在這個縣城唯一的主街上時，多年前的那個"定格"絲毫未有"淡出"。一切猶如夢中。

這條主街長僅三百餘米。兩側分別排列着縣政府、武裝部、外賓館、武警支隊、縣招待所、邊防檢查站和學校。此外還有幾家小商店兼飯館和一些居民住宅。可謂"麻雀雖小，五臟俱全"。走到街的盡頭，便可望見喜瑪拉雅山的巨大雪峰高聳在該縣的南端。這座山脈分別將印度、尼泊爾國的北部和西藏普蘭隔離於南亞和東亞的盡頭，同時也將來自印度洋的炎熱和濕潤的海風留在了南亞。生活在世界各地的民眾大多很難在今生一睹喜瑪拉雅山的壯麗姿容，他們只是隱隱約約地想像着這個地區被一層神秘蒼涼的氛圍籠罩着。因此，也就不可能知道喜瑪拉雅山下的這個縣城。這也不稀罕，即便是中國人，不知道阿里的，也大有人在。

旋即又前往主街的北端。北端有一架鐵橋橫跨在孔雀河上接通對岸。眼見天已擦黑，便停在橋頭作遠望狀。橋頭有人前來指點：對岸除了闢出一小塊地方讓尼泊爾商人居住外，還有橋頭市場、"尼泊爾大廈"和"國際市場"。聽到那人一氣排列出這些既大氣、又頗具誘惑意味的名字，我忍不住會意地笑了出來。看來，以前道聽途説的一些傳聞還果真能在普蘭找到出處。

普蘭雖是個縣府所在地，但它的規模還遠不及內地的一個繁華鄉鎮。地處邊陲，少見便會好奇。沒等我在主街上走完一個來回，我這個天涯孤旅者便已成了這條街上一些人議論的目標。不久又有武警支隊的指導員陳茂春和幾個小戰士專程到招待所來訪問我。他們向我表達了欽佩和尊敬。

陳茂春同他的部下來自鄰近西藏的省份四川。在西藏戍邊的人中十有九成是四川人，這可能是基於蜀地多山，蜀人較能適應高原氣候和邊地自然環境的考慮。

陳茂春從軍校畢業，分配到普蘭已有不少年頭了，他對普蘭的一草一木相當熟悉。他告訴我，普蘭是喜瑪拉雅和岡底斯兩大山系之間相距最近的地方。中、印、尼三國邊界在這裏形成犬牙交錯之勢。

陳茂春他們於晚上十一時告辭。臨去前，請我在逗留普蘭期間每天都到他們的警營吃飯，並約定明日陪我去"橋的那邊"走走。

夜裏，我躺在床上很久未能入睡。想起那魂遺他鄉的外籍天涯客，禁不住有一種兔死狐悲的感覺。無獨有偶，原來，我已無意中走過這位不幸者在那個月黑天低之夜被奪命的地方！並且還像"沒事人"一般地也在蘭嘎措旁睡了一夜！顯而易見，這位不幸者的遭遇也極有可能同樣落在我的頭上。如此看來，走遍西藏不僅需要自身的素質，並且還需碰運氣。莫非我能走出那段來路，似乎還帶有僥倖的成份?!

對於死亡，我一向能持相當平靜的心境予以接受。這好歹是無論甚麼人在塵世上的既公平又必然的歸宿。只要不冤哉枉也地死在同類搬起的石頭下，就應該達觀地面對這種歸宿。我認為這種歸宿也可以理解為是一種回家：回到前世，回到來路，回到祖先的家園和父母長眠的地方。儘管我是個信奉"青山處處埋忠骨，何必馬革裹屍還"的生死觀和價值觀的人，然而，壯麗山河、茫茫宇宙，僅是我放逐心靈的天地；祖先故土，父母身旁，才是我安息魂魄的懷抱。一俟大限之日來臨的那一刻，我在塵世上的最後一句話，必定就是："爸、媽，孩兒好想你們，孩兒回家了！"

76. 邊陲重鎮普蘭

海拔三千七百米 一九九四年八月二十日多雲

在普蘭武警中隊的警營裏同官兵們一起用過早餐後，便在指導員陳茂春陪同下走過東風橋，參觀該地的邊貿市場。

普蘭，藏語意為"獨毛"。一九五九年以前稱為普蘭宗。一九六○年更名為普蘭縣。普蘭是祖國大西南的邊陲重鎮，同印度的北方邦和尼泊爾的久寸拉專區毗鄰，歷史上一直保持着邊民互市、互通有無的傳統。但那時的規模很小，真正使這個小鎮煥發出生機，還是本世紀八十年代以後的事。這個變化儘管比內地晚了三四年，但打開那面封閉帷幕的本身就是一個可喜的開端。經濟、文化的規律告訴人們，餘下來的事便會自行納入它應有的軌道，不必杞人憂天。

普蘭的邊貿市場分東風橋頭市場和唐嘎市場兩部份。唐嘎市場也被遠近的人們叫做"國際市場"。其實，東風橋頭市場也有點兒"國際"，而且很"中國"。我們先走訪橋頭市場，因爲一過橋便是。

橋頭市場分座店和在露天設攤的兩種。我觀察到尼泊爾人、康巴人、四川人和甘肅人多座店，而西藏仲巴、改則、革吉、措勤一帶的牧民則多爲臨時性的攤點。

走訪全中國多年，觀察過各地的經貿活動。在眾多印象中，有一點是很有趣的，在普蘭這個特定的邊貿小鎮尤爲典型，即：來自何地、何民族的人，一般來說，必定就是從事該地、該民族傳統的生意，所謂"各有各的套路，各打各的拳腳"。在激烈的競爭中，每一次、每一地的經貿活動，又無不受着地方性、民族性、季節性、傳統性等諸多因素的制約。因而，何人在何地從事何種經營，均要受到一定的約束。說白了，就是要遵循"井水不犯河水"的原則。這類原則少量的是成文的，多半是不成文的，你必須自己把握好。比如說，"大水沖倒了龍王廟"，固然不好，但問題還不致鬧大，"内部解決"而已；設若大水沖倒了羊毛收購點，那就有點不太妙了，經營羊毛的康巴人就會找上門來對你說："你的河水流到我的井裏來了。"

東風橋頭市場就沿着美麗湍急的孔雀河邊左右排開。我觀察到尼泊爾人都經營紅糖、印度香燭、首飾、布料和化妝品；四川人自然是開伴隨他們到天涯的"正宗川味"店，並從事掌鞋等各類修理；甘肅人批發並零售各類早已在內地淘汰了的低檔衣、鞋和小百貨；新疆人當然是出售自產的鮮瓜、乾果以及燒烤羊肉（羊肉就地取材）。康巴人則理所當然地壟斷了羊毛和皮張買賣，此外還經營酥油和奶酪，他們做大宗買賣；來自阿里北方諸縣的牧民則趕來了他們的牲畜，牲畜的背上又順帶馱着同時出售的鹽巴和毛皮。當然，還有一些來自各地如青海、湖南、溫州一帶的"散兵遊勇"，他們在西藏的適合做生意的季節"打一槍就換個地方"，他們的風格是"短、平、快"。

看到這些井然有序、各就各位的經營活動，我忍不住笑着想：如果哪一天，有尼泊爾人開起了"正宗川味"，四川人妄想壟斷毛皮生意，而康巴人又賣起了新疆哈密瓜來，這局面就有點滑稽了。然而，這種可能性幾乎等於零，因爲沒有人會違反犯經濟規律。誰都懂得：不熟悉的不做，不是自己的地盤不佔。

我同陳茂春在交易不怎麼繁忙的市場上且走且看，不時作一點筆錄，拍下幾張照片。街市上偶有尼泊爾人走過。我看到的尼泊爾人都很淳樸善良，從他們身邊經過時，他們都會主動讓道，面帶恭敬的笑容。他們的"兩極"分化也非常明顯，這可以從他們的服飾、氣質的迥然不同上看出來。不知爲甚麼，我很喜歡那些窮困的奔來跑去打雜的年輕的尼泊爾幫工，他們並不潦倒，長得也都十分清秀和精幹。他們在學習生活和經營，他們的老闆以前也是這樣走過來的。

那些尼泊爾老闆大多端坐在店舖櫃枱裏面的毛氈鋪就的坐榻上。他們倒也面容慈善、心境平和，這同店舖裏燃着的印度香燭的裊裊青煙，以及供奉着的釋迦牟尼像有關。

離開普蘭後，我就要進入真正意義上的無人區了。而普蘭是我離開獅泉河鎮之後第一個、也是最後一個可以補充旅行裝備的地方。然而，膠卷是萬不敢在這裏買的。儘管，我從新疆帶出來的膠卷已所剩無幾。我在一家甘肅人開的店舖裏證實了我的看法，那裏有據稱是日本廠家生產的富士牌一三五膠卷，我知道那不像是正牌貨。我發現我拿膠卷的手有點在抖，這似乎同孤身徒步走遍全中國的形象大相徑庭。其實，我是害怕我歷盡艱險從無人區帶出的那些珍貴照片會因這些小商人漫不經心出售的假貨而壞了我的大事！我的手抖了十分鐘後，終於將那些似乎在嘲笑我的膠卷放了回去。我決定寧缺毋濫。

我在買榨菜和電池時沒有猶豫，只是電池的質量也有些令人生疑。爲防不測，我只得將各種顏色(因爲沒有生產廠家和品牌)的電池各買幾個。我不想在無人區漆黑的夜晚有野獸來襲時，連那傢伙長成甚麼模樣也看不清楚！

我在獅泉河邊時，聽嘎珍告訴我，在無人區要涉過幾條沒有橋的洶湧大河，其中最寬的河面大約有六十米。我知道，我抵達那河時別無選擇，唯有強行泅渡。考慮到雖然我自身泅渡乃輕而易舉之事，但要讓我背囊裏的資料、相機、睡袋等物品滴水不沾，恐怕就不那麼容易了。爲此，我在一個甘肅人那裏買了一根長度在六十五米的繩索，希望用它的兩端固定在河的兩岸，然後拽着這根繩索，托着我背囊游過河去。

此外，我腳上的那雙鞋也在向我提“抗議”了。多年來，因爲每天都背負四十至五十斤重的行囊走上幾十公里，我的身高被壓矮了半公分，而腳卻走大了半公分。我原先四十一碼的腳差不多變成了四十二碼。又因爲長途行走的人必須要穿比正常情況下再大出一碼的鞋，因而我就必須穿四十三碼的鞋了。但在背負的重量已達到極限的情況下，再加上一雙備用鞋的重量無疑於沉船加鐵，即買即穿才是我首選的方式。而問題又出在四十三碼的鞋在沿途不一定都能買到。我體會頗深的是，鞋商進貨時一般只進到四十二碼。如今這小小的普蘭更沒有超出我的意料。

做事有韌性是我一貫的素質。終於，我從一甘肅人壓倉的貨堆裏翻出一雙四十三碼的膠鞋來。儘管那鞋底薄得同紙已相距不遠，顏色也是我最不喜歡的那種，但走出無人區就靠它了。它的價格倒也可以，才十三元。這是大陸七十年代末的價位，六十年代初的產品。

十三時，前往獅泉河海關設在普蘭的一個工作站，藏族副關長白瑪先生接待了我。白瑪先生昨夜執行任務時，繳獲了價值七萬元的走私貨。見到他時，他的臉上還堆着得意之色。他告訴我，這次查獲到的東西多爲日本產手錶。

近年來，隨着大陸對外開放的不斷深入，境內外的走私集團也沒有放過雪域高原這片人跡罕至、飛鳥難越的淨土。他們甚至認爲，西藏的二十多個週邊貿易口岸和諸多直達境外的山口通道，更有利於構築一條連接港、澳——廣州——成都——拉薩——樟木、普蘭——印度、尼泊爾的“黑色通道”，在“世界屋脊”上走私或有更便利的一面。

拉薩海關的統計顯示：一九九一年在西藏境內稽查到的走私黃金由一九九〇年的二千克猛增到四萬一千克。一九九二年上半年在日喀則、成都、樟木等地的收繳量爲二萬二千克。儘管查禁日甚一日，但這條以黃金鋪出的西天黑道上，走私販的身影從未消失。

最倒霉的就數那些不久前還在荒原上自由呼吸着的珍稀動物了。如果說，在盜竊寺廟文物的過程中，有少數當地人在利慾熏心下，不惜背叛祖先、褻瀆教義的話，那麼，在濫捕一些珍奇動物的罪惡中，個別祖輩以殺生爲戒的人，竟也將槍口對準了那些世代與之休戚與共的野生生靈。近年來，僅拉薩海關就在出境走私分子手中截獲：虎豹骨五千餘公斤，虎豹皮五百餘張，水獺皮一萬二千餘張，麝香六千餘克，藏羚羊皮三千餘張，以及藏羚羊絨四百多公斤⋯⋯

以上僅僅是已經被截獲的"冰山一角"，未被發現的，只有上天最清楚了！

傍晚，仍在警營用晚餐。回招待所記下一天的見聞後，便躺在床上聽收音機，有位藏族小姐在播音中説：北京召開的"第三次西藏工作座談會"的精神已傳遍了西藏。會議着重強調，全國要大力支援西藏；要強調統一，反對分裂。

77. 給自己放一天"假"

海拔三千七百米　一九九四年八月二十一日多雲

"文武之道，一張一弛"。若將其"活用"在長途旅行上，就是指，應該保持有緊、有鬆的靈活性。儘管前路迢迢，也要捨得勻出片刻時間進行休整，以便理一理思路，調節一下身體和神經。這樣做，完全是爲下一段的旅行做好準備，所謂"磨刀不誤砍柴功"。

"孤身徒步走遍中國"，説來容易做來難。明眼人一看便知，這無論如何都算得上是個艱險、漫長而又浩繁的系統工程。作爲一個有創意、有作爲的旅行家，就不能將自己的追求僅僅局限在一個"走"字上。如果僅是這樣，或能在培養自己意志、淨化自己心靈上起到一定作用，但對社會和人類的貢獻就會顯得蒼白和不足。能彌補這一不足的，就是將自己在浪跡天涯途中的那些獨特感受與人分享；將你觀察到的你認爲有價值、有必要告訴世人的那些事物寫出來。作爲一名旅行家，更應該是一個有思想、有責任心的人。這些年來，我不斷鞭策自己要朝這個方向努力。當然，我這些話並不針對大多數僅僅是即興旅遊的人。我甚至認為一般的旅遊者毋須那樣"嚴肅"，更不必肩負甚麼"責任"，否則太沉重。

今天便給自己放一天"假"，就在縣城那條主街上放任自流，隨遇而安。

對我而言，放假就是不主動去找"目標"。殊不知，其實我本人也是一個"目標"。據我所知，不少人都喜歡看美國西部片，喜歡獵奇地打聽從遙遠地方來的人的故事。前天黃昏時，當我突然"從天而降"在這個西部的荒原小鎮後，我在當地人的眼裏，也多少有點像個西部片中的某個人物。坦率的說，我倒是很喜歡人們看我時的那種眼神。我在繁華的大上海時沒人這樣看過我。我因此感覺到事情有了變化。我渴望變化。我受夠了那種一成不變、僵化我生命和創意的生活。自從我"落荒而逃"後，我才又重新找回了自我，找回了"我現在才是真正活着"的那種感覺。前不久，有位朋友在電話中告訴我，他快要從他服務了幾十年的單位退休了，他決心在剩下的時間裏熬到他"預定的級別"後方肯賦閒。我發現自己聽完之後有些不寒而慄，因為我想起他多年前就對我說過他不喜歡那份工作。我不知道他是否對自己的一生產生過質疑。

上午九時，信步至縣府大院拐角處時，有一位提着水桶去挑水的中年人停住了腳步。相視一笑，自報家門。原來他是普蘭縣的縣委書記，是來自貴州省的援藏幹部，名叫劉明。顯然，他已聽到有關我的傳聞。話不在多，幾句便行。這位普蘭縣的最高長官即刻就給我留下了能準確判斷事物、且又十分平易近人的印象。此外，他還具有非常儒雅的氣質，是個有文化觀念、通常我願意與之交談的那種人。於是，我就告訴他，我不完全是個笑傲江湖的牛仔以及其他等等。他聽後表示贊同，答應派一位縣委宣傳部的幹事給我介紹些普蘭的情況。

上午十時，幹事周文強便來招待所訪問我。我發現他對阿里的歷史和文化很有看法，介紹當地情況時總圍繞着這方面展開。這當然也合乎我的口味。周認爲，要瞭解藏族的起源和青藏高原古代人的活動情況，阿里地區是個重點；唐玄奘西行天竺時經過普蘭地區，因爲《大唐西域記》中曾提到類似瑪旁雍錯這樣的"聖湖"。

在未走阿里前，我曾自以爲是地將阿里地區廣袤的土地一概歸納在後藏範圍。周文強看了我早先寫的《征服"第三極"的最後進軍》的文章後，當面糾正了我的這一提法。我驚覺這是因自己對西藏的認識還不夠充分而造成的。我很慶幸在我剛進入阿里不久，便有人幫助我及時糾正了這一失誤。在人類活動中，有些失誤在某種場合下會顯得非常嚴重，甚至"難以饒恕"；這一失誤發生在一個聲稱要走遍西藏的人的身上又不及時糾正的話，尤其不能容忍。

周文強的父親是當年西藏的十八軍的一員，後就地轉業在西藏。周文強長大後在格爾木讀書，十八軍將士的後代多半在格爾木讀書。我沒有問周文強怎麼會分到阿里這麼個偏僻地區。我在走川藏路、青藏路時便知道，凡入籍在格爾木的漢族"老西藏"的後代多半被分往藏北或阿里這類西藏最艱苦的地區，只有少數有"門路"的例外。

周文強離去前給我留了一本《中國西藏地方的涉外問題》的書。通過這本書，我對十九世紀中葉英國殖民主義和沙皇俄國當時是怎樣看待中國的西藏有了一個清晰的輪廓：幾乎在同一個時候，已經"殖民"了印度的英國人和正欲穿過中亞向印度挺進的俄國人，都將注意力集中到了與世隔絕的西藏。此前和此後，他們便在現在被稱爲錫金、不丹和克什米爾的問題上

"作了些手腳"。當時的西藏地方政府只擁有一支人數很少的"中世紀式的軍隊"。他們顯然只能以很笨拙和愚蠢的方法抗拒入侵者。

現在，也就是公元一九九四年八月，在我走遍壯麗西藏的過程中，我深切感覺到，昔日那種困窘的局面不要再在西藏這塊如此聖潔的地方重演，委實很有必要。

走遍西藏，我個人深切認爲，以西藏的歷史沉澱和現狀來看，不獨本世紀五十年代時的西藏要改革，而人類社會正在一日千里的現在更有必要改革。我覺得，時下有些人認爲"改革會毀滅該地的文化和傳統"的看法值得商榷。我認爲這是一種表面上在維護傳統、實則犧牲進步、忽略人民福祉的觀點。改革並不等於洪水猛獸，大可不必恐慌。真正意義上的改革並不意味着要毀滅文化、宗教和環境。相反，只要方法得法、措施有力，反而能使這些方面更有效地得到保護和提升。

我在阿里無人區的邊緣看到已有少數牧民用上了高壓鍋，我由衷地感到高興。我希望整個西藏的每一個偏僻角落的民衆都能用上高壓鍋、管道煤氣、衛星傳播的電視……

我在西藏還看到不少寺廟自己就在出售灌有經文的錄音磁帶，僧侶們手上戴着手錶，出門也坐進口車，我沒有絲毫的不解，我認爲這很好嘛！

我看到内蒙古的不少牧民，放牧時都普遍開起摩托車來了，而他們仍是典型的蒙族人；我能預料如果哪一天藏族牧民也都普遍開起摩托車來了，他們也仍會是典型的藏族人。

78. 滴水之恩

海拔三千七百米　一九九四年八月二十二日多雲、雨十一時，去普蘭縣城郵局蓋郵戳，將自離獅泉河鎮以來的十七天的旅行筆記悉數寄回家去。獅鎮距普蘭差不多有四百五十公里，四百五十公里的間距中沒有一個郵局，這個情況在全世界凡是有人類生存的地區也難見一二。此地的郵車每星期來一次，凡是發往外省和國外的郵件只有轉到拉薩後才能" 快 "起來。

　　從一九八八年七月開始浪跡天涯後，我每天都堅持做筆記，內容是當天的見聞、感想和所遇之事。再好的人腦畢竟不是電腦。這樣做，便利我今後寫回憶錄和遊記，同時也是給走遍中國留下一個詳盡的書面印證。我的筆記必須具備以下幾點：

　　一、年、月、日；

　　二、天氣狀況；

　　三、當天投宿地點的詳盡地址或單位名稱，請准予投宿的單位負責人或個人簽上能起到證明作用的名字或蓋章；

　　四、住宿地點的海拔高度；

　　五、當天行進的里程 + 截止到昨日的總里程 = 最新總里程；

　　六、簽上自己的姓名。

　　除了遇不上郵局的那些天以外，我的筆記都以寄平常信的方式寄回家去。如果連續幾天都住在同一地點，那麼這幾天的筆記就放在同一隻信封內。如果每天都在前進，那麼每天的筆記就分裝在各自的信封裏。這些裝筆記的信又盡可能在所經過的每一個郵局內寄出。這樣做是基於四方面的考慮：

　　一、及時寄出，可以減輕我的負重；

　　二、防止被盜竊或被劫殺時遺失；

　　三、這是與家中不斷保持聯絡的一條途徑；

四、從集郵角度來看，我所寄的每一封信都是"實寄封"。日積月累，我的這套發於不同地點、蓋着不同郵戳的"實寄封"，不僅可以成為我走遍中國的一個重要佐證，同時也是一套別開生面的、很完備的中國集郵史上的珍貴郵品。

我在"走訪全中國"的第一天，便在所經過的第一個郵局蓋上了該地的郵戳。在此後的七年多時間中，在沿途所經過的市、縣、鎮、鄉(村)的郵局、郵電支局和郵電所裏我都蓋上了郵戳。截止到目前的這一千餘枚郵戳，均無一例外地蓋在一套統一編號的本子上。通常，我每次都蓋兩枚，一枚蓋在空白紙上，一枚蓋在貼在本子上的郵票的左下角。

我的這些每到一地都必蓋的郵戳也叫"實蓋戳"。同"實寄封"一樣，它既是檢察我是否走遍中國的有力證據，又或將在中國的集郵(戳)史上佔有它特殊的地位。

昨天，我向白瑪關長要了幾隻印有"獅泉河海關"字樣的信封。這種落款處有當地單位名稱、又從當地寄出的"實寄封"，較之一般的"實寄封"更具收藏價值。類似這樣的"實寄封"我給四川成都二十中學的魏世雄老師寄出過不少。

提到魏老師，他同我的緣份可謂不淺。一九九一年春，我為首次進西藏在成都作短暫停留，因成都二十中學德育處的邀請，我給該校全體師生作了一場演講。不久，我就從位於成都青羊宮附近的川藏路零公里碑處出發，開始向西藏全境挺進。當時，我身上所剩的"經費"已不足八百元人民幣。誰都明白，這八百元錢無論如何是走不了西藏的。但我沒有任何別的來源和援助，我唯有咬緊牙關義無反顧地繼續前進。

五月中旬，我於極其艱險中一舉翻越"天塹"二郎山脈以及"世界高城"理塘，挺進至四川同西藏交界的金沙江畔剛地震不久的巴塘縣。此時，我的身上只剩下二十餘元，我已到了山窮水盡難以爲繼的地步。

在後來的幾天中，我都是在半飢餓的窘境中度過的。我每天跑去波濤洶湧的金沙江畔，心潮逐浪翻滾，我真正感受到了一個不願虛度年華、夢想成就一番事業的醒世男兒的艱難！我更清楚，一旦跨過金沙江大橋，進入西藏腹地的崇山峻嶺之後，我同外界的聯絡就隔斷了。

但我並沒有絕望，我企盼着我的心聲能越過關山，傳送到千里以外的我的親友們那裏，我的耳際旁反復回蕩起兒時在海邊溫暖的家園裏，我姐姐帶着我吟誦的那首："巴水急如箭，巴船去若飛。一日三千里，郎行幾歲歸"的令人愁腸百結、但又時刻激勵着天涯孤旅的古詩。

蒼天有眼，奇蹟出現了！正當我的身上還剩下最後幾個硬幣的時候，我的一位寧夏的詩人朋友、一個標準的一文不名的"窮人"，一路哀告沿途的司機，硬是輾轉三千餘里奇蹟般地趕到了我的身邊，並給我捎來了成都市二十中學的師生在我走後，自發地湊給我的一千二百元人民幣。記得那天，我很久説不出一句話來，我的眼眶裏噙滿了淚水⋯⋯

此外，這位友人還給我帶來了一封在成都二十中學任教的一位老師的信。這位老師在信中請求我，在"走中國"的餘下的征程中，在今後每逢蓋郵戳和發信時，同樣也給他捎帶上一份郵戳和實寄封。

這個要求在當時確實使我有點爲難。事實上等於又增添出了不少麻煩於我有限的精力中。我瞭解自己的爲人，清楚自己一旦接手，就會堅持到底，決不會虎頭蛇尾的。爲此，如果當時我就婉拒此事，也是理所當然的。

然而，我沒有這樣做。滴水之恩，必當湧泉相報。我自小就是個懂得知恩圖報的人。以這位老師而言，儘管我甚至都沒有同他交談過，但他是成都二十中學的老師這就夠了。該校的師生在我臨近西藏腹地、糧盡彈絕、異常困窘的關鍵時刻，及時送來了他們自發捐助我的一千二百元，這是何等樣的深情厚義！這筆錢在此後的艱險卓絕的三千里川藏路的征程中，起到了舉足輕重的作用。

愛屋及烏。我將這份感激之情當即就落實在這位名叫魏世雄的老師身上。從一九九一年到現在的三年多中，不僅每次我蓋郵戳和實寄封時，均無一遺漏地替他捎帶上，並且我們現在還發展成了莫逆之交。我在普蘭郵局發信時已能感覺到：一旦這位很執著的集郵家收到我這次從普蘭寄出的信封落款處有西藏"獅泉河海關"字樣的實寄封，定會倍加珍視。坦率地説，在中國，在全世界，幾乎不再有人會獲此殊榮，不斷收到一個徒步走遍中國的旅行家，日復一日、年復一年地從西藏、從全中國各地親自寄給他的"實寄封"了。這大概就是"好有好報"吧！

在普蘭郵局我未等到金玉給我的來信。金玉是兩個月前我走新疆北部時，在米泉縣郵局邂逅的一位生長在天山山脈博格達山峰下的漢家姑娘。百多年前，她的祖先從黃河中游跨出玉門關，越過茫茫瀚海，在天山腳下開拓出新的家園。輪到她的父親這一代時，他們就被叫成"老新疆"了。

金玉那天湊巧也去郵局發信，並認出我是她不久前看過的一篇文章的作者。在那篇文章中，我提到了翻越高黎貢山、走訪獨龍族時的遇險經歷。

金玉將我送出縣城，在到達"二一六國道"時很想同我合個影，我用我的相機滿足了這一要求。那天，我繼續向北疆那片戈壁灘的腹地走出很長一段路後，仍能瞥見這位生長在天山山脈博格達山峰下的漢家女兒在向我揮動着她那條白色的頭巾。

　十五天後，我完成了前方的走訪目標，返回烏魯木齊的第三天，金玉在她姐姐的陪同下到我下榻的賓館來取照片。那天她着一襲雪白的連衣裙，她的身上透發着她那莊戶女兒特有的氣質。

　在烏市停留的幾天中，金玉每天都來看望我。她那時在一個私營手套廠打工，工資甚低。她的慈母已在前些年過世了，她的父親仍日出而作、日落而息地耕耘着那個已消失在虛空中的人兒曾同他一起勞作過的那片土地。

　離開烏市後，我再次由新疆向西藏進發。此行前路漫漫、水遠山長，一切難以預料。行前，我從金玉的眼神中感覺到，她的眼光已超越了青藏高原，一直追隨並推動着我到更遙遠的地方。然而，現在我卻沒有收到她預定要給我的信。儘管，在西藏沒有收到某封信根本不能算回事，但我還是難免要心存懸想，難免還希望有人記住我這個浪跡天涯的吉普賽人。這些年來，我的腦際經常會生發出一種我自己也不知所云的感覺，我覺得自己好像不是這個時代和這個社會中的人。我不知道自己的精神家園應該在宇宙間的甚麼地方。

　離開郵局前，縣委書記劉明派人來叫我急速前去，原來他代我掛通了我家裏的電話。我沒料到在這樣冷僻的地方還能接通長途，可惜話沒說幾句線路就中斷了。

　劉明先生屋裏唯一的照片，是放在辦公桌上他同妻兒的照片。他援藏的期限定爲十年，而目前才來了兩年半。我能理解到，他還必須面對的這段漫長而又艱苦的歷程，對他正值四十四歲的年齡來說將意味着甚麼。我曾問過他習慣否，他未置可否。但他承認，主要是人的心理和觀念的差異太大。我從很多方面也感覺到，作爲一名漢族援藏幹部，要在這裏起到多大的作用恐怕有一定的難度，但或能在工作方法和制度的建設上給當地一些幫助。

告辭前，劉明送給我一隻藏族小木碗、一疊阿里地區的風光明信片。我會永遠記住這些在天涯盡頭善待過我的援藏幹部。他們的生活和工作十分不易，在內地成萬上億愈來愈浮躁和急功近利的人中，真正很理解他們的人十分有限。其實，在他們援助西藏的同時，他們自己也需要援助。

79．唐嘎市場

海拔三千七百米　一九九四年八月二十三日多云、大雨

清晨，端一隻臉盆，到招待所後面的孔雀河邊洗去所有的髒衣服。河邊已有不少先我而去的藏族和尼泊爾婦女。她們從見到我的那一刻起便拿我互相打趣，我猜想她們免不了要議論男人洗衣"真好玩"。

上午九時，不再找人陪同，恢復單槍匹馬、信馬由韁的走訪本色。從一木橋過到孔雀河西岸，玩賞片刻後，又從一鐵橋過到孔雀河北岸。北岸的山坡上有一群片石壘牆、篷布蓋頂的簡易房屋，這就是普蘭的唐嘎市場。唐嘎的漢語意思是"大平坎"，但人們情願將它叫做普蘭國際市場。

這個也許是世界上最小最簡陋的國際市場總共有六七排低矮的房屋，每排也就是十來間房舍，全是清一色的尼泊爾商人在此聚集經商。這些尼商店舖的內外格局都大同小異，經營的商品也大體是些布匹、糖果、毛線、咖啡、化妝品、香料、首飾、炊具等。這些貨品大多產自尼泊爾和印度，也有少量的日本和美國貨。除了店舖以外，有幾間房屋被闢成茶室、桌球房和客棧。

太陽已爬過喜瑪拉雅東麓的那片群巒，此時正高懸在普蘭的上空。在白熾的陽光和強烈紫外線的映照下，這個孤獨的市場愈顯冷清，我只看見一個來盤貨的康巴漢子和一個去山下汲水的尼泊爾女人掀開了某個門簾。因爲此地的經營方式主要是批發，因此就很少零售點的那種熱鬧。

　　在門簾內洋溢着溫暖氣息的毡墊上，必定坐着守望着客商、而心境又十分平和的尼泊爾店主。店主多爲壯年男女或年輕美麗的尼泊爾姑娘。有位長得極美、簡直是“上帝的傑作”的尼泊爾姑娘令我開了眼界。剛進到她屋時便感覺到，印度和尼泊爾電影中的那些正在接受“城市文明洗禮”的村姑小姐也不過如此。坐在那麽近的地方，看着杏眼顧盼、鼻飾燦燦的異國姑娘端坐在繚繞着印度薰香的屋子裏，彷彿置身於仙境。

　　雖然語言不通，然人類傳遞友誼及好感的表情是永遠相通的。拿出相機，比劃了一下她和我，又指指三角架，這尼泊爾美女笑着挪了一下身子，在身體左側騰出個空位來以便我能同她合個影。

　　市場一側的兩間石砌的房子裏，是檢疫局的一個執行點。他們在這裏檢疫牲畜，每隻羊收費二元，而牛、馬、騾則五元。輪到今年外出蹲點的是李文全和次仁桑珠。他們告訴我，普蘭邊貿建立以來，每年的六至十一月，到普蘭做生意的客商幾近四千人次，成交額達一千餘萬元。每年的十一月以後至六月之前，大雪封山、人去房空，“大平壩”上一片靜寂。

　　尼泊爾人也要在普蘭工商局領取執照並繳納稅金，普蘭縣因此每年增加二十餘萬元的財政收入。這些來自“佛國”的人民能遵守中國的法規，他們做生意的方式一般是以貨易貨，而大宗的買賣則集中在收購阿里的羊毛(絨)上。

　　水質冷澀、牧草稀疏、荒僻苦寒的阿里高原也有得天獨厚的一面，自古出產優質的羊毛和山羊絨。由於本地缺乏加工基礎，且又運輸不便，這就使得鄰近的一些國家"有機可乘"。行銷世界、爲人稱道的名貴"開司米"多半來自克什米爾，而克什米爾用以加工的原料多半來自阿里產的山羊絨。近年來，尼泊爾人也積極跟進，從阿里進口大量的羊毛，加工後再轉手。尼商的進口渠道中，合法的是通過阿里外貿公司；不太合法、或乾脆不合法的是與一些康巴商人的交易，康巴商人以高出一些國家價刺激交售，然後秘密將羊毛(絨)從尼泊爾商人那裏換回麝香、虎骨、珍貴皮張和黃金。

在返回縣城的山路上，同我迎面而過的有一些衣飾華麗的尼泊爾婦女、肩上馱着羊毛的尼泊爾幫工、一無所有的尼泊爾乞丐以及趕着牦牛隊的康巴漢子，他們走過時都同我友善和會意地笑笑，使我由衷感觸到，人類相親、心智平逸，才是人類大家庭應該有的本色。

返回縣城時，我又去參觀了位於橋頭市場不遠處山腰上的"尼泊爾大廈"，這個去處是我第一次去拉薩時聽一位香港朋友說的。我當然知道這是一種調侃式的戲稱，我還在一些香港友人帶的一本香港出品的"旅遊指南"上看到過這座"大廈"的照片。

這座飄揚着經幡、高達幾十米的"大廈"，其實就是面山而鑿、排列整齊、有二百餘眼窰洞的一座陡崖。那些窰洞的年代已非常久遠。有些窰洞內至今還供奉着各種泥塑木雕，但大多數洞內都住着那些到普蘭行腳經商、朝山拜佛或靠乞討度日的尼泊爾人，"尼泊爾大廈"因此得名。

在阿里的民間傳說中，洛桑王子的五百名妃子(有說是二千五百名)曾在孔雀河邊的某座王宮裏住過。有人說，現在的"尼泊爾大廈"就是王妃們住過的古宮，也有人說不是。我在這座"大廈"前想像了很長時間，總覺得這些西藏的古代王妃們若是真住在這樣的"王宮"裏，比之漢、唐之時內地的王妃們豈不是更"慘"？

回到縣城大街，我又走訪了普蘭外賓賓館。這幾日天天都能看到一些朝山拜神的印度香客在這個賓館作短暫停留，運送他們的大巴每天來回一次。從外表看，印度人似乎比尼泊爾人有錢，氣態也軒昂些。這大概就是孔雀河邊沒有"印度大廈"的緣故。據說，六十年代以前，普蘭邊貿中的大宗買賣都是印度人來執牛耳的，而尼泊爾人多受僱於印度人。六十年代以後，由於邊境衝突，印度人自然不來了。

想到普蘭縣政府去走一走，但見得裏面空空蕩蕩。原來，今年，特別是這幾日普蘭的雨水最多，"縣直"單位的官員們都搶修水渠去了，這使我這個"袖手旁觀"的"吉普賽人"有些不好意思，於是便打道回府。

晚上，武警普蘭中隊指導員陳茂春、副中隊長次仁平措和縣委宣傳幹事周文強買了啤酒來爲我餞行，再三囑咐我，過無人區時千萬多加小心。武警中隊贊助了我十二包壓縮乾糧，這個數字是基於我能夠走出無人區，同時又揹得動而考慮的。

至此，我覺得可以離開普蘭、繼續前走了。

80．今日無話

海拔四千五百五十米　一九九四年八月二十四日陰、雷雨

因爲普蘭是個"死角"，必須返回巴噶區才能繼續"走出阿里"的征程。根據不成文的規定：徒步旅行"返程"時，毋須再重走一遍來路，可以搭車沿來路返回。而今天正是採取這個辦法離開普蘭返回巴噶的。因此，今日"無話可説。"

81. 陷入沼澤

海拔四千五百五十米　一九九四年八月二十五日陰、雷雨

清晨，在微雨中敲開巴噶區藏族服務員曲珍家的門，要到半瓶溫開水泡方便麵吃。此後，便冒雨向阿里境內最後一個區府所在地霍爾前進。

今天自始至終在陰雨中的大草甸子上跋涉。天上，不時來幾聲驚雷，不斷打破我走路時常陷入其中的冥思狀態。這種獨特的、在浪跡天涯途中排遣我孤獨、使我產生無限遐思的狀態也常被一些湍急的河流打斷——今日有四條均被我一一涉過。在涉其中的一條至河中心時，一輛急馳而來的康巴漢子開的收羊毛的貨車當即停在了河邊，並且還特地熄了火，一直等我一步一步涉過那冰涼而又湍急的河水，安全上到對岸後，該車才重新發動。為此，我在拖着腰以下濕漉漉的身子，抖擻着前進在寒風中時，仍能感覺到湧上心頭的陣陣溫暖。

下午，已能遙望見霍爾區的房舍時，我拋棄了原先一直在走着的那條繞出一個很大弧形的戈壁之路，改從右側的一片草甸子中向霍爾直線前進。但事實證明，我被眼前的這片非同一般的草甸子迷惑住了。為此，我付出了沉重的代價。

初看起來，這片草甸子的外圍還都是平整的草場，走在其上，腳感綿軟。再往裏走，就出現了一個一個的草墩。要想通過，就必須從一個草墩跳到另一個草墩，因為草墩的中間都是一個個水塘。早知會這樣費勁地前進，不如就在原先的那條戈壁路上老老實實地繞大圈子了，但又不甘心再退回去。

不輕易放棄，是我性格的重要"成份"，心存僥倖又牽引我仍往前走。但此時前方已沒有了草墩，而是成片的水塘了。

突然，腳底一滑，我跌進了我站立的那個草墩一側的水塘裏。

完全出乎我的預料，那表面上長着稀疏水草的平靜水面，原來竟潛伏着巨大危險——下面是深淺莫測的沼澤坑！

值得慶幸的是，我跌進的那個沼澤坑還不算太深，陷到腰部時就停了下來。我的背囊也幫了我一個大忙，它穩穩地擱在一些浮在水面的草葉上，阻止了我身體的下沉。我死命地抓住草墩邊的一些草根，並設去轉過身來，以便將自己的身體上移到草墩的上面。但我沒有成功，反而又滑到草墩另一側的沼澤坑裏。

這洼淤泥面積甚大，陷在其中，就像一塊小石頭在一大鍋芝麻糊裏慢慢下沉。此時，我的腦海裏急速閃過前蘇聯影片《這裏的黎明靜悄悄》裏那位女兵陷入沼澤、最後慢慢滅頂時的悲壯情景……

這次不是陷到腰部，而是陷到齊胸深了，但我的手指又牢牢地摳住了草墩旁的泥土。在穩定了驚魂、積蓄了些體力之後，我成功地爬上了那個草墩，並穩穩地坐在了上面。此時，我已完全成了個"泥人"，我的身上散發着千萬年來，千萬次草葉、根莖死亡、腐爛，不斷變成淤泥後所特有的惡臭，我被這種惡臭薰得直噁心。

這片意欲葬我於泥淵的沼澤，在恢復平靜後不斷噴吐着氣泡，我觀察到前方的貌似平靜的水面上也都有類似的氣泡，我知道前面必有更大的沼澤坑。我意識到，這個"偷雞不成蝕把米"的遊戲該結束了！若再不及時從原路退出，則永遠也不會有人知道曾經有一個破天荒走遍中國的旅行家，無聲無息地消失在西藏的一片沼澤地中！

沮喪萬分，拖着一身惡臭、幾近虛脫的身子，終於返回到戈壁之路後，趕緊跳進一條溪流，洗去身上那些漆黑的淤泥。

此時，我對自己説："虧你已走了這麼多年了，難道還沒有悟出，天下決沒有無故放棄近路，而偏要去繞個大圈子的道理?!"

十六時十分，身上仍飄拂着些許臭氣的余純順走抵普蘭縣霍爾區。這個區府所在地的行政村，就靠在"聖湖"瑪旁雍措的東北岸邊，是個有綠草、藍湖和青山組成動人畫面的美麗之鄉。這裏的一切都曾經熟悉又嘆為觀止，那湛藍的湖水連天接地；那湖岸上的牛兒、羊兒、馬兒或聚或散；那黑色的、白色的牧人的帳篷星星點點；有一隊"轉湖"的藏傳佛教徒們由近及遠、面湖俯首……這是我在夢裏、夢外都見到過的地方。"聖湖"以外，恐難再有。

霍爾也有個簡易招待所，由一對生有兩個女兒的藏族夫婦照管。當我問，何以巴噶的招待所只收十二元，而霍爾卻要二十元時，那主婦説，這裏距普蘭遠，因此東西要貴些。這當然是"一家之説"，但我管不了這麼多了，我身上很臭，不能被她發現的。我得溜進屋去，趕緊再抹上點香皂，徹底洗一洗。

離開霍爾，便是真正的阿里無人區了。為了保持體力，我想再帶上些熟羊肉。但這位主婦告訴我，現在買不到羊肉，她家只剩下一點夠自己吃的。

初聽此話，有點納悶，這生長羊兒的地方居然難買羊肉。轉而再想，方覺有理，因為此時正值冬宰前牲畜最長膘的季節。

聽説"這個奇怪的傢伙"不是前來"轉湖"，而是要從阿里地區的最後一站穿越五百里無人區，走到後藏去，這對夫婦目瞪口呆了好半天。不久，就有不少藏民圍攏到我住處的房門前，有對我模仿"人熊"和野狼狀，假裝嚇唬我的；有對我比劃高山、大河狀，斷言我過不去的；也有摸着肚皮作飢餓狀，再將身體朝後一仰連説"劈叉、劈叉"(藏語通意爲"死了、死了")的,一時間,我的門前熱鬧非凡。

我喜歡他們的這種藏族人所特有的真誠、風趣且略帶一點天真的想法和表情,但我仍然毫不懷疑自己的能力,我的走遍西藏的信念決不動搖。

"聖湖"邊的那些白色帳篷,是康巴人收羊毛臨時設的點,有不少牧民樂意將羊毛往白色帳篷送。我住的那院子裏也有阿里地區物資公司設的一個收購點,也有些牧民願意將羊毛送到這個收購點,而這裏採取先記數,後付款的辦法。這些牧民從遠離縣、區的放牧點,趕着牦牛跋山涉水而來。

晚上,我在霍爾區又補充了一點食物,將進入無人區可能會遇到的各類情況再反復考慮一遍,便像往常一樣平心靜氣地睡下。

82. 走入阿里無人區

海拔四千七百米　一九九四年八月二十六日陰、雨

我不知道,我是否屬於"吉人自有天相"的那種人。今天上午,也就是公元一九九四年八月二十六日八時,當我真正開始走上阿里無人區的艱險之旅,正走在即將望不見霍爾區的最後一面山坡時,有幾個或騎馬、或走路的藏族牧民,同他們的一群牦牛離開了"聖湖",從霍爾區的另一側向着我這個方向走來,這一動靜使我頓生警覺。

我看見那些牦牛的背上都馱着東西,沒有一點像是要在附近放牧的跡象。"莫非他們也前往無人區,並有可能和我同路?"我的頭腦中迅即閃過這樣的推測,遂決定等他們走近。

這支浩浩蕩蕩的牦牛隊由大約五十頭牛、兩條狗、兩匹馬

和五個藏族牧民組成，帶頭的是一位名叫歐珠的青年漢子。他是霍爾區公珠鄉的鄉長，幸虧五個人中還有他稍通些漢語。此外，我還看見他揹着一桿半自動步槍。

歐珠告訴我，他同另幾戶牧民在距離此地四百里以外的一個名叫"大腳克脖"（譯音）的夏季牧場遊牧。他們的帳篷就搭在雅魯藏布江源頭附近的一個山坳裏。他們於八天前趕着牦牛、馱着今夏剪下的羊毛到此地賣掉，現在正馱着糧食、鹽巴和各種日用品返回他們的放牧點。

歐珠瞭解了我的情況後告訴我，他們放牧的地方雖然偏開我要經過的無人區有不少距離，然大方向還是一致的。他建議我，因爲途中十分危險，不如先隨同他們一起走到他們的放牧地，然後再從一條岔路折上前往後藏的路。他說，這樣至少可以減去七天一個人在無人區走路的危險。我意識到：奇蹟出現了，而且就在我進入無人區的最後一刻！

一直在邊上攏住牛群，聽着我同歐珠說話的那兩位藏族小伙，見到我笑着向歐珠點頭後，馬上就牽來一頭黑白相間的花牦牛，將我的背囊捆在那花牦牛的背上，隨後，只聽見一聲唿哨，牦牛隊前進了。

這真是始料未及的事。原本注定我孑然一身走過的這無人區中四百餘里最艱險的一段，現在竟有突然冒出的當地人和我同路，這莫非真是仁慈的上蒼派來幫助我的人馬？此刻，我又一次感悟到，做一個善良的人是多麼美好！

整個上午，一直行進在絕無人跡的山溝中，從一個山溝拐進另一個山溝。牦牛隊走的都不是通常意義的路，而是在群山遍巒中自行"開"出的他們認爲最簡捷的路線。因此，牦牛隊一會兒翻山越嶺，一會兒下到溝底。我知道，這根本不是我通常能接受的走法，因爲，我如何能知道，從某座山崗的後面能下到某條很通暢的溝谷。然而，他們的確走的是一條最準確、最便捷的路。他們是無人區真正的主人。

牦牛是地球上的"高原之舟"，"世界第三極"是它們世代的家園。它們吃苦耐寒、任勞任怨；翻山越嶺、如履平地。如果沒有在高原山地長距離徒步行走的基礎，就很難跟上它們那永不知疲乏的步伐。在這方面，我不存在問題。況且背囊已由牦牛們代勞，我更是身輕如燕，經常走在整個隊伍的前列。

牦牛隊中的兩匹馬由歐珠和另一個小伙子騎着，他們中的另外三個人就騎在牦牛背上。他們見我跟着一大群牦牛前進竟然還腳不離地，便一再示意："何不將你那高貴的屁股移到牛背上去？"對此，我總是微笑着予以謝絕。這有點出乎他們的意料。

他們在交售一年以來的羊毛時也給自己留下一部份。我看到他們即便坐在馬背和牛背上也在搓着羊毛線。起先，我只看見他們的右手都拿着一根木製的繞棒，隨着繞棒的旋轉，那根不知來自何處的羊毛線就越繞越長。後來，我特地近前細看，才發現他們左袖子裏塞着用以不斷加添的羊毛。這顯然是一種最原始的織線法。他們的這種手工產品大概可以叫做"生毛線"。他們的身上就穿着用這種毛線織成的毛衣。我猜想這種毛衣一定很重，並且還有羊兒們身上的那種氣味。

牦牛中也不乏一些調皮搗亂、不守紀律者，它們經常互相頂角鬥毆、還故意離群出走。每遇此時，歐珠他們就會在嘴唇間發出一聲尖厲的嗯哨。這種警告非常管用，"作賊心虛"的肇事者們聞聲便改。

那兩隻牧羊犬總是在牦牛隊四週來回跑動，一邊警惕地觀察着四野，一邊替主人監視着牦牛以及有可能掉下來的貨物。這兩隻碩大無比的牧羊犬在我初加入牦牛隊時，曾用一種疑惑的眼光看過我。後來，見到我在行進中也幫着吆喝牦牛和撿拾丟落於地的東西，便鬆弛了臉龐上原先一直繃緊的肌肉。

十六時二十分，牦牛隊來到喜瑪拉雅和岡底斯山中間的一個不知名的山溝，溝中間有一塊很大的草原平壩，平壩的四週有水流過。歐珠他們就像回到熟悉的家園一樣翻身下馬，牦牛們、狗們也都停住了腳步，並且還似乎發出一陣歡快的聲響，只有我一個人在"第一時間"裏還蒙在鼓裏。問過歐珠才知，原來我們要在這裏搭帳過夜。這就意味着我今日的行程也到此結束。但在我看來，此時宿營未免太早了點。問題在於，既然牦牛隊決定了，就應該尊重人家。再說，正如俗話說的："羅馬城不是一天就蓋起來的。"我這段路就跟着他們分日、分段地走吧！

"入鄉隨俗"是我浪跡天涯中恪守的經驗之一。在歐珠他們卸去馬鞍，放馬吃草時，我就幫着牽住馬韁；在他們卸下牦牛駄時，我則幫着鬆開繩索。此後，又同他們一起搭帳篷。歐珠說，他們有兩頂帳篷，我可以隨便住哪頂，我的那頂單人帳篷就不必再搭了。

搭好帳篷後，小伙子們就提了根繩子去附近的山坡上撿柴禾。我見狀，也提了根繩子緊隨其後。所謂的柴禾，就是一種長在山坡上的灌木枯死部份。偶而，還有可能遇到乾牦牛糞。我竊以爲，乾牦牛糞肯定比那枯枝敗葉能引火，於是就專找乾牛糞。

畢竟不是高原上長大的人，自以爲很簡單的事，居然也鬧出了笑話。不久，我發現一塊又大又乾燥的呈圓餅狀的牛糞，心想，這傢伙怕是能煮熟一鍋湯了。然而，我的如意算盤失算了——我抓到了滿滿一手掌的稀牛屎——原來這傢伙表皮呈乾燥狀，而裏面仍是濕的！

望着沾滿一手的稀牛屎，我的臉一下子就熱到了耳根。我窺視了一下在我旁邊的那個藏族小伙，趁他未察覺時趕緊將手插進沙土中，以便將牛屎除去。我萬萬沒想到，走了大半個西藏的人，竟會在這等小事上鬧出那麼大的笑話！爲此，我又對自己說：“夥計，扎實地深入生活，才是一切真知的來源呵！”

　　太陽落山後，氣溫驟降。海拔四千七百米的山溝中地凍天寒。這些年來我注意到，在西藏的野外，不怕海拔高，就怕無帳篷。有個帳篷，感覺就會大不一樣。如果還能燃起一堆篝火，那感覺就會更好。

　　今夜就感覺非常溫暖。喝酥油茶時，歐珠向我介紹了和我同帳篷的兩位小伙子：一個叫丹增、一個叫炊事員。叫丹增的這個名字沒有問題。但我不知道這“炊事員”到底是他的名字，還是職務？我想像不出這樣一個遊牧之鄉的鄉長會否配備一個炊事員。歐珠的漢語水準僅夠讓我猜個大概，因此我一般不再多問細節。

　　喝完了酥油茶，歐珠他們又做起米飯和燉羊肉湯。在海拔四千七百米的高原野外，用半乾半濕的枯枝燒火，又沒有高壓鍋，這頓晚飯就不知要等到何時才能“開動”。好在我帶足了壓縮乾糧，盡叫以自給自足。我堅持認爲，一起同路是可以的，但若因此給人家添了負擔那就不好了。我應該管理好自己的飯袋。

　　深夜，阿里荒原的上空又風雨大作。帳篷外的馬兒、牛兒在靜靜地吃着夜草。帳篷內，三個遊牧高原的藏族漢子和一個浪跡天涯的異鄉人都圍坐在火堆邊。在大部份時間裏，藏族漢子們時而哼着這個高原民族古老的長調，時而低着頭默默地看着火餤、默默地添着柴，很長時間不説一句話……

這是一個籠罩着自然和古典氛圍的時空。我在這個無人區的風雨之夜，回到了我們人類的"童年時代"，我領略了高原人的遊牧人生，看到了祖先們或許也是我自己的"前世"所面臨的生活場景，我覺得自己離那個時代並不久遠。感謝上蒼給了我這樣一個被大工業和都市文化浸染得太久的人以一個回歸的機會，使我再次樹立起以歷史唯物主義的方法和胸襟，去看待整個人類的變遷和進程。或許，我還能在接下來的幾天中，更大幅度地跨越歷史的時空，更多次地"自我涅槃"，以便逐漸使自己躋身於人民間的"親善大使"的行列中去。

83. 與牦牛隊一起在風雪中

海拔四千七百五十米　一九九四年八月二十七日
大雨、大雪、多雲

凌晨時，已心知情況不妙，我睡的那個角落的帳篷頂上有洞，下半夜雨大了起來，水珠就大顆大顆地往下滴。很快，我的睡袋被打濕了一大半，人就像泡在水中一樣。於是我就逃往帳門邊去睡，但那地方冷得夠嗆。

清晨，只聽見一聲很沉悶的響聲，緊接着，帳篷就塌了下來。掙扎着從帳篷的底邊鑽出來，"喝，我的天哪！"原來下半夜下起了大雪，只見四野一片雪白，帳篷頂上積雪達四十釐米左右，並且天上還在飄着鵝毛大雪。這就是陽曆八月二十七日西藏高原通常的天氣！這就是通常的阿里！看着眼前這冰天雪地，我的腦海裏卻疊現出我在少年時代的這個時節的炎天烈日下，僅穿一條褲衩，在黃浦江邊奔跑戲耍的情景……

歐珠、丹增和"炊事員"也相繼從帳篷裏掙扎了出來。他們沒有流露出特別驚訝的神情，他們已習以爲常。我們四人協力將帳篷頂上的雪抖撥掉，又將帳篷支了起來。我覺得應該留下些紀念，便支起三角架，同他們一起在帳篷前的雪中合了張影。

早飯還是要吃的。"炊事員"又在昨晚的灰爐上架起了火。昨晚剩下的米飯和煮羊肉要留到今晚吃。早飯他們就吃一種紅糖、酥油和酸奶渣拌在一起的東西。歐珠說：這是阿里人很喜歡吃的東西，你應該嚐嚐看。我嚐了一點，明顯覺得我們之間的口味差別甚大。

我們在帳篷中一邊烤火、一邊等着雪停下來。突然，丹增猛地從地上跳將起來，操起半自動步槍就衝了出去，歐珠和"炊事員"緊隨其後也衝了出去。意識到有情況，我也跟了出去。只見丹增已半蹲在雪地裏舉槍欲射。順着準星的指向望去，兩隻牧羊犬在呼叫聲中衝向前方；前方，有一匹狼在飛速逃離，那狼的灰色身影被白雪映襯得非常清晰。

我自始至終在爲這匹在荒原雪天中求生存的狼而祈禱，希望它能在丹增的槍響前越過前面的那面山坡。這個亡命者到底成功了。它越過了決定着它或生存或死亡的那面山坡。

浪跡天涯多年，我對很多問題在觀念上有了一定的質的轉變。我相信，宇宙間的生命系統斷不會只限於地球這顆星體所專用。我在很多個獨處荒原的夜裏仰望天宇時，能感覺到天庭以外還有生命存生。這些生命或已注意到了地球上的這些年中，有一個人在孤旅天涯。我甚至還常常能感悟到，在我很多次陷入絕境、孤立求生的緊要關頭又絕處逢生，如果不是有賴神助，也必不是人力所能引領。對此，我總是滿懷感激之情。

地球東、西方的人類都出現過"大禹治水"和"諾亞方舟"的傳說，我認爲地球上應該不止一次地出現過"生命史"和"文明史"。

我觀察到，人類中都存在着"人算不如天算"的宿命意識。由此，我想，我們沒有理由不善待與人類休戚與共的生物。地球上，除了少數如老鼠那樣可憎的動物不應任其泛濫外，所有自洪荒以來歷經劫難，而最終存留到今天的生命都非常不易，都有其生存的權利。如果哪一天地球上的生命系統只有人類這一"碩果僅存"，那就意味着，人類的末日也不遠了。

一九九四年上半年，我行進在新疆北部準噶爾盆地時，曾聽說當地有關部門買了兩百隻西伯利亞狼放生該地。因爲該地的野生動物如羚羊等，長期缺少"天敵"而變得體弱多病、喪失了奔跑和覓食能力。地球本是一個提供物競天擇、又互相依存的大場所。

十一時，雪停。拆去帳篷，捆好牦牛馱，繼續前進。

今日，與其說是走在草兒已開始變黃的山原上，倒不如說是跋涉在鋪滿積雪的雪地裏。這對牛、馬、狗們的影響不大，對我則是影響不小，最起碼要一腳深、一腳淺了。歐珠他們在暗中慶幸，認爲我這下怕是要將高貴的屁股挪到牦牛背上了，但他們又"失算"了。我一直堅持，既然已宣佈"徒步走訪全中國"了，那麼，即便在根本不可能有人"告發"我的西藏無人區，我也一樣徒步。

今日，一直交替行進在雪峰、山嶺、草甸和峽谷之中，間或還涉過一些澗流。所經之處，沒有一點人類定居的跡象，一切都顯得非常原始和蒼莽。我邊走邊拍了些照。

下午，有兩隻馱羊毛的牦牛隊從我們相反方向而來。歐珠在馬上對我說，這都是他們同一個鄉的牧民，他們也已在無人區走了五天。"馬上相逢無紙筆，憑君傳語報平安"。一時間，原本地老天荒、靜謐陰鬱的山谷頓時活躍了起來，洋溢着陣陣溫暖。

我從未一次看到數量如此多的牦牛同時在雪原上南來北往。它們黑色的軀體同白色的雪地形成鮮明奪目的反差，猶如無數朵黑雲在白底的天幕上飄蕩而過。當這三支牦牛隊在峽谷中的大緩坡上邁着堅定的步伐擦肩而過時，那龐大雄渾和銳不可擋的氣勢令我驚嘆不已！只可惜沒有攝像機將這個史詩般的場面記錄下來，這種場面絕非地球之巔以外所能有！

下午一時，雪停。太陽穿破雲層，一掃先前的陰霾，雪原上開始出現耀眼的反射光來。

下午四時，丹增他們在馬背和牛背上"噢！噢！"地齊聲叫起來，抬頭驚看，兩隻牧羊犬又在驅逐一匹正在向斜刺裏逃竄、看上去餓得很瘦的狼。歐珠對我笑道："嘿！你怕不怕？"我也笑道："不怕！怕，就不到你們西藏來了！"

又是十六時四十分，牦牛隊行至又一個喜瑪拉雅和岡底斯山脈之間的不知名的山溝。歐珠決定今夜大伙就在這裏住下。我在幫助他們卸牦牛馱時觀察了一下這個山溝，這個山溝中間有一條清澈的澗流，流水的兩側皆爲平坦的草甸，附近的山坡上長有荊棘叢。很明顯，歐珠他們選擇這樣的地方安營紮寨，就如同我平時宿營時要選擇背風、乾燥、又靠近水源的地方一樣。歐珠他們不僅要解決人對水和燃料的需求，同時也要解決隨行牲畜的飲水和草料問題。歐珠他們每年兩次橫穿無人區時，都選擇這些熟悉的山溝紮營。對歐珠他們而言，無人區的這些山溝，一如我們城市裏的車站和旅店。

歐珠他們今晚仍然先煮酥油茶喝。我在喝酥油茶時吃下兩片壓縮乾糧，將晚飯對付了。我看見歐珠在沒有熱好剩飯前拿出佩刀，切下兩片生羊肉，當場就扔進了嘴裏。

我在走東北烏蘇里江、訪問我國的赫哲族時，同赫族人一起吃過生魚片；在走訪內蒙古大興安嶺的鄂倫春族人時，曾同鄂族人一起生吃過狍子的腎和肝。今天，我又親見了西藏阿里的藏族牧民吃生羊肉。我想，這都無非是習慣和適應能力使然，更是環境使然。

今夜發生了一件令我萬分擔心、痛不欲生的事——我的雙眼幾乎要瞎了！

這個情況發生在點燃篝火不久。隨着從那枯樹枝逸出的濃煙籠罩了整個帳篷，我的雙眼突然産生刺痛，隨着刺痛又變成不斷加劇的灼痛，我的眼前一片昏暗，很快，我的眼睛就再也無法正常睜開。我暗想，這下一切都完了！

在我陷入無底深淵，面臨失明之災的半小時中，我一直趴在睡袋上沒有吭一聲，歐珠他們以爲我在想自己的事，便兀自説着話。我心想，如果我的眼睛真的瞎了，一切對我來説已沒有意義，我不如就此消失在這地球上最荒涼一隅的虛空中算了！

從那枯枝上逸出的煙既辣眼又嗆人，我料想它是葬送我光明的罪魁禍首。爲了自救，我設法躲避它一下，於是就將自己的身子連同睡袋移至帳門邊，採取身子在帳內、頭部露在帳外的獨特睡法。一種前所未有的恐懼和絕望開始充斥着我的全身。

大約呼吸了半個多小時寒冷但十分清新的空氣後，眼睛內的灼疼才減緩了些，但眼皮還是腫脹得睜不開。爲了試探一下我的眼珠是否失明，我用雙手掰開兩隻眼睛的上下眼皮，並提前作好了接受最慘烈打擊的思想準備。

從被我强行掰開的眼縫中我先依稀看到了帳篷，繼而，又看到了就趴在我頭邊的一隻牧羊犬，此後，我又看到了夜空——那比任何時候都要美麗的夜空。此時我流淚了，是內心深處湧動出來的淚。我感覺到自己又一次獲得了新生。我側過臉來看了一眼那隻偎依在我身旁的牧羊犬,它不失時機地探過臉來,用鼻尖輕輕碰了一下我的臉頰……

84. 歐珠的 "傑作"

海拔四千八百米　一九九四年八月二十八日雨、多雲、雨

昨夜,歐珠他們到午夜時才熄火就寢,等到帳篷內的燻煙散盡,我才得以將頭從帳門外 "縮" 回帳內,在痛苦、焦慮和不眠中等待破曉。

清晨六時,天空尚未放亮, "炊事員" 又開始點火做早茶,於是我又趕緊鑽出睡袋逃到帳外。閉眼休息了一夜,我的眼疾沒有繼續惡化,我預感到自己可以躲過這一劫難。

今日牦牛隊比前兩日提前三個小時出發。騎馬挎槍的歐珠,要同另一個揹着土製獵槍名叫班店的人去打獵,而打獵是必須早早出發的。

一九八九年夏,我在走訪內蒙古大興安嶺中的鄂倫春族人時,曾同他們 "一呀一匹獵馬、一呀一桿槍" 地體驗了六天鄂族人特有的狩獵生活。我瞭解到,山嶺中的動物都會在將近拂曉和太陽落山的那一刻到水邊飲水。於是,掌握了這一規律的狩獵者們便趕在這個時刻去伏擊它們。我在走訪藏區的過程中,觀察到這裏的野生動物也遵循着這同樣的規律。

剩下的三個藏族牧民和我繼續趕着牦牛隊翻山越嶺。今日仍行進在喜瑪拉雅和岡底斯兩大山脈之間的大峽谷中,途中沒有任何人類定居的痕跡,是典型的阿里無人區。途中,我一直在想:大興安嶺中的鄂倫春人由於歷史上世代以狩獵為生,至今仍允許極少一部份鄂族人保留有限度的狩獵的生產方式,以

作過渡。但在保護野生動物的呼聲日益高漲的今天，鄂族人的狩獵生涯也已趨難以爲繼之勢。那麼，世代以放牧爲主的藏族人恐怕就更不能在這方面一無約束了吧？

今日牦牛隊馬不停蹄、氣勢如虹，一口氣翻越十餘座海拔四千七百米至五千一百米冰雪覆蓋的山嶺。我始終一步不拉地緊隨在牦牛隊的左右，儼然也成了個高原漢子。牦牛隊在中途不做飯也不吃東西，到了正午時，我便偷着吞下兩塊事先準備好的壓縮乾糧、捧飲幾口雪水。丹增他們經常會從牛背上朝我看一眼，然後就互相笑談幾句。我知道他們總在笑我有牛不騎偏要走路，未免怪怪的。

太陽昇起來後，雪地裏的反射光又強烈了起來。當又有幾束反射光刺痛我的眼睛時，我猛然警覺起來：原來昨夜眼睛出問題的根本原因就在於這雪——其實我得的是"雪盲"。這一頓悟使我興奮不已，便在心裏責備自己，昨日怎麼會有這樣大的一個常識性方面的失誤。

我立即攔住了那頭馱着我背囊的花牦牛，從背囊裏找出墨鏡並即刻帶上。再望雪原，感覺正常。

十七時三十分，翻越今日行進中的最後一座山崗，驀地，喜瑪拉雅、岡底斯以及靜臥在它們之間的美麗之湖公珠措，就這樣不容置疑地同時展現在了我的眼前。我在山崗佇立片刻，確信自己已被深深感動，所觀之景已印入腦際，便向崗下走去。

公珠措藍色湖水的岸邊是平坦的大草甸子，與這平和的環境不相協調的是，草甸子裏散落着不少令人觸目驚心的被吃剩的牛、羊的遺骸，說明這裏是食肉猛獸經常出沒的地區。但今晚我們就要在這個地方住上一夜。

我幫丹增他們卸下牦牛馱，搭好帳篷，便準備按慣例去撿拾柴禾，丹增笑着示意我不要去了，因爲這片草甸子裏没有這類東西。丹增找來一隻麻袋，將我帶到不遠處的一個土堆旁。待到走近，方才看清，該土堆其實是個牛糞堆，有無數隻風乾的牛糞餅正靜靜地在那裏等待着我們去享用。

原來，這裏是丹增他們的一個冬季放牧點，將這些乾牛糞儲存在這裏是爲了熬過嚴寒的冬季和過往者的不時之需。這些無味無煙的乾牛糞餅對我而言，真是來得太及時、太必要了。今晚我睡覺時，不必再將身體的一半留在帳内，而另一半放在帳外了。

"炊事員"很快就點燃了牛糞餅燒起了開水。草甸子中有數條從山上流下的小溪。把這種溪水燒開後打出的酥油茶非常香醇。此刻，令荒原上自由的精靈們聞風喪膽的歐珠和班店尚未班師回帳，我們只在中午聽到過遠處傳來的一聲槍響，這槍聲劃破了無人區的靜謐，在峽谷的上空反復回響。

利用天黑前的這段時光趕緊記着筆記。偶爾抬頭，看見性格溫和的丹增不知於何時已站在一側靜靜地看着我，那情景使我有些震驚。他慢慢走開時，我瞅見他的神情確實有些特別，於是便叫住他，向他作了個是否會看書、寫字的手勢。他淒楚地笑了一下，搖搖頭，又神情悵然地離去了。他走後我丟下筆呆坐了半天，非常後悔剛才那樣問他簡直是一種殘忍的行爲。

晚九時，歐珠和班店也到了我們今晚的宿營地。他們打中了一頭野牦牛，但那牛最終還是帶着傷憤然突圍了。歐珠和我都清楚，這頭牛如果頑强地生存下來，今後若再"有幸"邂逅到人類時，便會不顧一切地發起衝鋒，將人畜撞個人仰馬翻。因爲與人類不共戴天的復仇的"密碼"，在挨到槍子的那一刻起，便深烙在它的記憶中了。

歐珠他們今天唯一的收獲是一匹可憐的野羚羊。"炊事員"僅花了十分鐘，就將這匹不久前還在草原上自由呼吸着的小精靈剝皮、切塊並分成三份。

"炊事員"將佩刀在羚羊皮上拭去血跡，放回刀鞘後，又撿來三顆小石子。歐珠示意丈二和尚摸不着頭腦的我拿走其中的一顆，又將另兩顆分別給了班店和他自己。此後，他又將三顆石子要了回去，當着大家的面將這三顆石子擲在三份羚羊肉的中間。總算明白了，這是在以哪顆石子靠近哪份肉最近來區別肉的歸屬。

班店代表他那頂帳篷將肉領走了，歐珠則代表我們這頂帳篷將肉留下了。正當我還在煞有興致地等待着這個過程的結尾時，歐珠告訴我，那份肉歸我。這個決定既出乎我意料之外，又在我意料之中。我想起來了，這同大興安嶺的鄂倫春獵手的規矩一樣——參加這個團體的每一撥人都算一份，不管你是否直接參預了打獵，以及打到了與否。

我再三推辭，反覆聲明，歐珠才解圍道："好吧，那就煮熟了大家一起吃吧！"

當晚，歐珠非常高興，且有些神秘地對我說："我們要做羊肉包子。今天晚上我們好好吃一吃。"

歐珠所說的羊肉包子，其實就是將羊肉切成肉丁，加上鹽巴，用面團包好後放在水裏煮。

羊肉包子終於從水裏"出籠"了。一直都在高興着的歐珠請我第一個動手。然而，就連我自己也不無遺憾的是，我又謝絕了。正如我預料的那樣，這回歐珠他們流露出了比前兩次還要失望的神情，因爲這羊肉包在很大程度上是專爲我做的，"而這家伙居然又不吃！"

歐珠他們在切羊肉、和麵以及捏包子的整個過程中，始終未注意用香皂清潔一下手，當然，他們也沒有香皂；羊肉餡切成肉丁那樣大，根本煮不熟；餡子内除了鹽以外甚麼也没有，那味道可以想像；没有高壓鍋，就連包子皮都煮不熟。因此，無論從味覺上還是從防止吃壞肚子上考慮，我真的很難領情。

對常年生長在荒僻苦寒高原上的歐珠他們來説，我的這些諸如"生熟與否"、"清潔與否"之類的問題，簡直都不能算回事的。爲此，他們自然會很失望。況且，他們的失望還有點"事出有因"。因爲，前兩天我將從霍爾區帶出的十聽罐裝藍帶啤酒都拿出來"有酒共斟之"了，喝了我的啤酒，歐珠他們老琢磨着也要回請我一次。我覺得這是可以理解的。我心裏頭也是善解他們的心意的。我由此也覺得歐珠他們淳樸厚道得可以。我當然不能當面説："這東西哪能吃啊。"我只能説："你們吃吧，我吃飽了。你們吃吧，我吃飽了。"

不出我預料，歐珠他們的"傑作"失敗了。所有包子的表皮還是生的，有的地方甚至還露出了白森森的乾麵粉——這些都没有逃過我的眼睛。歐珠自己也難以下嚥，他在將咬了一口的包子放回原處時，自我解嘲地説："明早再燒一燒，肯定就好吃了。"或許他心裏在暗想："幸虧這家伙没吃，否則這笑話就鬧大了。"

今晚，謊稱"吃飽了"的我可要受大罪了。不好意思再當面吃壓縮乾糧，遂早早鑽進睡袋，抱緊肚皮等待天亮。

85. 出現"人熊"

海拔四千七百米　一九九四年八月三十日雨、陰、雨

今日凌晨，昨晚謊稱"吃飽了"的我餓得實在招架不住了，便爬起來偷壓縮乾糧吃。這個過程被同樣也餓醒的歐珠候個正着，便被他不失時機地討去一塊，大家心照不宣，邊吃邊

會意地相視一笑。

在吃乾糧的當口，歐珠輕聲對我說，昨天黃昏，他用他那隻前蘇聯製造的八倍望遠鏡，發現公珠措另一側岸邊有一群野牦牛和四隻野羚羊從山上下來喝水了，因此他今日仍要起早。他說，如果能打到一頭野牦牛，"我們今晚再好好吃一吃"。我聽後暗想，"好好吃一吃"倒是不錯，問題是，千萬不要像搞"羊肉包"那樣，再來個"牛肉包"。

橫豎睡不着，便問歐珠：阿里地區是否也有保護野生動物的規定？歐珠道：有，但不等於完全不可以打。阿里牧區的每個鄉都有規定的指標，如每年可打兩頭野牦牛，五隻野羊等等。

歐珠他們已認識到，我吃羊肉包的可能性已徹底不存在了。歐珠又於凌晨五時三十分起床生火，將他們的那份羚羊肉煮了滿滿一大鍋。黎明前我洗完臉，那鍋羊肉已煮熟了。

歐珠他們今天一早便高興起來了，因爲分明看見了我在大塊吃肉，大碗喝湯。其實，我也很高興。因爲若再這也不吃，那也不吃，就真要被他們看成是"世界上怎麼有這樣古怪的人"了。事實上，我有牛不騎，堅持步行，已經讓他們大惑不解了好長一段時間了。

歐珠和班店在拂曉時又策馬打他們鄉裏"規定的指標"去了。餘下來的人則趕着牦牛繼續前進。今日又翻越海拔四千八百米至五千米以上的山嶺六座。途中多山巒，少平川，未見任何人類定居的痕跡。草甸子上倒是有不少奔跑覓食的旱獺，於是蒼鷹就在旱獺上方的空中來回盤旋。

十五時十五分，山谷間出現一片開闊地使我的眼睛一亮，我看見一條似曾相識的沙土路從峽谷中穿行出來，又孤寂地伸向前面的山谷之中。儘管，從路面看，這條路明顯呈長期無車輛無行人通行狀，但我知道，這就是我已找了很久的那條公路。這條公路無論在我、在西藏、在中國，乃至在全世界都有相當重要的地位，它是世界公路史上海拔最高的一條被稱為"天塹"的公路。然而，確切地說，它中間的有一段已快埋沒，它的失落同它所處的地理位置和自然環境有關。

這條被叫做"二一九線國道"或"新藏線"的公路屬於走遍西藏的重要組成部份，並且是包括川藏、青藏、滇藏和中尼公路在內的五條"天塹"中最艱險的一條。若捨棄它不走，則不能算走遍西藏。

這條地圖上標得很清楚，在現實中卻顯得虛實不定的"天塹"，曾長時間困擾過我。很多年前，為了走遍西藏，我重點查閱過這條公路，當時，僅憑直覺，我就感覺到這恐怕未必是一條完整意義上的公路，它的中間多少會有些問題。

我的判斷是準確的。這條我現在已走掉了五分之三、目前還剩五分之二的公路給我留下的印象是：除了從它的西北起點新疆葉城至西藏獅泉河鎮，是有道班專門養護的沙土路段外，餘下的皆為無人護理、呈自然狀態隨意性變化很大的沙土路。但它確實又是一條明白無誤的路，並且就叫做"二一九線國道"、即新藏公路。如果不是跟着熟悉地形、慣於翻山越嶺抄近道的牦牛隊一起走的話，若想不迷失方向，我還真不敢偏離這條路呢！

走出阿里無人區抵達後藏的第一個縣城仲巴後，這條路的狀況會否好一點呢？這，只有走到那裏才能見分曉。說真的，時至今日，我還找不到一個能將新藏路全程的概況比較清晰地介紹給我聽的人。我想像不出地球上還有甚麼人，已先我將這條路從頭至尾徒步走下來過。

十七時，牦牛隊行至喜瑪拉雅和岡底斯山脈之間的又一個不知名的山溝。今夜我們共同的宿營地到了。在卸牦牛馱時，丹增突然招呼我看一下左側三百米處的一座山崗。這一下不看則已，一看吃驚不小。原來那山崗上站立着兩頭又高又大的"人熊"，並且正在朝我們這裏作張望狀。這種當地藏族人叫"人熊"、學名可能叫馬熊或棕熊的傢伙，是生長在青藏高原的一種猛獸，沒想到今日果然在這裏狹路相逢！側臉回看，牦牛隊早已陣腳大亂。幾乎在同一時間，牛吼聲、犬吠聲以及人叫聲一起大作，峽谷中喊聲遍野，震耳欲聾……

但那兩頭"人熊"倒頗有"紳士風度"，它們沒有太爲這邊的呼喊聲所動，它們在原地自顧自地"巡視"了一陣後，才慢慢向山崗後隱去。

這是我"走遍中國"數年中所看到的最兇猛的野獸，幸虧同我在一起的還有這麼多人畜。

十九時二十分，歐珠鄉長同班店也來到了宿營地。今日他們運氣不佳，一無所獲。但這卻是無人區的野生動物們值得"額手稱慶"的一天。

歐珠聽了山崗上那兩頭"人熊"的事，便對我説，今年五月，有一個二十五歲的當地藏族牧民在尋找走失的牦牛時，就是在我們今天宿營的這條溝裏被"人熊"吃掉的。過了一會，歐珠又補充説，那個倒霉的小伙子很可能就是被這兩頭"人熊"吃掉的。

這座在我們左側、距我們大約三百米遠的山崗，也許是野生動物們心儀的"風水寶地"。快近黃昏時，又有幾頭野牦牛出現在它的上面。它們探頭探腦、欲行又止的樣子，都沒有逃過坐在帳前、用蘇製八倍望遠鏡時刻在觀察着的歐珠的眼睛。我的眼睛符合旅行家的要求，不用望遠鏡也能分辨出，此番前來赴會的是野牦牛，而不是"人熊"。

毫無疑問，歐珠是個重情義的漢子，他忘不了他説過的
"今晚我們再好好吃一吃"的諾言。爲此，他趁着最後的一點
光亮，又發起了今日的最後一次衝鋒。

歐珠説他今天手氣不好，不宜再動槍。他叫丹增從左側上
山，而班店則從右側上山，意在對山崗上那幾頭耗牛形成夾擊
之勢，一舉偷襲成功。

大約二十分鐘後，山崗上接連傳來十二聲槍響。此時，牦
牛隊的所有成員都相信，今晚的野牦牛肉是吃定了。又過了二
十餘分鐘，消息傳來了，那十二槍全打偏了。

此後，歐珠一邊擦着槍，一邊對我説，如果能打到一頭該
有多好。那樣，"我們那裏很多人就有牛肉吃了"。但現在它
們再也不會到這條山溝來了。它們要翻過很多山頭，跑到很遠
的地方去了。

從前一直以爲，放牧的地方牛羊肉是當飯吃的。但歐珠的
話裏面似乎又暗示了另外一種情況。歐珠接着告訴我，當地去
年一年無雨，阿里地區貧瘠的土地上牧草愈加稀少。只有山羊
還能勉强地吃些原先根本不吃的那種帶刺的草，因而大部份活
了下來。綿羊和牦牛就慘了，它們餓得將自己先前排出的糞便
也吃完了。最後，大部份都餓死了。所幸的是，今年是上天在
普蘭降雨最多的一年，牧草夠牛羊吃了。

歐珠的話使我慨嘆良久，感觸頗深。天底下的芸芸衆生各
家都有本難唸的經，有許多事，不是都像自己的想像的那樣
的。地球上種稻的沒米吃、放牧的少肉吃的事看似荒誕，其實
一點兒也不稀罕。生活在遙遠地方的歐珠的需求和希冀，同我
們兄弟姐妹乃至父母的在本質上是一樣的，只不過相隔太遠，
彼此無法注意到而已。

歐珠他們熱衷於打野牦牛，其出發點不僅僅是爲了"今天

晚上我們好好吃一吃",而更大程度上是爲了"我們那裏很多人就有牛肉吃了"。歐珠是一鄉之長,同時也是一家之長。自觀察他以來,我一直確信他是那種想着鄉民和妻兒的人。他爲人很善良。同歐珠他們在一起生活的幾天中,常憶及有些内地人對偏遠地區少數民族的一些偏見和猜測。我認爲,這類看法要麼出於不瞭解情況的主觀臆斷,要麼來自那種淺薄和可笑的高傲心理。毫無疑問,歐珠他們是文明人,他們只是生活在文明還不夠充分的地域。

今夜的下榻處極有特色,恐怕全世界也没有幾個人能猜得出我擁有怎樣的一張"床"。今夜我睡在已風乾的羊糞堆上。這羊糞没有一點異味,又能隔開地上的水分,坐卧其上,感覺非常溫暖和柔軟。"走遍中國"以來,幾乎每天都要面臨一張不同的床。但我萬萬没有想到,世界上居然還有"羊糞床"。我同這張此生不能再逢的"羊糞床"差點失之交臂。在支帳篷時,我原想繞開了去,是丹增示意我就將帳篷支在其上。當然,一個人的靈性是很重要的,我很快便悟出了内中的門道。我具有能接受一切美好和新奇事物的感悟力和天賦。我討厭單調和重複,墨守成規的人很難同我的步伐合拍。

這個位於喜瑪拉雅和岡底斯兩大山脈之間的山溝,是由阿里前往後藏的必經之路。如果我不同牦牛隊結伴而行,我也會根據行程和對環境的選擇,一個人在這裏或附近的甚麼地方宿營。那麼,我也極有可能體驗到那個被"人熊"美餐了的牧民的經歷。事實上,我們今天到達這個山溝的時候,已經有兩個"大壞蛋"等候在這裏了。

蒼天有眼,佑我平安!

86. 佩刀出鞘

海拔四千七百米　一九九四年八月三十日雨、陰、雨

從昨夜到今日清晨，牦牛隊的全體成員皆子彈上膛、佩刀
出鞘、枕戈待旦，以防止那兩頭"人熊"的漏夜偷襲。類似這
種情況，在西藏牧區屢有發生。食肉猛獸中，只有"人熊"敢
於如此膽大妄爲。

今日，歐珠和班店没有出獵。歐珠告訴我，昨天那麼近的
距離都没有打倒那野牦牛，看來，今年獵獲的氣數已盡。

途中，仍是山嶺、戈壁和草甸，没有定居點。有不少野驢
被猛獸吃掉後的遺骸丢弃在草甸之間，一再揭示着自然界弱肉
强食、適者生存的規律。

歐珠騎在馬上告訴我，明天再走一個白天就可以到他們家
了。他的家就在雅魯藏布江的源頭附近。

自一九九一年四月十三日正式走訪西藏以來，這已是第四
次進入西藏了。在前三次走訪川藏、青藏和滇藏路的途中，没
能親眼見一下雅魯藏布江，我一直引以爲憾。明日，我就能見
到這條世界上海拔最高的江了。我在很多年前就知道，我同這
條江遲早會見面的，只是時間早晚而已。現在我更堅信：天底
下没有到不了的地方，只有不敢到或不想到的地方。

歐珠策馬時老喜歡同我並肩而行，看得出，他喜歡我這個
敢於孤身闖入無人區的曾由藏族人賜名"格薩爾扎西"的人。
他又告訴我，他有四個孩子，是兩男兩女。我說這是最佳陣
容，他非常驕傲地笑了。此後，我看見他信馬由韁，面露幸福
之色，長時間地沉浸在遐想中。他那雙眸中流露出來的神色非
常能感染人，我因此隱隱約約體會到一些我未曾經歷的爲人之

父的那種情感。

歐珠也問過我有幾個孩子，當我告訴他我是單身時，他覺得我的人生不完整，生活之路太黯淡了。他主張我走出西藏後應該馬上找一個女人結婚。他還說，女人會喜歡我的，因爲他也喜歡我。

饒有意味的是，歐珠從來沒有問過我爲甚麼要到西藏來。看得出，他並不是對我的事不感興趣，而是好像已明白我在做甚麼以及其意義。他曾好幾次向我提起過，他年輕時曾接觸過的一個考察隊。他爲這個考察隊當嚮導的那段生活使他大開眼界，印象深刻。他的漢語就是那時候開始學的。

其實，我在遇到歐珠的第一天就意識到，在穿越阿里無人區的初始，便能邂逅到曾給考察隊當過嚮導又會些漢語的歐珠，這肯定是個奇蹟。五天來我更相信，歐珠和他的牦牛隊，是上天派來引領我走出無人區的信使。

距歐珠他們在雅魯藏布江源頭的夏季牧場還剩不到一天的路程了，歐珠決定今日早些宿營，儘管才下午一時。

篝火又燃起來了，歐珠他們將剩下的一點羊肉全都煮上了。我知道，這是同牦牛隊在途中的最後一頓晚餐了。

從八月二十六日至今天，我同牦牛隊一共在無人區風雨兼程、休戚與共地走了五天。牦牛隊不僅使我避免了這五天中隨時都有可能遭遇到的危險，還使我每天都能吃到開水、酥油茶甚至還有羊肉。這對保護我的體力和生命至關重要。

今夜仍下榻於“羊糞床”，這是我在阿里無人區所能遇到的最好的“床”了。我喜歡睡在它上面的那種感覺。我相信，它在全世界是獨一無二的。

87. 到了雅魯藏布江源頭

海拔四千七百米　一九九四年八月三十一日多雲

清晨七時，歸心似箭的牦牛隊成員比平時提前了兩個小時拆帳篷，丹增和"炊事員"哼起了輕快的藏族長調，宿營地洋溢着節日般的氣氛。

突然，一陣"得得、得得"的聲音從後面傳來。循聲回看，一匹金黃色的野驢如風疾馳而來，跑到距我們不遠處的一個山坡突然停住，此後就紋絲不動地站在原地觀望着我們，直到我們漸漸走遠。

在未離開前，我深恐歐珠會把槍從肩上拿下來。善解人意的歐珠便先發制人說："這傢伙是保護動物，不打。"

今日翻越海拔四千七百米至五千一百米的山崗五座。途中，看到大量野驢、羚羊。當然，也包括它們的遺骸。

十二時，進入公珠鄉夏季牧場。開始零星見到搭在山坡下溝澗邊的帳篷。帳篷的主人都是公珠鄉的牧民，他們的牛羊就放牧在附近的山嶺中。牦牛隊經過時，他們互相招呼着。他們說的是阿里藏語，是阿里普蘭的藏語，而且還是阿里普蘭公珠鄉牧區的藏語。走遍中國，遇到類似環境下異族人之間的交談，我一般不費神去聽。我將精力投放在可以不通過語言就能溝通的事理上。事實上，我不可能學會我國所有的語言，再去走訪我國五十五個少數民族的主要聚居地。

十二時三十分，岡底斯又一次展現出它那雄渾磅礴的氣勢。我瞥見在我們右側不遠處的兩座雪白晶瑩、猶如擎天之柱的山峰氣勢實在不凡。此時，勒馬眺望的歐珠轉過臉來對我說，這就是我們藏族人叫的"大角克勃"、你們漢族人叫做雅魯藏布江的發源地。

這正如我之所料。便問，這"大角克勃"爲何意？歐珠道：你看，那兩座山峰多麼像一匹馬的耳朵。再看兩座山之間流出的水——這就是雅魯藏布發源地的水，它從像馬耳朵般的山峰中間流淌出來時，就像從馬的嘴巴裏流出來一樣。"大角"，藏語意思是馬耳朵形的山；"克"，即嘴巴；"勃"，流出來。籠而統之，整句話的藏語意思是，從馬嘴巴裏流出來的水。

現在我知道了，爲甚麼人們又將雅魯藏布江的上游叫做馬泉河。

歐珠又告訴我，藏族人有這樣一句話："最好的山只有一個，最好的水只有四條。"這句話，藏族人說了上千年。

《大藏經‧俱舍論》載：從印度往北過九座山，有大雪山，雪山下有四大江水之源。

雪山，梵語爲"底斯"。因此，佛經中指稱的"大雪山"便是岡底斯山，即崗仁波齊"神山"。這座極致之山，就是藏族人心中的"最好的山"。而"四大江水之源"，是指岡底斯和瑪旁雍措湖。從這一帶流淌出來的獅泉河(森格藏布)、象泉河(朗欽藏布)、馬泉河(當卻藏布)以及孔雀河(馬甲藏布)，便是藏族人心中的四條"最好的水"。

在我的提議下，牦牛隊的全體成員和我一起在雅魯藏布江的源頭前合影留念。

十五時，歐珠示意我看一下他呶嘴所示的方向，只見幾個藏族小孩從一個山包上向我們這邊歡呼着跑來。歐珠他們的家到了。

歐珠的家，就是搭在雅魯藏布江源頭五公里外，一面山坡上的一頂用牦牛毛編織成的黑色帳篷。他的五個鄰居的五頂同樣是黑色的帳篷，各自爲政、又具凝聚性地排列在附近。有一條小河從這個帳篷群體的下方流過。看得出，如果沒有這條小河，他們就會換一個同樣平緩、向陽的山坡。

歐珠在離家二三百米遠時下馬步行。他從已齊他肩的大兒子背上抱過最小的女兒，並吻了她兩下，順手將馬韁繩遞給了那小伙子。歐珠的二兒子見馬鞍已空，便不失時機地翻身上馬。唯獨三女兒有點害羞，一邊含着手指，一邊跟在她父親的後面。四個兒女個個英俊秀美。讓我看得心裏好疼！

觀其兒女，便能想像其父母。帳篷前，歐珠的妻子早已放下了正在手工製作的羊皮大襖，雙手不知放哪兒好地看着其夫擁着他們的兒女向她走來。抽了個間隙，她也向我莞爾一笑。我注意到，她一開始就不同我説藏語。十分驚詫，女人的直覺爲甚麼總是如此敏鋭，儘管此時我已很“西藏”了。

那條牧羊犬也離家十三天了，它的留在家裏的同類很快便跑來問候，也許順便還要打聽一下“有關外面的事情”。

歐珠的妻子往爐裏添進幾把乾羊糞後，即刻就燒水打酥油茶。此前，她已擺出一些乾奶酪和酸奶子請我消遣。四個孩子則對我的一切都感到無比的新奇。他們都笑容可掬，略顯靦腆。

四女兒拉姆才五歲，長就一頭自來鬈的黑髮和一雙大眼睛。該小姐無師自通，不用邀請，兀自載歌載舞，所演惟妙惟肖。若非生長於偏僻之鄉，再輔導以學前教育，則前程不可估量。遂建議其父母，對她應重點培養。

歐珠的四個孩子，最大的十六歲，最小的五歲，均未進過正規學校。夏季牧場有一位中學畢業生給孩子們教藏文，流動的“教室”輪換於各家的帳篷中。

知道我吃不慣糌粑，歐珠囑其妻今晚吃烙餅。歐珠負責全鄉的領導工作，每月有一百八十元的固定工資。加上防火、計劃生育等每年一千元的補貼費，全年有三千餘元現金收入。再加上他自己有牛羊，歐珠家的生活比其他純牧民要好些。

歐珠家現有馬四匹、牦牛三十五頭、羊三百餘隻。原先還要多些。去年天旱，有些牛羊没能挺過牧草稀疏的冬季。

每年交售羊毛絨是當地牧民的一筆不無小補的收入。今年歐珠家可因此得二千餘元。今年山羊絨看好，一斤一百一十元。而前兩年才十五元、二十元或三十元。每逢那種年景，牧民們便乾脆不賣，留在家裏搓羊毛線。

歐珠領導的公珠鄉是個傳統的遊牧部族。逐水草而居的作業方式，決定着他們一年有兩次大的遷徙。歐珠家每年五月底離開位於霍爾區附近的冬季牧場，遷往雅魯藏布江源頭附近的夏季牧場。十月底，又從夏季牧場往回遷。

冬季牧場一般選擇在地勢較低、相對暖和的谷地，這樣可減少牲畜凍死量。因爲西藏大部份地區牧草短、分佈稀疏，無法像內蒙古那樣，可以在夏季打草以備冬用。因此，冬季牧場在夏季時不准任何人放牧。

西藏牧民在冬季十分艱難，他們在任何情況下都不能懈怠。他們唯有穿着使人笨拙的羊皮襖，頂風冒雪，趕着牛羊尋找殘存在冰雪中的枯草和根莖，盼望着春天的再次來臨。

晚飯前，我拍了幾張歐珠家的生活照。請歐珠在我的"走遍西藏每日大事記"上簽名，以便日後作爲我走出阿里無人區的唯一客觀性證明。

有幾個鄰居到歐珠家的帳篷內湊熱鬧。男女老少的脖子上都繫有一根或幾根繩索，繩索上掛有串珠或活佛的像。他們認爲這樣可以保佑平安。他們中的一個孩子碰巧此刻就不平安，發燒並咳嗽不止。他的父親説没有藥。這一帶都没有。我便拿出我隨身帶的感冒藥，讓那孩子當場服下。

今晚的烙餅是歐珠的妻子做的，自然要比她的男人做得既衛生、又好吃。歐珠便請她再多烙些，好讓我帶在路上吃。

天很快要冷了。歐珠的妻子一旦空出手來，便繼續趕製着全憑手工縫製的羊皮大衣。她的兒女們在一旁耳濡目染。有時，她也請其中的某一個孩子充當一下幫手。這種製作工藝從古至今一脈相承。

晚飯後，那四個可愛的小孩子，各自都拿到了他們的父親從四百餘里以外的地方帶回來的禮物，男孩、女孩各得其所。此後，他們又玩了一會兒擲小石子的遊戲，在晚上十時開始睡覺。

孩子們的被褥都是那大男孩鋪好的，弟妹們只須朝裏一鑽。他們並排席地而睡，墊的、蓋的皆是帶毛的羊皮。他們習慣於不穿內衣。

睡前，歐珠請我明天不要急於走。他要為我宰一頭羊，讓我帶些肉在路上吃。我當然知道這回定能"好好吃一吃"了。但我謝絕了。並一再懇請他千萬不要專為我破費。我告誡自己，牧民們挺不容易，何必去吃掉人家一隻羊呢！歐珠自然想不到，如果他不提羊的事，也許我還可以多留一二天，但現在，我必須走了。

今夜，我睡在歐珠專為我搭的一個小帳篷裏。這是我自己提出來的。人家夫妻十餘天沒有一起好好說說話了，我還是回到我那自由的天地間去吧。

今夜星光燦爛。夜空下，岡底斯山形影影綽綽。荒原中，馬泉河水不捨晝夜。但此時給我感覺最深的，還是我眼前的這幾頂帳篷。當然，我指的是帳篷裏的人們。

今夜的此地，表現宇宙本原之特性的"集中"和"開始"

的時空，就近在我的身旁。這的確是不凡的地方。我覺得有點不可思議。

阿里高原是"世界屋脊的屋脊"。那麼，在這裏放牧的歐珠他們，便是生活在世界最高處的人們。他們從遙遠的洪荒走來，分擔着地球上最嚴峻的自然環境，一直堅守到今天。他們以口耳相傳的方式，教授給自己的兒女以傳統的生活方式和各種技藝。他們遠離浮躁，不懂得急功近利。他們是世界上最與世無爭的人們，是人類心靈樸實、對生命執著的代表。他們是超越人類自身苦難和生存艱險的人們！

88. 班　店

海拔四千七百米　一九九四年九月一日冰雹、雷雨

上午九時，我已作好上路的準備。動身前，將一支鋼筆送給"炊事員"，一頂帽子送給丹增作紀念，並感謝他們在共同行進的六天中爲我做的一切。

我將在普蘭買的那根六十五米長的軍用背包帶送給了歐珠。將一雙膠鞋送給了歐珠的大兒子。將一面小鏡子送給三女兒。此外，我給歐珠留了一張名片，上面有我家的地址。我告訴歐珠，記起我或有何困難時，都可以寫信給我。我記下了歐珠家的地址，擬寫信給我家人，將我的一隻美國造的二十倍的望遠鏡、一些閒置的衣服、再加上一些常用藥寄往歐珠家。

歐珠已在昨晚用藏文主動爲我寫了一張類似通行證的便條，叫我帶在身上。他一再囑咐我，很快就要走出阿里進入後藏了。如果到前方遇到甚麼麻煩，只要提他的名字，就可以通行無阻。

太陽昇起來了，光亮已能照射到歐珠家的帳篷。於是我們

合影留念——我同他們全家在帳篷前排了一個"一"字形。

分別的時刻到了。歐珠高舉雙手,向我敬獻了聖潔的哈達,我則將身上的"抗高原病一號"和感冒藥全部留給了歐珠和這個放牧點,最後,我們握手而別。水遠山長、關河迢遙,這多半是我同他在這個人世上的第一次、也是最後一次見面了,歐珠和我的眼淚同時流了出來……

因為我所處的方位,是在喜瑪拉雅和岡底斯大峽谷的南側,距離前往後藏的那條荒棄了的公路,還有大約六十餘里。歐珠特地請了他的鄰居白馬次仁帶我一段路,將我"轉交"給家在二十餘里外的一個遊牧點的班店,然後再由班店將我"轉交"給下一站。

白馬次仁用他的馬馱着我的背囊,他的兒子同我們一起前往。十二時十分,同白馬次仁父子翻抵又一個能面對雅魯藏布江源頭"大角克勃"的山口,遂同白馬父子以其為背景合影留念。

十四時,走抵距歐珠家二十餘里外的一個空曠的山溝,來到了同歐珠和我一起走了六天的班店家的帳篷前。"轉交"完畢,白馬父子策馬返去。

班店和歐珠同屬普蘭縣霍爾區的牧民,同區不同鄉。班店屬幫熱鄉,但他們是好朋友。幫熱鄉的班店每年也要跋涉四百餘里到夏季牧場放牧。

班店告訴我,今天不能走了,前方有兩條水流很急的大河擋住了去路,不如等明天再騎馬過河。

在一起走的那六天中,班店住另一頂帳篷,但同我也結下了友誼。他是個比較樂天的人。他也能説幾句漢話,但比歐珠要遜色些。

班店家一開始就給我留下的印象是,他的"阿嘉拉"(妻子)高大健壯、十分美麗。相形之下，班店似乎"小"了一點。這對夫妻令人不可思議地生了六個孩子，並且還笑着表示，再生六個也無妨。

夕陽西下前，我同班店全家，包括班店的妻妹一起合影留念。此時，班店的鄰居、一個喝醉酒的青年牧民前來糾纏不休，我非常克制地拒絕了他在理智不清的情況下提出的非份要求。我警覺到，他被其他人勸走前丟給我的眼神頗失友善。

在浪跡天涯的艱險歲月裏，這種眼神我已不止一次地看到過了。遠的不說，就在走遍西藏的日子裏，我分別在滇藏路、川藏路、青藏路，被持有這種眼神的人或追殺，或劍捅，或刀砍，我每次都死裏逃生。這些年來，我所遭遇到的艱險和不測唯有上蒼知道！

俗話說："久病成良醫。"我則是："多險變機智。"鄉關萬里別，天地一身孤。見識多了，自然就變得聰明和理性起來。以喝酒而言，人喝醉後，思維便處在"自然狀態"，沒有理性可言。尤其在一些地處荒寂、持刀攜槍視如平常的地方，醉酒後常會發生一些突發事件。作爲我來說，就應該時刻保持清醒的頭腦。一旦情勢對己不利，而人力又不可抗拒時，便應"三十六計走爲上"，迅速轉移到有利環境。否則，難保也會"大海中無事，陰溝裏翻船"。

儘管早就將自己的帳篷搭在了班店家的邊上，到了晚上，我仍將"那種眼神"坦率地告訴了班店。請求今晚讓我住在他家的帳篷裏。班店表示理解。

當夜，帳篷外冰雹、雷雨大作。但我卻覺得，同人類社會的誤解、無知相比，來自自然界的侵襲並不可怕。

今夜，在班店家的帳篷內我又一次枕戈待旦。既體會到溫暖，又感覺到寒意。

89. 高原牧區

海拔四千六百五十米　一九九四年九月二日多雲

昨夜無"事"。其實天下本應無事。

班店計劃今日要將我送過三十里地以外的兩條大河。能否過這兩條大河，是我能否走出阿里進入後藏的關鍵之一。

班店原擬騎馬前往，考慮到這兩條大河水流湍急，過河時有可能連人帶馬被水沖走。班店權衡了好長時間，最後決定改騎牦牛。因爲牦牛體重如山。

出發時，班店的妻子斯曲抱着最小的孩子送至帳篷外，另五個孩子也跟着跑出帳篷。我在每個孩子的手上放一張十元的紙幣，包括那個才三個月大的最小的孩子。班店要趕着三頭牦牛爲我來回跑上一天，我以委婉其實也很直接的方式略表我的心意。

途中，我們翻越了四座五千米以上的山崗，看見兩群藏羚羊和一匹正在追逐野兔的狼。

野兔是機智靈巧的小獸，它似乎摸準了狼不便在疾跑中突然拐彎的特點，在逃命中不斷地急速拐彎，最後，終於成功地鑽進了它的洞穴。

那狼也是有靈性的野獸。我發現，它因奔跑太疾而在原地氣喘吁吁地站着時，居然還流露出因失敗而十分懊喪的表情。它緩過氣來後，發現我們正在邊笑它邊向它走近，便不好意思地將臉轉了過去，然後就慢慢離去了。

十二時十分，抵激流洶湧的扎木沙藏布江和休古藏布江，兩條大河相隔僅二百米左右。到達河岸後，班店和我即刻開始分頭尋找水淺和水流較緩處爲突破口，但基本上都大同小異。

十二時四十分，班店和我決定強行過河。我的背囊先前已捆在一頭牦牛的背上，班店又協助我加固了一下。此後，班店和我各騎一頭牦牛。下水後，牦牛一步步向河心走去。河水甚急，寒冷無比。漸至河心時，激流愈加洶湧，河水已淹至牦牛的胸頸處。此時，牦牛的腿不時在水下面打着趔趄，身子也搖晃了起來，已到了隨時會連牛帶人一起被激流沖走的緊要關頭，情勢非常緊急。然而，有經驗的班店非常鎮靜，他突然大聲吆喝了幾聲，又揮動了幾下皮鞭。我見狀，也大聲吆喝了起來。牦牛們終於頑强地站穩了，又一步一步地向對岸走去。緊接着，又走向第二條大河……

十三時十分，强渡兩條大河成功。雖然我們腰以下已全部濕透，但人畜平安，行囊沒有受潮。實踐證明，班店在最後一刻斷然將騎馬改成騎牦牛，絶對是個高招！

十三時五十分，班店將我“移交”給帳篷就搭在河對岸一塊高地上的他認識的一位女子。然後對我説，前方還有一條更大的河流，只要過了那河，你就可以進入後藏（日喀則地區）了。班店隨即告辭，又趕着那三頭牦牛踏上歸家之路。

班店是雅魯藏布江源頭同我交往到最後的一位藏族友人。望着班店又騎着牦牛搏鬥在洶湧湍急的河中心的背影，回想起河對岸的那片我一步一步走過來的蒼茫無垠的土地，不覺淚沾衣襟。我意識到，我將人類戰勝艱險的自信又一次提升到了極致。

引領我强渡兩條河流的班店走了。班店熟識的這位牧人女子就請我在她那裏喝酥油茶，但我們語言不通。眼看天色不早，我就向這位女子表達了我想繼續趕路的意思，她即刻就叫她的兒子洛扎將我再往前領一段路。

十六時十分，十七歲的洛扎領我走上了久違的新藏公路。

不出所料，該路的這一段已長久沒有人車通行，已顯出荒涼的氣氛。當我踏上這段路的路面時，我的心裏産生出一種回歸感。不久，有一群羚羊橫穿此路，而後又向着草原深處疾馳而去。

十七時，洛扎將我領到他們的鄉鄰沙牟嘎支在公路邊的帳篷前，向她交代了幾句後，便也返回去了。

沙牟嘎是個藏族壯年婦女，帳篷內還有兩位青年女子及一個男孩和一個女孩。方圓幾十公里内，除了相隔一里地外還有兩頂帳篷，也就只有她們這頂帳篷了。

徵得同意後，我便在她們的帳篷邊支起了自己的小帳篷。我的這頂藍色尼龍布的單人帳篷，使得她們不斷露出驚羨的眼光。

藏族民衆一般都十分謙恭有禮，沒有貪小便宜的概念。因爲環境閉塞，他們可能對遠方來的異族人所帶的各類物品均感到好奇，但決不會存有貪佔之心。那個大眼睛女子似乎想親眼看一看我呆在帳篷裏面的情景，便潛行到我的帳篷前偷偷撩了一下我的帳門，然後就飛快地逃走。

不久，我被允許進入她們的帳篷。她們以酥油茶和酸奶子款待我。我們語言不通，大部份時間只是互相朝對方笑笑。

我知道那酸奶子極富營養，可以用來補充一下我的體能。遂付給沙牟嘎十五元錢，請她再給我些。她滿足了我的要求。

高原牧區的人因環境使然而難得洗澡、換衣。儘管我就坐在帳篷裏，沙牟嘎她們也因忍不住癢而在互相幫着尋找頭上或身上的虱子。年輕女子自然會有些不好意思，當她們抬頭觀察我的反應時，我及時將頭轉了過去。其實，我自己也乾淨不到哪裏，在挺進川藏路的一百天的艱驗歷程中，我也長滿了一身的虱子，並且還驕傲地把它們一直帶進"聖城"拉薩。

西藏高原是地球上離天最近的地方。日照充裕、紫外線的輻射非常強烈。因而，西藏人民，尤其是西藏牧區人民，是地球上享受光照最充沛地區的人們。這＂最充沛＂的結果，便是他們的臉龐都一律呈黑紅色，甚至紫紅色。但我細心觀察過，他們身體的膚色同我們內地的人是一樣的。我看見沙牟嘎她們的臉色都呈黑紅色，便拿起她們的一面鏡子照了一下自己，鏡子裏的＂我＂也早已面目全非，臉皮剝落得東一塊西一塊，有點像我經常翻閱的某地形圖。

　　夕陽將落前，是西藏牧區一天中的＂最後的美麗＂。我常常會在此時張望四野，心中充滿惋惜和惆悵的心緒。今日此時，金紅燦黃的光芒照例映灑在西面天地相接的地方，而沙牟嘎家的帳篷已開始溶入淺淺的暮色中了。此時卻是牧人們一天中最繁忙的時刻。

　　那兩個先前就離開帳篷的青年女子分別將她們的羊群和牛群從山坡後面趕了回來，沙牟嘎她們就開始了緊張的擠奶工作。牧人們將產奶的母羊攏到一邊，將它們頭朝頭地排成兩行。再用一根很長的繩索將羊頭套攏，形成犄角之勢，而這兩排羊的屁股就都朝向了外面。這樣做是便利逐個地擠奶，而羊們不會東跑西竄。

　　擠牛、羊奶的工作要持續一個多小時。等她們忙完時，天早已黑了下來。在漫長的草原黑夜中，羊兒們是不用拴住的。有牧羊犬照看着它們，它們自己也不敢亂跑。但牦牛是要拴在帳篷附近的，因爲常發生野公牦牛跑來將家母牦牛拐跑的＂桃色事件＂。

　　這些年來，我比較多地領略過許多內地農區的＂田園＂生活。眼前這逐水草而居的＂牧歌＂生活也給我留下另一種特別深刻的印象。我因此知道，地球上每個地方的人民都能因地制宜，以自己最熟諳的生存方式生活了下來。儘管地區之間都存在着很多差異，但每個地方的生活都是一種生活，每個地方的人生也都是一種人生。

午夜前，皓月高懸、微風輕拂，是個近日來荒原上難得的好天氣。看完擠奶後，我便回到自己的帳篷，一個人靜靜地坐在月光輝映下的半明半暗中養精蓄銳。從我撩開的帳門望出去，沙牟嘎的帳篷裏燭光搖曳、人影綽綽。不久，就響起了唸經聲和歌聲。

那唸經聲出自年紀大些的沙牟嘎，而歌聲是兩個年輕女子哼唱的。這兩種反差十分明顯的表現方式就這樣混和在一頂帳篷內，同樣都在寄託着自己的心聲。

走遍西藏途中，最難面對的就是現代人離開了社會群體、離開繁華後接踵而來的孤寂。在很多個不眠的長夜裏，除了荒原上的風和野獸的嚎叫聲以外，便只有自己心跳的聲音。我因此深切感悟到，一個人處在甚麼樣的自然時空，必會產生與此相脗合的心理時空。換句話說，即一定的心理時空，必是一定的自然時空的折射。

沙牟嘎她們的心理時空代表着西藏的土著居民。她們遠離城市和大工業，半與世隔絕；生活單調、節奏遲緩，就像一首古典的牧歌。而她們生活於斯的時空也多麼像古典的時空。

生活在“古典的時空”裏的沙牟嘎們的心理確也明顯留有“原始”的成份，然再“原始”的心理也都有表達心聲的願望。在幽遠深邃、浩瀚無邊的西藏荒原的時空裏，這抒發着遊牧人生艱辛的刻板的唸經聲和無限憧憬美好的將來的蒼茫歌聲，使我潸然淚下，感動不已！

我想說，在現代的時空裏，最寧靜的地方往往是最原始的地方，最原始的地方往往就是最壯麗的地方。

我還想説，最壯麗的往往又是最冷酷的。

90．不能決鬥

海拔四千六百米　一九九四年九月三日多雲

今日途中多爲草原，牧草稀疏，已開始發黃。既是自然形成的、又是人工曾拓展過的公路，在草原上毫無拘束地向前延伸着，給人一種"多虧有這條路，否則你能從哪裏走出去"的感覺。

十八時，走到今日我能遇到的第一處、估計也是最後一處有幾頂帳篷的地方。同其中那頂白色帳篷內的人打過招呼後，印證了我在二公里以外就有的那種揣測。這不是個純放牧點，而是個臨時的羊毛收購站。仲巴縣共青團的團委副書記諾爾桑帶着一名獸醫和司機已在這裏駐紮了好些天。

在現代社會中，多年形成的購物和消費慾看來是壓抑不住的。如果某君長時間走在天涯盡頭，碰巧遇到了他當時正想要的東西，並且兜裏還有幾個錢的話，那情形就可想而知了。比如今天，誰能想到，這個收購站居然還順便捎帶了幾箱新疆啤酒哩！於是，我老實不客氣地當即就要了三瓶。

藏族小伙諾爾桑當過兵，能講挺棒的漢語。聽了我正在走遍西藏的介紹後驚羨不已，此後便説，我們西藏人沒做成的事情，卻被西藏外面的人做下來了。

人逢喜事精神爽，何況已好多天沒使用過錢幣，沒有購過物，沒有人能同我比較順暢地講話了……爲此，我還想請客，我要放鬆一下。我隨即宣佈："請再來七瓶，大家一起喝！"

當這十瓶啤酒像一小片森林似地站立在我們圍坐着的草地中間時，隔壁帳篷裏的一個已喝得滿臉通紅的叫旺堆的小伙也參加了進來。

傍晚，正擬自搭帳篷。諾爾桑對我說，我們帳篷大，不如大家在一起熱鬧些。我沉吟片刻，便同意了他的提議。

人類中的有些事情是說不清楚的。當晚，我同諾爾桑相談正歡時，那個叫旺堆的小伙就跑來打岔。他已明顯地露出醉意，控制不了自己，但他又不允許我不回答他。

天性豪放、心靈絕對崇尚自由的我，哪裏受得了這般的拿腔拿調，便決定不再予以理睬。此後，他看我老半天都將他的盤問當耳邊風，竟翻臉罵道：“你喝了我們的酒，住着我們的房，你裝甚麼好漢！”

沒想到他會說出這等沒意思的話來。我忍了好半天，終於憋出一句：“虧你還是個男人！”

“好，老子不是男人。老子做個男人給你看看！”說時遲，那時快，他已拔出腰間的佩刀，對準我的胸口就是一刀！

“不錯！有種！請再來一刀！”被我迅速躲過第一刀後，我一邊移動着步伐，一邊回敬着他的“挑戰”。我的臉上毫無懼色，甚至還流露出一絲帶有惡作劇的微笑。我的腰間也佩有一把鋒利的藏刀，但我一直在内心警告自己：千萬不能拔刀！不要同他“決鬥”，不要同他一般見識；防禦是應該的，進攻是不可以的！

“好啊！你……”當這夥計正欲再次向我衝刺過來時，在一旁冷眼觀察的諾爾桑和司機緊緊抱住了他。但他仍不甘心，仍掙扎着向我刺來，一刀、兩刀、三刀……最後，獸醫聞訊趕來，一把將他的刀奪下。

五分鐘後，旺堆帳篷裏的兩個佩刀的青年牧民便跑到這個惹事的帳篷來。他們手插腰間，像兩座門神一言不發地站在一邊看了我好一會兒。我當然知道這可能意味着甚麼，在這劍拔弩張的危急時刻，動輒便會出現失控的局面。我盤腿端坐，也一言不發地正視着他們。時間在互相的逼視中一秒一秒地過去，帳篷裏的空氣像是凝固了起來。終於，他們又一言不發地走了。他們剛跨出帳門，諾爾桑他們長長地呼出一口氣來。

在我的艱辛之旅中，我曾多次遭遇過類似的有可能"陰溝裏翻船"的突發事件，在遼寧和吉林交界處的一次被襲擊中，我差點斷送了一隻左眼；在青藏路和川藏路都遇到過"麻煩"。有一次居然還有人懷揣一把自製的土槍暗殺我未遂。每次都被我死裏逃生。今日之事也是太荒謬不過了。他們根本不知道，面對他們的是一個多次"玩"過死亡的人，一個有着浩然之氣的人。這種人是不會輕易死掉的！

當夜，我和衣而臥。又是一夜的枕戈待旦。

今晚我生發開一個感悟：在某種場合下，一言不發或能產生意想不到的效果和最大的"殺傷力"，讓人莫測高深、難料虛實，有點像"冷戰"。

91. 今天運氣不佳

海拔四千五百五十米　一九九四年九月四日陰

今日臨走前，昨晚向我胸腹連捅幾刀的冒失鬼在諾爾桑陪同下，前來向我道歉。大意是，昨晚喝多了，説了些"小兒科"水準的話，請別介意。我笑答："我不會往心裏去的。我還有很遠的路要走。"

諾爾桑拍着我倆的肩膀對我説："用你的相機同我們合個影怎麼樣？"我答："行，到拉薩後寄給你們。"

今日出發後的前十餘里地中，連續涉過十餘條水深至膝的溪流。據此，我便將水壺內的水倒去以減輕負重。走出二十餘里後，看見兩群野驢。它們奔跑時動作輕盈，個體間的距離相等，整個群體排成一個斜線型的隊列。從遠處看去，無可挑剔、非常壯觀。

我觀察到，每一群野驢均有一個＂頭兒＂。那吃草時擔任警戒、奔跑時首先起動的、個頭最大的，定是＂頭兒＂無疑。可惜我的裝備太差，配不起圖像清晰的遠攝鏡頭。走遍中國以來，我在極不情願中浪費了很多珍貴的實況記錄。我認爲，這不僅僅是我個人的遺憾。

資料顯示，甚至昨晚諾爾桑也提醒過我：普蘭至仲巴之間爲＂人熊＂活動區，每年都有人在此遇害。一般來說，＂人熊＂多盤踞在山嶺上，喜歡居高臨下地俯視荒原。在荒原上行進的我視角正好同＂人熊＂相反，我必須時刻仰視兩側的山嶺，以防＂人熊＂俯衝下來。

其實，此時沒有任何人比我更清楚，即便我再怎樣保持警惕，也難防範於未然。我的全部逃生措施除了父母給的兩條腿外，只有一把八寸長的藏刀。問題是，＂人熊＂不可能等你先下手；就算先給它一刀，也很難致它於死。因此，這把刀的作用，主要還限於＂讓你心理上好過些＂而已。我早說過，孤身徒步走遍西藏，一半靠自己的膽魄和智慧，一半靠運氣。

諾爾桑光顧了告訴我這段路有＂人熊＂，卻忘了告訴我沒有水的情況。今日，我這兩個＂一半＂都出了點問題：一是錯估後面的八十餘里地也會像前十里地那麼多水，二是偏巧後八十里地滴水不見。今日運氣明顯不佳，但同撞到＂人熊＂相比，我似乎還算個有福之人。

二十時，支帳篷於一處能避風、能阻擋掉一點野獸視線的山坳下的低凹處。晚餐時，乾嚥着壓縮乾糧，面對着眼前這片枯草萋萋的乾旱荒原，我的嘴角掠過一絲苦笑。

露營地附近是否有"人熊"？如果沒有"人熊"是否會有狼？如果有的話是否會發現我？如果發現我是否會前來？如果……這一切，均靠運氣！多年來，每當我置身於人跡罕至地區孤獨求生時，我常習慣於仰起臉來眺望一下上天……

92. 偵察河

海拔四千五百八十米　一九九四年九月五日雨、陰

凌晨，荒原的上空落下雨來。趕緊起身擰亮手電，將水杯放到帳篷外，以期明早來點天上的甘霖解渴。

下雨時，是我趁機蒙頭大睡、恢復體力的黃金時間。我總是天真地認為，野獸們因怕雨淋而懶得出門。

清晨醒來，起身急看水杯，杯中竟然滴水無存。納悶了半天，方想到昨日風大，兩滴飄落不到口徑那麼小的杯子裏去。掐指算來，我已從昨日上午乾渴到現在。今早還必須繼續乾吃壓縮餅乾，換取一點體力支撐着前進。

上午至下午，均行進在無人、無水，沙化現象嚴重的戈壁灘上，已萬分乾渴、步履艱難。想水想瘋了，眼前就常出現幻覺，老"看見"商店櫥窗裏的易拉罐、啤酒、礦泉水……林林總總，但可望不可及！嘴唇已開裂多日，此番又增添了三處大裂口，我已很長時間不敢舔一下嘴唇，那疼痛的滋味直竄心底。我一直在心裏默默告慰自己："純順啊，再堅持一下，前方總會有水的。"

十六時十分，昏沉沉前進中，鼻子裏感覺到一絲異樣的氣息。抬頭遠眺，頓時大喜，正前方天地相接處出現一大片草原，草原的中間有一片巨大的水面。於是我對自己說："哥們，苦難的日子就要結束了！"

半個小時以後我嘟噥了一句粗話："×××，這也太不像話了！沒水時，一滴沒有；有水時，兩個湖擠在一起。你們難道就不能給我分開一些嘛！"

我自然不能同時喝眼前的這兩個終於被我撞見的大湖，我喝最先走到的那個。但一開始還不能喝得太猛，因爲我的腹腸內已乾熱多時，需要一個適應過程。

我在這一救命之泉邊呆了很長一段時間，每隔一會兒就喝個夠，直喝得腹脹如鼓，喝下去的水又"倒灌"了出來。有好幾次，我被長時間失水所產生的恐懼心理籠罩着，心想，乾脆從此就住在這湖邊算了。我從來沒有如此害怕過。少了一點水就將我搞得如此虛弱，這證明我還不是不可戰勝的。但假定今日還遇不到這些水呢？那我就被徹底擊潰了嗎？我就甘心變成荒原上的一堆白骨了嗎？答案只有一個：繼續堅持前進，一直走到有水的地方！

今日不可能住在這水邊了，因爲我很快又發現草叢裏、湖岸邊的毒蚊子已經將我團團圍住……

十六時四十分，沿着馬泉河(雅魯藏布江上游)北岸，走抵它的一條支流——"偵察河"的西岸。此時發現前方和右側皆是河，河上無橋，河邊無船，我已無路可走。

但我的心裏卻豁然開朗起來。這個明顯的地理位置，頓使我好些天來的因沒有詳盡地圖和參照物，而始終摸不清準確方位所形成的憂鬱心情一掃而盡。

偵察河的對岸有兩排平房，是昔日爲剿匪而建。雖然現已廢棄，但就是這兩排平房界定了它邊上的這條河是偵察河，而不是別的甚麼河。

確定了"偵察河"，就等於確定了我自己所處的方位。在西藏高原徒步旅行，不知道自己的確切方位是可怕的。

很明顯，我已走抵同阿里交界的仲巴縣帕羊區的一個叫霍爾巴的藏族小村。不過，這個村莊卻在河的東岸。河的西岸，在我右側不遠處有幾頂帳篷，甚至還出現了幾間固定的房屋。我知道，我已漸漸接近後藏的有村落的地區。但現在我還看不出這對我有甚麼"好處"，我必須即刻渡過河去。

"偵察河"發源於岡底斯山脈，有三個分別叫塔若措、帕龍措和森里措的大湖，給它源源不斷地提供了水源。它的寬度大約在八十米，水流湍急，水溫因岡底斯融化的冰雪而寒冷無比。在此之前，藏族朋友告訴我，"偵察河"是我走出阿里，由後藏前往拉薩途中的最大的、也是最後的一條大河。因爲沒有橋，只能冬季結冰時從冰面上通過。而冬季時，通公路的山口又往往被大雪掩蓋。因此，現在來往於後藏和阿里之間的車輛和商旅，通常改走措勤——革吉這條線路。

十七時三十分，趁氣溫尚未急劇下降之前，我已將背囊裏的裝備分成三份，用事先準備好的塑料袋包紮好，以防水浸。然後迅速揹着第一批物品下河，擬來回汹渡三次，將所帶裝備送過河去。有關汹渡的所有程序、細節和動作要領，都是我早就計劃好、並默誦下來的。我知道我一定要強渡成功。捨此，我無路可走。

我選擇了一處河岸有點迂曲、水流相對平緩些的地段作爲汹渡處。下水之前，我在原地跳躍了一陣。脫去衣服後，用拳頭捶打了幾次胸脯，而輔以幾聲狂吼，此後便毅然下水。

然而，五分鐘以後，這次強渡地球海拔最高之河的嘗試便悲壯地失敗了。可以想見的原因是，流速快、水溫低、體力不支。因而下河後即全身痙攣，身體下沉……

爲防感冒而引發致命的高原肺氣腫，我在被沖離岸邊七八米後，拚盡全身力氣游回岸邊。上岸後，趕緊穿上衣服，將全身裹在睡袋裏。當全身上下劇烈的哆嗦終於平緩下來後，我決定就在河邊住上一夜。等到明日正午太陽直射，水溫、氣溫相對高些時再游過去。

我在河邊尋找適合支帳篷的地方，發現不遠處的河邊草坎上有一間單獨的小土屋，便揹起行囊向它走去。與此同時，有一個藏族老漢從帳篷那邊趕了過來。如我所料，他正是這間小土屋的主人，名叫山貝。

只會幾個簡單漢語單詞的山貝，同時輔以手勢對我說，我看見你了。因爲水太急太冷，你不可能游過去的。我便同他商量，我想在他的小土屋裏住上一夜，爲此我付五元錢；此外，我再請他給我打一壺酥油茶來，爲此我再付五元錢。山貝點點頭答應了。

這是一間剛用土夯好不久的小土屋，裏面空無一物，但門窗倒是齊全的。儘管我仍得睡在泥地上，但總比暴露在野外要好一些。很快，我已乾脆利索地舖好了地舖，又找來一根木棒用以夜間頂門。

一小時以後，山貝端了一壺酥油茶來，身後還跟着一個小女孩和一隻大黃狗。那酥油茶還很燙，足足能斟五大茶杯。趁熱喝了兩杯，身子頃刻就暖和了起來。我又掏出壓縮乾糧，比平時多吃了兩片，希望能因此多恢復些體力。

很不幸的是，在吃壓縮乾糧時，混雜在乾糧中的一塊小石子在我用力咀嚼時，傷了我右上排的一顆牙齒。這必將給我的旅行又帶來不便。

滿滿一茶壺酥油茶被我喝個精光，山貝和小女孩坐在一邊靜靜地看着我。他們至多只知道我是個孤獨奇怪的過路人。山貝傍晚前要去將羊群趕回來。他同妻子卓瑪住在距我二百米遠處的帳篷裏。臨走前，我拜託他明天上午再給我送一壺酥油茶來，山貝又點頭答應了。

山貝看上去大約在五十開外，也可能只有四十歲。他的臉上佈滿了歲月和艱辛生活留給他的皺紋，是典型的西藏高原上的老實牧民，在默默無聞的地方過着默默無聞的生活。我猜想，他至今還保留在記憶中的那幾個漢語單詞，是剿匪部隊駐紮在這裏時記下的。他告訴我他曾給那支部隊照看過羊群。

記不清我最後一次住在有屋頂的房子裏已距今幾天了。對我來説，那彷彿已是遙遠的過去。今夜，我不期然地睡在荒原上的一間小土屋的泥地上，兩條地球上最高海拔之河的潺潺流水，於夜空下從我的身旁奔赴遠方……

93. 強渡再次失敗

海拔四千五百米　一九九四年九月六日陰

昨夜，在兩條河的灣岔處轉了一圈後，便返回小土屋早早睡下了。今日又養精蓄銳至十一時，心中總在默念着今日之強渡務必要成功。

西藏同上海有兩個小時的時差，下午二時等於上海的正午十二時。我定在下午二時開始泅渡，因爲此時太陽處在直射位置，水溫和氣溫相對高些。

十一時三十分，山貝又如約送來酥油茶時的表情頗像是在給我送壯行酒。這位西藏老人的出現，對恢復我的體力功不可沒。午餐，我比平時多吃了四塊壓縮乾糧。此後，我又像昨天一樣將所帶裝備分成三份，再一一用塑料袋捆紮好。

我自小就精於游泳之道。家鄉的母親河——黄浦江是我玩水戲耍的地方。十四歲時，我便可以在黄浦江中一口氣游上兩個來回。因此，在正常情況下，這幾十米寬的偵察河實在是小菜一碟。但現在是在寒冷的西藏。長途跋涉加上長時間缺乏營養，體力已消耗殆盡，並且還帶着那麼重的行囊。

這些東西中最重要的、絕對不能打濕的有：郵戳本、兩架照相機、收音機、海拔表、溫度計、指北針、多功能手錶、未拍和已拍的膠卷、筆記本、通訊名錄、各種資料和地圖。一般情況下也不能打潮的物品有：睡袋、帳篷、羽絨服、毛衣、毛褲和壓縮乾糧。此外，就是那些打濕與否問題不大、儘管有一定重量，但又必不可少的東西：照相機三角架、各類電池、手電筒、鋼筆、圓珠筆、佩刀、茶缸、軍用水壺、指甲鉗、小剪刀、挖耳勺(我耳朵老瘙癢)、牙具、毛巾等。這些東西加在一起，份量最重時達六十斤上下。如果減去不斷在消耗中的壓縮乾糧和水壺裏的水，總重量也至少在四十五斤。依目前的體能來看，托負四十五斤重的東西，一次是游不過去的。現在我分成了三份，這就意味着每次要托負十五斤以上的東西來回游三次。

下午二時十分，我開始再次強渡偵察河。此時，山貝、藏族小女孩和大黃狗都來到河邊爲我送行。下水前，我聽見山貝的嘴裏在反復唸着"六字真言"。此情此景，不禁讓我胸口一熱，淚水奪眶而出。我突然感覺到虛空中籠罩着一層十分悲壯的氛圍，少年時感懷不已的那首著名的"風蕭蕭兮易水寒，壯士一去兮不復還"的詩歌，不斷地迴旋在我的耳邊、迴旋在河邊、迴旋在這浩瀚無邊的荒原上……

今日之水仍未有明顯的改觀。下水後，即刻奮力向對岸游去。詎料，我的四肢仍像昨天那樣殭滯，不能有效地聽我支配。儘管我連續三次試泅，像鉛塊一樣的身體最終還是浮不起來。於是，第二次強渡又失敗了。

山貝和小女孩慌忙幫着我將行囊拿回小土屋中，我又趕緊將自己裹在了睡袋裏。很快，山貝小跑着給我拿來了一壺開水，讓我喝上幾口暖和一下身子。

此時我已意識到，在如此艱苦的環境中，我的已長期透支的體力不僅不可能恢復過來，反而只會越來越糟。而流水依舊，天氣一天比一天涼。數天前，我已在喜瑪拉雅和岡底斯山區遭遇了一場大雪，而處在差不多緯度的仲巴縣西部荒原也隨時會突降冰雪。看來我現在是進退維谷已陷入絕境。我該如何突圍出去?!

一直在旁邊跟着着急的山貝，用小石頭在泥地上給我畫了一幅地圖，示意我，在強渡決不可能成功的情況下，不如溯流而上七十公里，因爲偵察河在那裏分成了四條支岔，那裏的水淺而且平緩。

從推理看，山貝的話不無道理。在此之前，有些藏族朋友如拉薩的嘎珍小姐也給我標過這條河的草圖。當然，草圖上同時也指出偵察河上游無人區是"人熊"的"大本營"。爲此，我笑着向山貝作了個那地方有"人熊"的手勢。山貝見後便使勁地點着頭，也故意向我模仿了一下"人熊"撲向人時的猙獰動作，隨後就苦笑着搖搖頭。

但我必須作出決斷。我必須在既不可能再退回到獅泉河，又不可能插翅飛躍的前提下尋求生路。然而我的"生路"也必須要有一個前提，那就是不能丟掉行囊自顧逃命。這樣，結論就出來了：我唯有溯河而上七十公里，再沿河而下七十公里，"無效勞動"一百四十公里後，方能歸入正途繼續前進。這倒也自認倒霉了。問題是，那地方是著名的"人熊"盤踞點，我這一去，豈不是被那幫傢伙候個正着！

還是那句老話，孤身徒步走遍西藏，一半靠自己，一半靠運氣。當務之急是，我必須補充一些乾糧。我身邊的壓縮乾糧僅能支撐一天半的行程了。

我決定向山貝買些糌粑。在此之前，我一直盡可能逃避吃這種進藏以來一直難以習慣的高原主食。我只喜歡喝酥油茶。

傍晚的酥油茶是山貝的妻子和藏族小女孩一起送來的。這兩天如果沒有這些熱呼呼的茶飲，我就只能捧飲偵察河。山貝料理完了一天的牧事後，打着手電專程來告訴我，他已備好了我所需要的糌粑，明天溯河而上、經過他的帳篷時給我。

山貝的那條大黃狗没走，這兩夜它總趴在小土屋前面的場地上同我作伴。我知道它挺喜歡品嚐我的壓縮乾糧，可惜我每次只能勻一丁點給它。今夜它又陪我去河叉處轉了一圈，開始認可我直呼它"大黃"。

94. "蓋當娃"

海拔四千五百米　一九九四年九月七日多雲

上午九時，我仍十分沮喪地在小土屋中躺着時，門外突然傳來山貝的不同尋常的叫聲。我忙披衣開門，只見他邊向這邊跑來，邊指着偵察河那邊用藏語哇啦哇啦地説着甚麼。我忙朝那邊看去，只見偵察河的水面上露出一個人的腦袋，而且這個"腦袋"正由河中心向我們這個方向的岸邊移動。

這一發現頓使我意識到"有戲"了，顧不上穿鞋便向河邊跑去。未及到岸邊，那"腦袋"已變成了一個男子的上半截身子，繼而又是整個身子。跑到河邊，先不去細問，我已查覺到偵察河的水位在一夜之間竟淺下了一公尺半左右，這一始料未及的轉機頓使我喜出望外又困惑不解。

不用問，這偵察河顯然是條季節河。前段時間正值夏日和雨季，陽光充沛，雪山上的雪融化得多，同時雨水也多。於是水位高、水流也急。這幾日氣溫轉低、多日不雨或微雨，水位就迅速低了下來，而且偏偏在這節骨眼上低了下來。

回頭再看那人，他早已抖擻着穿起了一件絳紅色的衣袍，我的天哪！原來這水中冒出的竟是位青年喇嘛。山貝上前同他通過話後告訴我，他是位來自昌都地區的喇嘛，正擬前往"神山"、"聖湖"。剛才他走到河邊，看到水位剛巧能過人，便將衣服馱在肩上，拄一根在對岸村子裏找到的樹枝就這麼過來了。他上岸後很快就離去了，壓根兒也不知道今日之河已非昨日之河。這真是人算不如天算，來得早不如來得巧。

好了，再見了"人熊"！再見了偵察河！轉瞬間，一切已迎刃而解。既然喇嘛能從河那邊過來，我也就能從河這邊過去。我在喇嘛上岸處做了個標記，就趕緊跑回去收拾行囊。

十時三十分，陷於死地而後生的我第三次強渡偵察河。但這次毋須泅渡、也不必將行囊一分爲三。下水處就選在那位喇嘛上岸處。山貝在岸上將背囊放在我的肩上，藏族小女孩則遞給我三角架。我用一隻手托着行囊，另一隻手將打開的三角架代作撐杆。這個撐杆在河心發揮了作用，使我在湍流中穩住了身子不致被水沖走。

順利到達對岸後，我迅速穿起衣服以防感冒。回望對岸，山貝、藏族小女孩和"大黃"仍站在河對岸靜靜地目送着我，在我向他們揮手致謝時，回想三天來困守在這條高原之河的旁邊全賴他們的關照，又想到此去將永不能再見這位藏地的老實牧民和這位不知名的藏族小女孩，不禁淚如泉湧！

天下沒有不散的筵席。沿着河岸我一步三回頭地慢慢離去，我要將這個使我刻骨銘心的地方深烙在我的記憶中。走出很遠，那隻陪伴了我兩夜三天的義犬"大黃"仍在秋風中沿河追喚……

過河後精神倍添，三天來憂鬱、絕望的心情丟進了爪哇國去。上岸不遠就是那個不久前還可望而不可即的名叫霍爾巴的小村莊，我在向它走去想像着它可能會帶給我的某種驚喜。

　　這個藏莊非常冷寂，冷寂得像石器時代的村落。除了十餘間土石砌成的房屋外，沒有其他場所，當然，也沒有能使我振奮的小商店。

　　走過整個村莊，我只看到兩個在屋前做手工活的村民，他們驚訝地看着我走過，我恍然若覺真的走進了古代。

　　我發現我根本無法嘗試着向那兩個村民走近，更不能在這個村莊停留。因爲一進村就瞄上我的六條兇猛、強悍的大狗在向我狂吠、在向我迂迴……

　　走過神州無數鄉村、牧場，凡經過之地的“狗們”都無一例外地“出迎”過我，均給我留下“深刻印象”。但很少有今天這樣高的“規格”。今日是將我押解出村還遠不算完，還要一路圍追堵咬，輕易不善罷甘休。

　　盛産牦牛和綿羊的藏地同時也生長一種名叫“獒”的傢伙。字典上對它的介紹是：一種兇猛的狗，比平常的狗大，善鬥，能幫助打獵。但字典上介紹得過於簡單了，應該再加上：獒，也叫藏獒，是青藏高原特有的一種巨大猛犬。它頭大、嘴闊、牙尖，彪悍剛毅，“攫捕如猛虎，吞噬若狂獒”。

　　《書·旅獒》：“西旅獻獒”，就記載了邊陲西藏進貢大猛藏獒之事。

　　《穆天子傳》：“天子之狗（藏獒），走百里，執虎狼。”也指的是藏獒。

　　藏獒是雪域牧民的大型工作犬，是主人助牧助獵的良犬。尤其是流浪放牧者的忠實良伴，確保人畜平安的守護良犬。藏獒蹲坐時昂首豎耳、警惕四方，雙眼炯炯，威風凜然，令過往者無不心怯止步。每當越雪山、過草地，驅逐餓獸、擊退豺狼，它總是神勇無比、克盡職守。

一隻純種藏獒身長四尺、重達七十多公斤，體形壯大、強勁兇猛。據説，一隻成年獒足以勇鬥三匹野狼，是世界上唯一敢於同猛獸正面搏鬥的義犬。

走青藏路時曾聽説，近年來雪域藏獒深受國內外犬類學家的好評，被稱為"中國神犬"，是世界上享有盛譽的珍貴牧羊犬。目前，一頭純種藏獒在國際狗交易市場索價五至十萬美元。

今日的圍追堵咬來勢兇猛，出乎意料，不知事出何因。我觀察到六隻個頭有如小牛的藏獒是由內中一隻最兇悍高大的傢伙操縱着的。在它的指揮下，它們有效地將我團團圍住，或吠、或咬、或撲地向我輪番發起進攻。危急中，我一手持佩刀，一手拿三角架，兩手不停地或前、或後、或右、或左拚死抵擋，我的嘴裏也不時爆發出一二聲怒吼以恫嚇，我的腳步不停地移動以躲開撕咬。我且擋且退，終於擋出一條生路，我落荒而逃。

通常，在途經者逃出某座村莊時，"狗們"的"出迎"儀式就會到此結束。但今日不同。今日之事十分令人費解：原以為一了百了了，没想到剛逃出百餘米後，這六個狂獒又一起向我猛撲上來，於是我又一次左衝右突拚死抵擋。好幾次，由於"狗們"的攻勢太猛烈，我幾乎已招架不住，我的神經已繃緊到極點。但我仍不停地在提醒自己：堅決不能讓它們中的任何一個撕咬上一口，有一口，就會有十口、廿口，一旦被抓咬破血管大動脈、或染上狂犬病毒，在這荒涼的高原上我必死無疑。

今日這群狂獒追咬我約有三華里地。總計向我發起八次進攻，每次都由那隻帶頭的指揮，每次都彷彿有誰叫了"一、二、三"的口令似地同時抬頭，同時撒腿，齊頭並進、鍥而不捨地向我發起進攻。我敢説，這一怪事簡直是天下奇觀！

今日之事實在令我費解，直到我逃離這我稱之爲"狂獒之域"的地方好遠，驚魂甫定時仍驚詫莫名。究其動機，到底也不知所以。我不懂，同樣生而爲犬，爲甚麼僅隔一條河竟如此大相徑庭。而且這幾個狂獒還似乎懂得"看人頭辦事"。我回想起那昌都的雲遊喇嘛，他就沒受到類似我這樣的"待遇"。

提到那位神態自若地過得河來，轉眼間又消失得無影無蹤的神秘喇嘛，我這才想起他可能是我見到了、但又失之交臂的藏地著名的"蓋當娃"。

走遍西藏途中我曾瞭解到，在西藏及其他藏區有一些專門修習佛教密法的寺院，曾培養出許多聲名遠揚的瑜伽師"蓋當娃"。其中，最有名的當屬位於日喀則西北部的那朵吉普寺。這種注重口傳密法的修習，僅限於藏傳佛教的噶舉派內，但初始於求法印度歸來的西藏著名高僧瑪爾巴。

培養一名身懷瑜伽密法的"蓋當娃"絕非易事。教法規定，凡欲進行訓練的僧人都必須在寺內先做三年雜役，三年以後才能轉入密法修習的階段，俗稱"三年三法"。即修習者必須在三年三個月三天的時間內掌握三種密法。之後，便在一些大德高僧的指導下進入更爲嚴密的苦修，期限爲七年上下。

經過多年研習之後，這些僧人還要進入一個閉關自修的階段，以便最終通過傳統的測試，成爲一名全藏知名的"蓋當娃"。

閉關自修的瑜伽師一般都要選擇一個吉日進入一間與世隔絕的石屋，這間石屋的洞口隨即用石塊砌死，僅留一個小口，以便瑜伽師同外界取得聯絡並收拿食物。閉關密修期間，除非有必要，只有寺院最大的喇嘛能夠與密修者通話。

閉關秘修的瑜伽密法俗稱"吐姆"呼吸法。這種密法既能增加自身熱量，又能練就成騰身輕功。《西藏見聞錄》記述，掌握了密法的瑜伽師可以只穿幾片破爛麻布、吃半開的水泡的麵糊，在遠離人群、風雪瀰漫的冰天雪地裏閉關自修。有"吐姆"功的瑜伽師可以用自己的身體不斷地烘乾冰水浸過的麻布，生吞十餘塊麵團，在同一時間內消化完。

瑜伽師密修到一定階段，便要接受相當嚴格的測試。測試場所一般都固定在後藏的夏魯寺。通常，舉行測試的時間都定在藏曆十月十日這一天。這一天到來之前，接受測試的瑜伽師必須先在夏魯寺的一間地下室閉關靜修七天。

過去，在規定的舉行測試儀式的那天，西藏噶廈地方政府還要派官員前來主持，各地的信仰者也會聚集前來一睹這一盛況。

儀式開始後，首先要求在地下室密修的瑜伽師依靠"吐姆"法從低矮的通道衝至地面，這時，即刻有人將一張新剝下的牦牛皮裹在他的身上，要求他當場用自己的身體將牛皮烘乾。此後，由官員和在場群眾評判認定。

順利通過評定之後，這些瑜伽師就成了名副其實的"蓋當娃"。數天之後，這些"蓋當娃"還要離開當地，去完成一項神秘、奇特的使命，即聞名全藏的"轉六場"巡遊。這也是我比較感興趣的一點。我懷疑在"偵察河"邊邂逅的那位神秘喇嘛，有可能正是"轉六場"巡遊中的一位瑜伽師"蓋當娃"。

"轉六場"始於西藏古老的傳統，每逢藏曆雞年，那朵吉普寺都要將該寺培養的"蓋當娃"派往各地進行這樣的巡遊。據說，這同一些神秘的宗教儀式有關，然主要還在於檢測全藏主要瑜伽師的能力。此外，也有通過這些"蓋當娃"所具的法力安撫所經地方眾生的考慮。在巡遊過程中，往往有一二名地方官員和僕人不緊不慢地跟隨在後，他們的職責是監督和幫助"蓋當娃"完成預期的檢測任務。當然，也有獨立孤行，不需要任何監督和僕從的。

經過多年瑜伽密法訓練之後的"蓋當娃"，身輕如燕、步伐輕快。據說，他們還會一種能日行千里、翻山越嶺涉河過江如履平地的密咒。他們能在極短的時間內走完常人要很長時間才能走完的規定路程。

巡遊生活漫長而又艱苦，長時間行進在崎嶇山路和惡劣氣候中的滋味非常人所能忍受。此外，戒律還規定，途中不能休息，不能進食，只有到晚上才能吃點食物，喝點水，夜間必須坐禪入定。

"蓋當娃"的巡遊活動總能受到沿途信教民眾的尊重。他們會事先在當地的佛事中心煨桑焚香以迎賢者。為安撫眾生，"蓋當娃"也要盡其所能施以特定的儀式，使眾生相信："蓋當娃"到來之後，此地將平安昌隆。

"蓋當娃"抵達聖城拉薩後，會被引薦到布達拉宮拜見一些政要和宗教界的領袖，這是一般的大德高僧都難得到的榮幸。從此，西藏就又多了一位官方認可、全藏聞名的"蓋當娃"。

"蓋當娃"巡遊的結束地點仍在夏魯寺。在此後的歲月裏，他們還要持續伴隨終身的禪定和瑜伽的修習，以期達到更完美的境地。

據我所知，當今藏地的一些與世隔絕的隱匿之地還存在着這樣的人，以及正在將自己修習成這樣的人。他們是人。

95. 這裏也有沙漠

海拔四五〇〇米　一九九四年九月八日晴

從霍爾巴至帕羊風光壯麗。遠處有綿延不絕的群山和突兀高聳的雪峰，山下是草原和正在被"沙化"逐漸侵吞着的平壩，草原深處有湛藍的水以及漫遊其間的黑牦牛和白羊。

帕羊是個區府所在地，仍位於喜瑪拉雅和岡底斯兩大山脈的中間，雅魯藏布江的上游馬泉河就從它的旁邊流過。是昨日下午三時走到帕羊的。走到帕羊也就意味着已走出阿里同後藏之間的"無人區"地帶，也即是新藏路最艱險的一段已被我拋在身後。

抵帕羊時只剩下兩片壓縮乾糧。好在可以從帕羊的幾家康巴人開的商店內補充。我不太清楚其他貨品的價格，但以我熟悉的啤酒和健力寶而論，帕羊的貨品要比阿里普蘭便宜些。

帕羊有一私人開的藏族旅館，每晚宿費十五元。我怕入住那裏的人喝酒鬧事，便去區府招待所投宿。一位藏族女服務員告訴我，這要得到區黨委書記的批准，而該書記已外出了。我又問：可否請示一下副書記？答曰：副書記說了不算。

帕羊區府一側的場地上有一座類似瑪尼堆式的佛塔。一些佛教徒經過時先在那裏煨起桑煙，再轉一下經。帕羊區的佛教徒多為牧民。帕羊區屬仲巴縣，仲巴縣是後藏唯一的純牧業縣。

我在拍攝那些轉經者時，有人過來請我出示證件，原來該縣公安局和武警在這裏設了一個檢查哨。他們瞭解了我的情況後，便邀請我去他們的帳篷住。晚餐時我在他們那裏吃到了很多天來的第一頓蔬菜。其實這點可憐的葉綠素是這個武警部隊從很遠的地方運來的。

太陽落山前，應邀用我的相機同檢查站的四川青年戰士管良坤和藏族公安旺啦一起合影留念。這位漢族小戰士希望有一張以喜瑪拉雅山爲背景的照片寄到他的家鄉父母那裏去。

清晨，帕羊區府邊的佛塔前桑煙裊裊。男女信徒口唸"六字真言"順時鐘轉經。做這類早課者多是老年牧民。青壯年和上學的孩童從旁邊經過時熟視無睹。

早飯前我肚子不適，轉遍四週不見一個公廁。情急中便跑去附近的草原上"方便"。老實說，走遍中國途中，我對國中絕大部份地區的絕大部份公廁始終不敢恭維，每遇"方便"時，只要有可能我就"回歸大自然"。

近年來，我常看見一些有點藝術細胞的人士常將西藏的牦牛頭骨掛在家裏作爲"鎮山之寶"。今天我走去帕羊村外時，看見空地上有幾隻屠宰後的牦牛頭顱在慢慢腐蝕。

今日出發時漢族小戰士鳴槍三響爲我壯行。走出不遠即進入帕羊區至仲巴縣城的"沙化"現象更爲嚴重的荒漠上。日漸侵入的漫漫平沙不僅吞噬了大面積的草原和公路，還在不少地方形成了一個個"新月形"的沙丘。荒漠上隨處可見跳躍跑動着的鼠·旱獺和野兔。

以前，我僅知道新疆、甘肅、內蒙等地有沙漠，而不太清楚西藏也有部份沙漠。

我推測此地的"沙化"現象源於缺雨。來自印度洋的濕潤空氣被喜瑪拉雅山擋在了南亞次大陸，而食草類的鼠、旱獺和野兔的大量繁殖也加劇了這一趨勢。儘管"天上之水"的雅魯藏布江就從這片荒漠中穿行而過，但現在還沒有人想到有必要"近水樓台"將乾漠灌溉成綠洲。此外，我想說的是，長距離徒步旅行的人所能遇到的各種路況中，再沒有比遇到沙漠更能令其對"前途"失去信心的了！

　　喜瑪拉雅山一直逶迤在我的南側。雅魯藏布江不露聲色地從它的腳下向仲巴的方向流淌而去。我時常能看到那湛藍的江水，每看一眼都會使我心旌搖蕩，這是我多少次夢中見過的壯麗之江啊！

　　二十時十分，我停止了一天的跋涉，決定在雅魯藏布江畔宿營。我深知這一帶也是"人熊"出沒的地區。我在靠江邊的一個幽深的山谷裏選擇了一處既背風、又隱蔽的地方支帳篷。

　　時令已近中秋，白晝日短、黑夜早臨；天氣逐漸轉涼，地溫日趨陰寒。我得按照季節，盡快走入公路沿線有道班的地區。再往後，野外宿營已難以為繼。

　　天黑前的一個多小時，我靜坐在帳篷前已趨枯黃的草地上凝神冥思，沒有恐懼，也沒有快樂。此時，只有身旁的雅魯藏布和前方的喜瑪拉雅這兩個西藏乃至地球上的"名山"、"大川"撫慰着我今夜特別孤寂的心靈。仰望蒼穹，那來自虛空的高亢、舒展、略帶憂傷和古意的無字長調又在我的耳際旁漸漸響起……與此同時，那已自我扣問了無數次的聲音又在我的腦海中回蕩："我是誰？""我來自何方？""我去向何處？""我在幹甚麼？"

　　臨睡前，回憶起兩天來在如此偏僻的地方所經歷的一些事。我意識到地球上的人類原來已如此高度"組織化"了，但我因此感到了某種悲涼。我覺得一些地區的民眾強調自己"我們才是這裏的主人"的意願是可以理解的，但同時也應增進一些"你同時也是地球人類中的一員"的觀念和胸懷。茫茫宇宙，無限虛空。能在某個星球上來"活"一回的生命體純屬偶然，又非常不易。作為最應具有理性的人類應該保持樸實和自然。應該像偉大的人文主義者莎士比亞說的：上帝降生我們，不是讓我們來享受的，而是讓我們高擎火炬照耀整個人類的。

今夜，在遙遠的雅魯藏布江畔，我特別想念我的已辭世的親愛的媽媽。她是我見過的人世上最善良的高擎過火炬的人，至少在我心中是這樣。

96. 仲巴縣城

海拔四四〇〇米　一九九四年九月九日多雲

今日仍行進在雅魯藏布江北側的崇山峻嶺中，途經幾個放牧點，未見任何行人。

十六時，抵雅魯藏布江轉向東南的一個拐彎處。至此，走出山嶺，進入一望無垠的大戈壁。剛進入大戈壁的邊緣，就望見左側山坳裏有一個正在集中興建排排新房的地方，這才想起仲巴縣城是個著名的"風沙之城"，人民不堪沙害已久，正擬搬遷縣城。看來，這就是擬定中的新縣城了。

這個新址座北朝南，後有山嶺、前有草場，旁邊有雅魯藏布江的支流——一條名叫柴曲的大河流過。就西藏而言，是個上乘的建城之地。

二十一時三十分，走畢仲巴西部廣袤的戈壁灘，趁着薄暮摸進"躲"在一片山丘後的仲巴縣城。今日長驅一百一十華里，走得甚苦，但心裏高興。今日具有"里程碑"的意義。因為我自阿里走進無人區後終於抵達了後藏的第一個縣城。這就意味着我已完成了"走出阿里"的艱險卓絕的全程，"人世上最難走的一段路"被我走完。

天已全黑。仲巴縣城內僅有的那條街上冷冷清清，唯有二三家臨街的小商店還在經營着生意。

就像在中國的很多鄉鎮的某個夜晚一樣，當地人會突然發現來了這樣一位不速之客：披着一身征塵，跨進一家小店未及放下背囊便道："請來一罐啤酒。"此後，便自斟自飲，長久不語。通常，這是一個浪跡天涯的人一天中最能出成就感、甚至哲學感悟的時刻。今夜更不一般，今夜，走遍西藏乃至走遍中國的又一顆勝利的星辰已高懸在我的頭上！

這個小店的老闆是個名叫張傑的甘肅青年。他建議我應該住到仲巴縣武警支隊去，因爲那裏都是應征入伍不久的青年，在那裏既能得到理解，又能得到照顧。那裏還是"全縣城伙食最好的地方"。

二十二時三十分，張傑將我引至仲巴武警支隊。受到官兵們的歡迎。副隊長朱學軍當即表示：我可以免費吃、住在他們隊裏，直到我"緩過氣來"。

仲巴藏語意爲"野牛之地"。一九五一年以前稱珠珠宗，屬阿里噶本管轄。一九六〇年設仲巴縣，屬後藏地區。仲巴全境屬喜瑪拉雅北麓高原湖盆區，平均海拔五千米以上。境內有喜瑪拉雅、岡底斯、隆格爾等山脈，有傑馬央宗、阿色甲果、昂色三大著名冰川，雅魯藏布江上游馬泉河橫貫全境。因此，仲巴是一個地理環境得天獨厚、自然風光極其壯麗的地方。歷史上一直是人跡罕至、野生動物樂園的著名的"野牦牛之地"，現在則是後藏唯一的一個盛産綿羊、山羊、牦牛和馬的純牧業區。

仲巴也是著名的"風沙之城"。由於地處高原亞寒帶半乾旱區，氣候乾燥、寒冷，日照充足，風沙大。多年來，仲巴縣城一直處在"沙化"現象日趨嚴重的侵蝕中。爲此，一九九〇年經批准，仲巴縣城遷至馬泉河與柴曲(河)匯合處的托吉。

仲巴縣總人口四萬多人中的大部份散居在草原牧區，只有三百餘人堅守在已日漸式微的縣城。如果不將遷往新址的因素考慮進去，則我眼前的仲巴恐怕就是我走遍中國期間所能見到的最寒酸的一個縣城了。

縣城只有一條與其說是大街，不如說是巷子內的通道的土石路面的主街。沿街兩側有二三家甘肅人或四川人開的小雜貨舖。此外，還有一家藏族人開的甜茶館。沒有飯館。

在一個破舊的院門前掛有一塊縣府的牌子，院內有幾排破舊的平房，這就是縣政府辦公的地方了。縣府院內有一口水井，縣府、武警中隊和四週的居民都"共飲一井水"。在仲巴，我只看見開來過一輛貨車。車上裝的是賣給縣城某人的乾牛糞餅。

仲巴縣城郵局估計業務量不大也與眾不同，在非禮拜日的星期一、星期五也不開門。我在戰士們的陪同下前往郵電局局長的家裏，請他破例開門為我蓋上了"證明郵戳"並收下我的信件。

今日在縣城的那條主街旁發現了一塊上端刻有"二一九線"下端刻有"一七〇四"公里的路碑，這對我來說，是一個重大發現。這就證實了我一度很疑惑的新疆葉城至西藏拉孜(不是拉薩)的"二一九線"國道，確實是經過獅泉河、普蘭、日喀則才到終點拉孜的。在此之前，沒有人能向我盡述其詳。

"二一九線"國道從起點新疆葉城到西藏獅泉河，有新疆派駐的道班專人護理。從獅泉河到仲巴縣城無人管護，多為無人區，地形複雜。無人區的公路，就是人們通常所指的自然形成的兼人工稍加拓整的那種公路。這類公路的路面經常消失在草原、戈壁、沼澤和沙漠中，或不斷被河水切斷。公路邊也沒有路標和路碑，公路的走向隨意性很大，有時會同時出現幾個似是而非的路面，要靠自己的經驗加以辨認。為此，自離獅泉河後，我常懷疑這條"二一九線"國道是否僅是標在地圖上的一條線，而實際上根本就没有存在過，或是否還叫"二一九線"。

現在，這個疑惑已得到解決。這塊路碑的存在，證實了這條路的存在，並且仍叫"二一九線"。

在仲巴縣城，我觀察到又有道班了。從仲巴東去薩嘎方向是每十公里有一道班，每一公里有一塊里程碑。這就意味着，從仲巴東去拉孜的這段"二一九線"國道有可能會恢復它應有的面貌。

97．走出了阿里

海拔四四〇〇米　一九九四年九月九日至九月十三日多雲

在仲巴"緩過氣來"的第四天上午十時，辭別厚待了我三天的武警仲巴中隊的官兵，謝絕了官兵們的贊助，開始挺進後藏廣袤的土地。

今日，一開始就覺得自己有點"不太對勁"。很顯然，這同我要在今日惜別"走出阿里"有關。這個時刻果真就這樣來了嗎？

是的，阿里的確是"世界屋脊的屋脊"、"西藏的西藏"。她是一個真實的所在。她的存在並非偶然。現在，她的神秘面紗已被我撩開。她的難以接近已成為過去。

浪跡天涯多年，去過許多美麗神奇的地方，唯有在阿里我才那樣真切地看到了我們"人類童年時代"生活的痕跡。我想像不出地球上還有比阿里更樸實、更壯麗的地方。自從踏上這片土地之後，我還由衷地感覺到：阿里的神秘並不染有矯情，阿里的荒涼並不顯得可怖，阿里的靜寂並不意味着虛無。阿里是現今人類居住的這個星球上，最能體現"自然"和"樸實"

這兩個詞義的地方，阿里是一個能使踏上這片土地的某些人在此之後，或"宿命"，或"感奮"的地方。阿里是地球上的一塊無法替代、無法複製甚至也無法破壞的淨土。

踏遍荒原，望斷人煙的阿里之旅已成爲過去。同以前所有的"過程"一樣，我要的就是這樣一個"過程"。我以這些個獨特的"過程"來表達我對生命實質的另一種層面上的理解，同時傾注我對人類未來的關注和愛。我做了自己喜歡做的事。美國旅行家勞勃先生在給我的來信中説：重要的不在於你征服了"世界第三極"，重要的在於你征服了自我。我覺得此言極是。我爲今生能在阿里這樣卓越的地方淋漓盡致地感悟宇宙、排遣苦悶、抒發胸襟、堅守自我的個性和陣地而自豪。

走出阿里後，我將穿越後藏，揮師走遍西藏的最後一條"天險"中尼公路。

就像長江的上源叫做金沙江一樣，發源於西藏阿里岡底斯山脈的馬泉河進入後藏不久便被叫成了雅魯藏布江，而走出阿里之後的由西向東縱穿整個後藏遼闊土地的過程，也就是沿雅魯藏布江而下的過程。

98．沒有終點碑

一九九四年九月二十四日十九時四十五分，我走抵雅魯藏布江北岸拉孜渡口。二十時，渡口邊的那艘鐵駁渡船上的七名藏族船工，在一位老舵工的指揮下，巧妙地利用水的流向，使駁船自行漂動起來，將北岸的人渡到南岸。

抵雅魯藏布南岸後，又前進了三公里，於二十時三十分，走抵"二一九線"國道和"三一八線"國道相接處的三岔路口。至此，由新疆葉城綿延二千餘公里的"世界海拔最高的公路"——新藏公路到此結束。這就意味着，我的孤身徒步走遍西藏中的走完新藏公路全程的艱苦嘗試於此終獲成功。

同"二一九線"相接的"三一八線"國道，自上海直達西藏同尼泊爾交界的聶拉木。如若順着這條公路一直東去，就可以走回我的家鄉。但現在還不能。現在我必須朝反方向的西南走，去完成走遍西藏"五大天塹"中的最後一條，也即對中尼路全程的走訪。

今天，當我終於走抵新藏路的終點時，理應在這條路的終點碑處留影的。然而，遺憾的是，三岔路口處沒有終點碑。我唯能根據這條路最末第二塊碑上的里程數推斷：新藏路、也即"二一九線"國道的全程應為二一三九公里。

這確實是個不小的遺憾，今生我竟沒有在這塊"世界上最高最險的'天塹'公路"終點碑處的紀念照，儘管我是配得上有這張照片的人。

這件事或能給我這樣一個感悟：你在人世間辛苦尋覓的事物，到臨了時，往往會驚覺它並沒有像你想像的那樣具體和顯赫。但這並不重要。重要的是你已走完了這個尋覓的過程，而支撐你完成這個過程的信念才是不朽的！

第五章　挺進中尼路

中尼路全程同滇藏路全程差不多，是走遍西藏五條天塹公路中較短的一條。走完這條路的全程，僅花了我三十七天的時間，但它是走遍西藏所必須走完的最後一條天塹。它的“地位”非常重要。

人類生活中，功虧一簣、“行百里者，半九十”的現象比比皆是。如果我沒有進行這最後三十七天的艱苦跋涉，我就不能吹響“走遍西藏”的勝利的號角。我不是那種會虎頭蛇尾行事的人。很顯然，我是個“完美主義者”。只要有可能，我就會將自己的追求推進到“極致”。我當然會在走遍新藏路之後，毫不猶豫地就將緊挨在它旁邊的中尼路“幹”掉。一九九四年十月二日，我來到了這條路的起點——後藏聶拉木縣的樟木口岸。

樟木是同喜瑪拉雅南麓的尼泊爾毗鄰的一個口岸小鎮。海拔已從五千米下降至二千二百米，是西藏高原少有的一個亞熱帶地區，風光十分秀麗。該鎮的房舍依山而建，鎮上住着藏、漢族人和夏爾巴人，有大量經商的康巴人和尼泊爾人也住在這裏。

十月三日十時，我手持樟木口岸" 出入境管理科 "開出的
" 通行證 "，前往八公里以外的國境線——中尼友誼大橋參
觀。此後，又在武警戰士的陪同、尼方邊防人員的准許下，前
往尼泊爾的邊境小鎮巴勒比斯訪問。這個鎮上體現着濃郁的尼
泊爾風情，但不少物品都是中國貨。有一些中國影星，如我喜
歡的叢姍的照片被張貼在尼泊爾人的店舖裏。

　　樟木是個可以" 過境 "的" 國家一級 "口岸。那幾日前往
中國和前往南亞次大陸的歐美遊客甚多。他們通常住樟木賓
館。

　　在樟木期間，我走訪了夏爾巴人以及" 半藏半尼 "、" 半
夏半尼 "、" 半藏半漢 "或" 半藏半夏 "人。因為多民族混合
居住，故而樟木的" 人種 "很雜。

　　夏爾巴人是非常强悍勤勞的山地民族，是攀山越嶺的好
手。各國登山健兒都喜歡請他們做幫手。

　　十月五日十一時，在樟木郵局蓋上了挺進中尼路的第一枚
郵戳，開始沿崎嶇的山路前往聶拉木。聶拉木藏語意為" 頸
道 "。但那天晚上，聶拉木的一位藏族幹部對我說，聶拉木藏
語也可意為" 前往地獄的道路 "。兩者皆喻山路崎嶇狹窄。

　　十月八日十二時，在拉木隆山口北側，路遇騎車前往尼泊
爾和印度的台灣台北市的李寶蓮小姐。在以往的四個月中，她
或坐車、或騎驢，或騎車地漫遊西藏，其志可嘉。一個小時
後，我們合影而別。後來，我們一直有信函來往。

　　十三時三十五分，遙望見世界第十四高峰——希夏邦馬
峰，拍照若干。

　　十月十日九時三十五分，離古措兵站時，世界第一高峰
——珠穆朗瑪峰驀地呈現在了我的眼前。這是我平生第一次那
麼近地看到這座地球上隆起得最高的山峰。我凝望許久，拍照

若干。

十月十一日至十二日，我在定日縣崗嘎鄉藏族人開的哈乎旅館住了兩天，每天都跑去看珠峰。定日藏語意爲"定聲小山"。定日是觀望珠峰的理想之地。

十月十六日十二時三十五分，翻越海拔五千二百二十米的嘉措拉山。這是中尼公路上的最高處。十九時二十分，再抵拉孜縣城。拉孜藏語意爲"神山頂，光明最先照耀之金頂"。在拉孜期間，我將全副精力用在控制急性牙炎上，我有三顆牙齒在走遍西藏的過程中，因爲得不到及時治療而嚴重損壞了。在西藏的半數時間内，我一直忍着劇烈的牙痛，堅持行進在荒無人煙的高原上。有醫生告訴我，這是非常危險的。因爲牙齒嚴重發炎，若長時間得不到醫治，也會導致敗血症。

十月十九日，在前往日喀則途中，小別中尼路數日。拐往薩迦縣，去走訪薩迦寺和新建的八思巴寺。我在這座元朝時奠定西藏歸於中國版圖之基礎的著名之寺訪問了兩天。有關該寺的情況，我在青藏路紀行中涉及到過。

十月二十二日十三時零五分，翻抵海拔四千三百米的措拉山口。

十月二十四日至二十七日，我在後藏首府日喀則市，參觀著名的札什倫布寺。中間，我又前往白朗縣和江孜縣，參觀宗山"抗英炮台"、白居寺。

十一月十日十五時五十分，我走抵位於拉薩市内的"川藏、青藏公路通車紀念碑"前，走訪中尼路全程至此結束。這是我第二次走抵這座紀念碑下，也是我第二次抵達這座聖城。

西藏自治區政協副主席、教委主任楊朝濟先生委派我的友人盛詩全，在紀念碑前迎接了我，並安排我免費吃、住在教委招待所。

尾　聲

　　一九九四年十一月十日，即我第二次抵達拉薩的當天晚上，西藏自治區黨委副書記丹增先生，在他的住處接見了我。表達了他對我走遍西藏的讚許，並贈送我一把很精緻的藏刀。

　　第二天，丹增先先委託自治區黨委宣傳部宣傳處副處長王能生先生來看望我，並審閱了我走遍川藏、青藏、滇藏、新藏和中尼五"天塹"公路的全部的原始資料。此後，代表政府認可了我所完成了的走遍西藏的壯舉。

　　一九九四年十一月二十日和二十二日，《拉薩晚報》和《西藏日報》均在頭版顯著位置相繼報道了這一消息，題目爲《孤身徒步世界屋脊，四進西藏兩抵拉薩》；副標題是"余純順首創孤身徒步全方位走訪完'世界第三極'的壯舉"。

　　在拉薩期間，我參觀了大昭寺、布達拉宮等名勝。又專程徒步前往山南地區的澤當。走訪了藏王墓、雍布拉康。前往林芒米林縣，走訪了南伊諾巴民族自治鄉。

　　在拉薩期間，我發現因不得已而在拉孜買的四個富士膠卷全是假的。爲此，我損失了在中尼路上、尤其是"珠峰"腳下拍的珍貴照片。但我結識了好幾位很優秀的藏、漢族朋友。

在走新藏路無人區前，我主動去醫院摘除了闌尾。在走出西藏後，我被拔去了三顆牙齒。但同不幸在西藏遇難的那許多曾經鮮活的生命相比，這簡直算不了甚麼。

所有的進藏公路均已被我走完，而重複是沒有意義的。我已"無路可走"。

一九九四年的最後一天，我從拉薩貢嘎機場起飛，前往走遍西藏的始發地成都。

在走遍西藏之前，我已經走訪了我國的華東、華北、東北、中原、西北和西南的十九個省、市、自治區及三十三個少數民族的聚居地。此番將揮師南方，繼續我對其他地區的走訪。

當西南航空公司的波音七四七騰空而起，飛離青藏高原的時候，我從舷窗內向雅魯藏布江和四週的群山作了最後一次告別。此時，我的眼淚一如泉湧地流了出來。

西藏人民，是世界上善良智慧的人民；青藏高原的土地，是地球上不可多得的土地。我爲能在今生親近過這些人民、瞭解了這片土地而感到自豪和榮幸！

後　記

　　自一九八八年七月，爲"酬少年壯懷之志，創曠世未竟之
舉"而進行的"孤身徒步走訪全中國"的嘗試已近八年。期
間，除因慈母於一九九二年十一月十四日在火災中不幸遇難而
星夜歸來外，直到最近，才得到一次返回桑梓，作一次"正
式"的短期休整的機會。不過，事後我才知道，我的這次休整
遠比"走路"還累。

　　在天地間飄泊多年，人變淡泊和達觀。加以這些年來確實
走得有些乏了，便只想躲在我戲稱爲"客棧"的寒舍，靜悄悄
地喘過一口氣來。然而，今年以及往後數年中我擬定要完成的
一系列"大動作"，不允許我有絲毫的懈怠和延宕。於是，我
就自覺和不自覺地"曝光"了。

　　長期以來，非常關心和支持我的上海人民廣播電台"人到
中年"節目主持人范蓉老師和王和敏老師，最先將我"推出"
給家鄉人民；緊接着，上海電視台的宋繼昌老師將《紀錄片編
輯室》"編輯"到了寒舍；《勞動報》的錢漢東老師早在三年
前，就促成了我可以不斷賣文給香港《中國旅遊》畫報之事
宜；滬上人"家閱户讀"、連美國也搞了個開印點的《新民晚

報》的"大腕"强燊先生，本人就是從"死亡之海"走出來的，一篇《風雨八年走中國》，告訴了上海民眾，甚麽是"真正旅行家的風采"。於是，我"客棧"的電話鈴就不斷地響起來了。

藉此機會，我要感激第一位致電於我的上海古籍出版社的爲人很正派的王根林先生、第二位致電於我的上海遠東出版社的十分敬業的任雅君小姐以及第三位致電於我的上海人民出版社的未及謀面的湯中仁先生。是他們的共同熱情，催使我盡快讓這本拙作殺青。

然而，人世間的一切事物總不外乎在"必然"和"偶然"中輪迴，有時難免也略帶一些遺憾。這本書最後定在上海文藝出版社出，其實是源於一個"君子一諾"的"伏筆"。三年半前，寒舍遭受火災不久，在上海文藝出版社工作的方立平兄便來慰問過下。三年半後舊事重提，於是便"順理成書"。但我永遠會銘記前面三家出版社曾對我的獎掖。

徒步走訪全中國的"走"字，僅是實現這一空前目標的手段，能表現這一目標真正内涵的載體是文字。而没有載體的任何作爲都難免蒼白。

爲此，在浪跡天涯的八年中，我白天走訪，夜間寫作。寫作時，缺乏資料、没有固定的寫作環境、甚至連一本字典都没有，我成了"人世上最艱苦的寫作者"。如果説，我有甚麽可以憑藉的話，那就是我對我的祖國和我國人民的熱愛以及對人類未來的關注。此外，就只有靠我自己的悟性、刻苦和獻身精神了。從某種意義上説，這本書是我在"殉道"的過程中，用自己的血汗、乃至生命寫出來的。

宇宙間決不存在十全十美的事情。我想，這就是我自己對這本書的最簡練、最坦率的説明。有興趣的讀者朋友，盡可以隨便翻翻，見仁見智。

在交出這本書稿後，我將前往“死亡之海”塔克拉瑪干、羅布泊等地。擬在今後數年中，完成對我國所有七大沙漠、長城、絲綢之路、長江和黃河源頭的考察，並走訪完我國所有省份、所有少數民族聚居地，最終抵達港、澳、台。屆時，如果讀者朋友尚未厭煩我寫的東西，我還會堅持將途中的一些見聞和感悟陸續寫出來，以饗大家。

最後，我要感激我的原單位上海電器成套廠的領導和全廠同事、我的母校上海教育學院的全院師生，對我一貫的理解和支持。

我還要感激我大學的同窗黃珠玉小姐以及家父余金山先生。他們放棄休息，前來救“火”，幫我抄寫了半數“不堪卒讀”的手稿。

我還要特別感激上海“大千美食林”黃海伯總經理和全體員工，對我以及對“孤身徒步走訪全中國”的理解和支持。在此次返滬期間，切實有效地解決了我以後幾年的旅行費用，解除了多年來“單兵作戰”的極其困擾我的窘境。

余純順

一九九六年五月十八日於上海

附錄一：

余純順在羅布泊遇難前最後的日記

一九九六年六月六日　於新疆尉犁縣孔雀河邊戈壁灘上（距乾草場二十公里）

上午，上海電視台發來長途，言上海電視台新聞中心很重視我同攝製組進羅布泊的消息，擬連續報道。宋老師遂同我分頭行動，他寫"消息"稿，我畫草圖，中午搞畢。傳真往上海。

中午，尚昌平來長途，擬來烏市看我，同我一起走巴音布魯克草原，她已寫我的專訪登《旅行家》，八月出版。

將暫時不帶的物品存楊洪處。

下午一時三十分，由巴州旅遊局、巴州保險公司、樓蘭賓館倡辦"余純順縱穿羅布泊壯行儀式"。有唐局長致辭和我發言。有蒙古族小姐唱歌敬酒。有維吾爾族姑娘跳樓蘭舞。

下午三時三十分，攝製組，趙工、彭戈俠一並坐兩輛沙漠車前往羅布泊腹地。

今日沿庫魯塔格山前戈壁公路前進，途中偶有一二處泉眼。有廢棄的營地。見幾隻黃羊。見某石礦。有知了在紅柳中鳴叫。

晚九時，停於戈壁灘宿營。蚊子甚多。

吃西紅柿湯、維吾爾族饢。

一九九六年六月七日　於新疆若羌縣境內羅布泊西側戈壁灘

清晨六時三十分，攝製組和我全體起床。七時三十分，繼續驅車前進。清晨，蚊子仍很多。有紅柳的地方就有蚊子。

　　今日仍由彭戈俠和趙工帶路，沿庫魯塔克(維語意爲乾山)山南側戈壁公路前進。

　　趙工告訴我，原先平格爾和庫魯塔克山中有三戶維吾爾族牧民，當年斯文·赫定去樓蘭、進羅布泊，就是他們帶的路。山中有新石器時期岩畫，有的還是吐蕃人的作品。

　　三日上午過三十五團乾草站。目前乾草已挖完。原先有一連隊在此熬乾草汁。

　　今日黃昏見有下山喝水的黃羊，見人就跑。據說以前見車都不怕，呆在原地不動。人打後怕人。

　　今日拍錄像幾段，多爲我在荒原上行進狀。晚間講述身世。

　　今日聽說三日後部隊要"軍事演習"，到時必須全部撤出。爲此，我們抓緊時間挺進至羅布泊湖心，生怕功虧一簣。但路甚難走，過前進橋後基本無路。路中有鹽殼狀地面，陷車一次。

　　今日溫度不高，地面在五十度左右，氣溫當在三十八九度。

　　今日宋老師送我一頂雙人帳篷。原先那隻太矮小，不防雨。

　　如若上天保佑，明日可抵羅布泊。只要能抵湖心，則此次攝製任務不會落空。

　　兩天來，攝製組全體人員皆很辛苦。我考慮許久，認爲"水"是新疆南部，特別是塔里木河、孔雀河下游社會、人類生活變遷的主要原因，戰爭和强權解決不了、征服不了的民族和人類社會，如樓蘭古國，自然界的"水"就把它解決了。因此，寫絲綢之路、樓蘭和羅布泊，皆應從水說起，此外是"沙"。

一九九六年六月八日 於新疆若羌縣境內羅布泊東岸、距樓蘭古城十五公里處戈壁灘

清晨六時三十分起，拍帳篷前細節、唱《牧羊姑娘》。八時，同攝製組一起出發。九時餘，拍羅布泊邊著名的雅丹地貌(龍城)。費時三小時多。是大自然的鬼斧神工"風成"雅丹。據趙工講：塔克拉瑪干的沙來自雅丹。

今日在沙化地帶、車轍線上發現野駱駝腳印和糞便，野駱駝喜走沙土路，怕鹽殼，找水喝後就在戈壁上過夜，以避蚊咬。

途中有不少石膏砂石，白色透明。

雅丹形狀各異，有大有小，有人、獸像。

下午，抵古絲綢之路中道，很寬敞；這只是留存的一段，全段已大部份湮滅。

下午抵"土垠"。土垠就在古絲綢之路中道邊上。前有一洼羅布泊大淡水湖，是絲綢之路東邊最後一淡水給養處。再往東要到疏勒河。土垠處也有雅丹地貌。有建築廢墟木椿。張師傅拾得銅鏃(三角狀)、玉珠，我拾回一新石器時代擲獸石。古代中原商人將絲綢於土垠處水路運往樓蘭，再去中亞。

羅布泊南側山前有一"六十泉"。斯坦因、斯文·赫定皆以此爲水糧補充點。

三千八百年前的樓蘭女屍，就是從土垠處挖掘出的。

營台那裏有一古墓群。不少古墓皆被盜掘。

斯文·赫定來時羅布泊水深有一米。六十年代只有幾十公分。七二年水乾。如今還有七二年留下的最後一批蘆葦，但已

乾枯。

湖底皆爲鹽殼，很硬，泛着白鹽。有人在此開發甲鹽。

今日之路，爲趙工一九九三年帶人開發甲鹽時車輛進出之地。趙工說，建國後只有二十餘人到過土垠。土垠處還有紅陶、黑陶。

一九九四年有父子倆和一司機於七月開車進樓蘭找寶，結果在羅布泊乾渴而死。司機失蹤。

建國前夕，一重慶開往烏魯木齊市的飛機，因機油耗盡而迫降在羅布泊，機上人乾渴而死。電報打出，沒人敢來救。

一九九六年六月九日 於新疆若羌縣境内塔里木古河道邊樓蘭古國遺址

清晨六時三十分起床。八時隨攝製組一起繼續向樓蘭古城遺址前進。車行在塔里木河乾涸的故道。故道内爲沙土，龜裂狀，有貝殼和丟棄的磨刀石。河道中有攔河捕魚的樹幹，車行非常艱難。

車行至距樓蘭古城遺址北側五六公里處，再不能走。十七時，我同攝製組全體人員棄車步行。帶足飲水和食物及攝影器材。趙工幫着揹水，十分勤勉。空間氣溫爲四十四度，地表溫度更高。所行地區全爲雅丹地貌，但不及昨天的"龍城"典型。一行人且走且息，十分艱難。

樓蘭古城處有一烽火台，七八公里外即能見到。兩小時後走到。烽火台用土磚、胡楊木、蘆葦建成。如今已殘塌不全。四週皆爲樓蘭古人丟棄的生陶、紅陶器物。有吃剩的羊骨。

烽火台南側三百米遠處有"三間房"。據說是樓蘭官員辦公的地方。此地原先爲平坦的河邊綠洲。從枯死千年而不倒的四週皆是的胡楊木看，此地原先很平坦，由於綠林帶枯死消失，風蝕日久，平地變成了現今的雅丹地貌。方圓幾十公里均爲大片雅丹地貌。

今日所行路線，爲他們通到離樓蘭如此近的地帶的第一條路線，是趙工開闢出的。

樓蘭是斯文·赫定探險時，他們的馱工尋找鐵鏟時發現的。現有樓蘭、吐魯蕃和敦煌學。據說他們要給這位發現者（馱工）樹碑。

因爲所帶電池已漏電，故到了樓蘭後，趙工和韋俊又返回車停處去取電池，擬明早返回。我到後拍照若干。

一九九六年六月十日 於新疆若羌縣境內羅布泊"古代水陸碼頭"土垠遺址戈壁灘上

清晨六時走出帳篷，抓緊時間拍攝晨時的樓蘭廢墟，正、負片皆拍，比較滿意。趙工同韋俊昨夜趕回拿電池，夜十一時抵宿營地。趙工清晨五時又出發，於七時三十分太陽尚未昇高時及時趕到，又爲攝製組立了一大功，使之得以搶拍到樓蘭晨景。韋俊因腳傷未能再來。

李曉在樓蘭撿得石器時代削刮器、銅鏡碎片、刻花胡楊木。其餘人撿得珍珠、銅錢碎片等。

今日拍"三間房"、村人住宅、石磨、佛塔、大全景、枯胡楊等。

據説斯文·赫定從樓蘭馱走不少東西。斯坦因更多。目前都存在大英博物館。

古樓蘭城分平民與富人區。有城牆。牆外是放牧人區域。塔里木河有魚。河道內有乾貝殼。

今日九時三十分，同攝製組一起撤退，沿原路返回。返回時清理了場地，將廢物埋掉。多餘礦泉水由彭戈俠就地埋藏。

彭給我畫了從樓蘭前往前進橋的路線圖。

考慮到＂走向羅布泊＂是紀錄片，我必須維護其真實性、紀實性，該片才有說服力。此外，我也想在這個時間將羅布泊走掉。宋老師在拍片前，曾專程到烏魯木齊去訪問物理社會科學院考古所所長王炳華及給彭加木開車的王師傅。均說：羅布泊湖心在六月十日最高溫度達到七十五度。十二時到十七時人只能躲在車底下，根本無法活動。人要暈。六月份根本不能進去。美國地理學會有五個走遍世界的考察團成員，去年六月份硬要進羅布泊，尚未到羅布泊，僅五天就逃出去了。

今日退回途中順便埋下水和乾糧，每七公里埋六瓶礦泉水，每三十五公里埋全天乾糧。擬從土垠走到羅布泊湖心五十來公里，再從樓蘭邊的塔里木河故道，沿樓蘭水佛塔與烽火台抵前進橋，大約一百公里，分三天走掉。趙工說，歷史上還沒有人從羅布泊湖心走過(橫穿)。

今日，宋老師將西洋參給了我。我輕裝前進。攝製組三天後在前進橋同我會合。宋老師、韋俊非常擔心我，同時也相信我的實力和智慧。

今晚在土垠處又拍攝趙工同我講話情節。攝製組為我餞行，祝我穿越羅布泊成功。

附錄二：追思文章

英雄魂斷羅布泊
——余純順遇難前後

強　熒

　　風雨八年走中國的上海探險家余純順，行程四點二萬公里，已完成五十九個探險項目，離走遍中國只剩下"一步之遙"，卻倒在了撲朔迷離的羅布泊。他不幸遇難的消息傳開後，無數人爲之震驚，爲之惋惜！余純順用生命的慷慨一擊，爲我們上海人增添了陽剛之氣，他是上海人的驕傲！"余純順"一時間成了激動人心的名字！

　　一聽説余純順殉難的消息，《新民晚報》記者立即飛往新疆，在庫爾勒和羅布泊地區多方尋找余純順留下的足跡。痛定思痛，讓我們來真實地回顧一下他遇難的前前後後。

五月二十二日　不爲"困"字所擾

　　余純順從上海來到庫爾勒，實施穿越羅布泊的宏偉計劃。也許是天意，八年沒回家了，老天特意安排他進羅布泊前回家看望親人。誰料這成了永訣。

· 363 ·

在上海，余純順每天只睡二三小時，趕寫將由上海文藝出版社出版的書稿《"世界第三極"走遍》(即《壯士中華行》卷一)，人疲累不堪，有些胸口悶。

兒子要走了，父親余金山爲他卜了一卦，得出一個"困"字。老人勸他三思，余純順去意堅決。

記者爲余純順餞行，說出不祥的感覺。他大笑說："這決不會是最後的晚餐。"

韋俊爲他打前站。巴音郭楞蒙古自治州街上掛出了"熱列歡迎當代徐霞客"的巨幅標語。準備工作有條不紊地在展開。

五月二十八日　想到別人

余純順經常想到別人，爲了讓隨後趕來的上海電視台攝製組宋繼昌一行少跑點路，他決定先走一段。

一大早，韋俊送他到孔雀河邊，心裏擔心他的安全，勸他別走了。余純順發火了："別人不理解我，你也不理解嗎？"

六月二日　經歷沙暴後返回

羅布泊三天前颳起了特大沙暴，風力達九點五級，連四百多公里外的庫爾勒市也黑風籠罩。

大家擔心余純順的安全，立即打電話到農二師的各個團場去找，均無消息。正焦急中，余純順黑紅着臉回到了庫爾勒，他在沙暴中逃生了。

這幾天，羅布泊地表溫度都在七十度左右，攝製組擔心他走不了，想讓他先跟車走一遍，以後待天氣涼快時再正式穿越。余純順猶豫了半天，勉强同意了。夜晚，余純順掛電話給遠在上海的本報記者，報個平安，並説："你等着我走出羅布泊的消息。"

六月六日　進軍羅布泊

下午一點三十分，巴州旅遊局和保險公司爲余純順"壯行"，蒙古娘娘用歌聲敬酒，維吾爾姑娘跳樓蘭舞，保佑他平安歸來。

下午三點半，余純順與攝製組一起出發，沿庫魯塔格山前戈壁公路前進。途中偶見幾隻黃羊，有知了在紅柳中鳴叫。這天的食品是饢和罐頭湯。

晚上九時，隊伍在孔雀河邊安營紮寨，這裏絕無人煙。余純順最後一個睡覺，他在戈壁灘上寫日記，此時"蚊子很多"。

六月九日　面對樓蘭

隊伍由"沙漠專家"趙子允帶路，他是一九九三年中英聯合徒步穿越塔克拉瑪干沙漠的功臣。

這裏一片死寂。路很難走，過前進橋後基本無路，都是鹽殼狀地面，在龍城遇雅丹地貌。

余純順在日記中寫道："我考慮許久，水是新疆南部，特別是塔里木河、孔雀河下游人類生活變遷的主要原因。戰爭和強權征服不了的樓蘭古國，水卻將它解決了。"

大部隊六月八日下午到達土垠，這裏經度爲 90°12′13″和 40°46′20″，大家商定這裏爲大本營地。建國後，恐怕只有二十餘人到過土垠。隊伍經過"六十泉"、樓蘭古墓群和大佛塔。

到達羅布泊湖心時，發現這裏湖水早已乾涸，只留下最後一批蘆葦。這裏曾埋葬不少探險者的孤魂。

今天，離樓蘭古城約六點四公里處，全體人員棄車步行。"趙大爺"揹水，一行人且走且息，十分艱難。此時，氣溫爲44℃，地表達60℃。這一天，余純順的日記很詳細，對名垂史册的樓蘭古城遺址作了詳細描述。

六月十日　重大決定

余純順留下日記的最後一天。

上午九時半，隊伍沿原路返回。這時，余純順作出了重大決定。

他在日記中寫道："考慮到《走向羅布泊》紀錄片，我必須維護其真實性、紀實性。此外，我也想在這個時間將羅布泊走掉。"余純順決定孤身徒步穿越羅布泊！早上出帳篷時，余純順唱起了"在那遙遠的地方……"

六月份穿越羅布泊風險很大。羅布泊湖心最高溫度75℃，中午十二時到下午五時，熱浪滾滾，人根本無法活動。去年六月，美國《地理》雜誌來了五位記者，尚未到羅布泊，僅五天就逃出去了。余純順說到一定做到。大家爲他捏了一把汗，但也相信他的實力和智慧。在他行走線路上，每七公里埋下六瓶礦泉水和一些饢、八寶粥等，並用塑料袋裝上泥土做標記，以示醒目。

余純順在日記中最後寫道："大家爲我餞行，祝我穿越羅布泊成功。"這是他留在人世間最後的文字。

六月十一日　揮淚告別

早上八時四十五分，余純順從土垠大本營出發，他與攝製組約定三天後在前進橋會師，行程九十七公里，前進橋的經緯度在 89°49′10″和 40°37′3″。

余純順帶了四瓶礦泉水、兩罐八寶粥和十包牛肉乾。在收拾帳篷時，余純順看見兩隻飛蛾，他輕輕地將它們捧在手心，對着太陽輕輕地吹走。

這一天，余純順例外地說了很多話。他對隊友說，"昨天晚上我做了很多夢，前妻要與我復婚。""我一定會成功！過去很多人不理解我的舉動，現在社會承認我，我要對得起天下的好心人。"

臨別，余純順突然說："如果這次我走不過去，這是天要亡我！"他雙手合十，虔誠祈禱。

余純順走了半天，攝製組不放心，又驅車追趕他。下午四時五分，攝製組發現了已到達羅布泊西岸的余純順，只見在大漠的地蒸氣中，一個人影兒在浮動，余純順走得艱難呵。他看見大伙，激動得流下眼淚。這是他平生第二次流淚，第一次是母親去世時。大伙全流淚了，哽咽着不知說甚麼好。見多識廣的司機說："英雄啊！余哥。"他喝了一罐八寶粥，不願喝礦泉水。隊友勸他上車休息，他執意不肯。他說："前面一公里，是我的宿營地，我要抓緊時間走。"

十分鐘後，大家揮淚告別。余純順說："你們放心，我不會成為第二個彭加木的。"

汽車返回前進橋會師點，余純順一如既往朝前走。誰料，這是人們見到他的最後一面。

六月十五日　緊急尋找

隊友們躲在汽車底盤下面，爲余純順擔心。

大家把紅色帳篷撕開，到沙丘高處豎了一面紅色三角旗，希望余純順能辨別方向。

十二日夜九時四十五分，"沙漠專家"老趙說："沙暴來了！"黑天昏地的沙暴持續到第二天早上六時。平靜二小時後，沙暴又起。余純順能挺得住沙暴嗎？大家兵分兩路尋找。下午三時均無功而返。原定十三日下午或晚上會師，可等到半夜，還不見余純順人影。

十四日一早，大伙又兵分兩路尋找，走了二十八公里多，還是不見余純順。尋找小分隊在前進橋土丘上放置礦泉水和食品，並留下紙條："純順，我們非常着急。如果你見到紙條，就在原地等我們，千萬不要走開。"到了十五日，紙條還在原處。

尋找小分隊急得大哭：余純順，你到底在哪裏?!由於找人心切，隊友們的眼中望去，到處好像都是余純順，大樹、山丘、蒸霧、燈光、雲彩中，全是"了不起的余純順"！

最後兩批人馬出去尋找時，大家抱頭痛哭。找尋余純順的同時，也承擔着死亡的風險，尋找隊成了"敢死隊"，但隊友沒有一個退縮。

無奈之下，尋找隊十五日向外界發出了求援信號。

六月十七日　飛機救援

接獲求援信號，巴州人民緊急動員起來。一支七個人組成的有豐富經驗的精幹小分隊立即出發，奔赴羅布泊尋找。

巴州旅遊局長雷世鳴火速向州領導、自治區領導匯報，請求支援。自治區上報國務院，經協調，蘭州軍區命令新疆某陸航團緊急出動直升飛機參加尋找。

上午十時二十二分，米—17直升機機長孫剛和領航員陳國平奉命從烏魯木齊起飛。一九八一年，他們曾駕機尋找失蹤的科學家彭加木，對探險家滿懷感情。飛機在低空三十米至八十米處來回搜尋了四十分鐘，只見找尋的人，沒發現被尋的余純順。由於燃料不夠，直升飛機只得返回庫爾勒。

六月十八日　倒下的銅像

早上八時，直升機補充燃料後繼續起飛，擴大尋找點。上午十時十五分，飛機在羅布泊一土丘的陰涼處發現了余純順的帳篷，位置在北緯 40°33′54″，東經 90°19′5″。

救援人員發現，余純順在帳篷內已經死亡，屍體腐爛的氣味隨風飄出。帳篷外有一把出鞘的藏刀，這是西藏自治區黨委副書記丹增送給他的護身寶物。

消息傳到庫爾勒，大本營的人悲痛地大哭。下午四時三十分，飛機捎上四位法醫和有關人員，再度從庫爾勒飛往余純順遇難地。

人們發現，藍色的帳篷一面已傾倒，余純順躺在帳篷裏，呈一個大寫的“人”字。他的頭和肩膀一半露在帳篷外。頭朝東方向着上海故鄉，臉色安詳。死時彷彿還在走路，兩手握拳，左腿向前，活生生地走路姿勢。他常說：“走路是一種享受。”凡見過余純順遺體的人都說：“這是一尊倒下的銅像。”

余純順的遺物整整齊齊，只有二包人丹不見了，包裹還有半包牛肉乾。帳篷外有兩個圓坑，一個腳印伸向前去。照余純順以前的一貫做法，這是他太熱的時候，挖個坑，把臉貼上去降溫。

經四位法醫鑒定："排除他殺、自殺的可能。胃內沒有殘存物。"因遺體高度腐爛，心臟等臟器無法鑒定，決定就地掩埋。法醫推測余純順的死亡的時間應爲十二日至十三日。

經多方權威人士綜合分析，余純順因高溫高寒而發燒，全身無力，缺氣而死。"英雄最怕病來磨"，余純順是病逝途中的。

救援人員用白被單包起余純順，把他放在日日相伴的睡袋中。半腰深的坑挖好了，衆人將他頭朝東、腳朝西地放入坑中，含淚撒上泥土。並打開白酒瓶，灑在墓前，表示哀悼。二米多長的墓牌豎起來了，上面用紅漆寫着八個大字："余純順壯士遇難處"。

六月二十一日　最深的敬意

"余哥"去了遙遠的地方，令許多熟知他的人肝腸寸斷。人們從四面八方趕到庫爾勒，向余純順致以最深的敬意。

北京的一些朋友自發地舉行追悼會，許多他的崇拜者和素不相識的人都來了，向有文化的探險家致敬。

上海的各界朋友發來了數十封唁電，稱余純順爲上海人"死得壯烈"，"死得其所"。

巴音郭楞蒙古自治州人民政府成立了高規格的治喪委員會，商定二十二日上午十時舉行隆重的追悼會。輓聯上寫着："風雨八年走中國，魂繫大漠留英名。"

巴州的保險公司送來了余純順的人壽保險賠款十萬元人民幣。悲痛中的父親余金山與家人商量，決定全部捐贈出來，設立"余純順探險基金"，以鼓勵後來者。這是何等的風範啊！

我的兒子余純順

余金山

兒子終於永別於世，倒在他徒步八年了的"走訪全中國"的征途，倒在了羅布泊。儘管都讚他"精神不滅，業績不朽"，但對我一個做父親的來說，這個嚴酷的事實卻再已無法改變，那就是，我已永遠失去了兒子。

兒子遇難後，常有人問我：余純順何以能如此堅定地、至死不悔地勇往直前走上八年？他的意志、力量，他的智慧、理念，以及他的爲着心中理想的獻身精神，又源起何處？每每此時，有關兒子的各種情景便一幕幕浮現眼前。

與同齡人比，余純順自小經受過太多的苦難。他的童年幾乎無幸福可言。儘管他始終眷戀着母親，渴望獲得別人家的孩子通常有的母愛；但是，由於他母親在解放前夕，作爲一名申新九廠的紡織女工，在"護廠運動"中，與反動派作過多次英勇鬥爭，親眼目睹了一些小姐妹倒在血泊中的殘酷場面，精神受到極大刺激，終於患上精神分裂症；從純順六歲起，他母親的精神病便時常發作，經常住院，嚴重時六親不認，更不要說給孩子甚麼母愛；純順是在缺乏母愛條件下度過童年的。

苦難遠不止如此。不久，長他兩歲的姐姐也因遺傳患上了他母親同樣的疾病。而理應給他父愛的我，自一九五八年起卻又被長年"下放勞動"在上海郊縣嘉定長征人民公社星火大隊朱家庫。在此後多年裏，十來歲的余純順就學着做"一家之主"，不僅要自己照顧自己，還要照顧好兩個弟弟與一個妹妹。四個孩子相依爲命，小小年紀便獨立生活。

　　無爹無娘在身邊的孩子遭人欺。

　　我是在每次回家休假，聽着孩子們的泣訴才知道純順他們是如何"熬過了那屈辱的早年時光"（余純順語）：因着家裏出了兩個精神病人，左鄰右舍的一些不懂事的孩子竟會經常無緣無故地追打他，一齊高呼："打神經病的兒子！""打神經病的弟弟！""打這個小神經病！"隨後磚頭、石塊便一起向他投來。余純順先是躲。躲到別人看不到的地方。由此，他從小變得離群索居，喜歡一個人爬上屋頂、樹梢，對着湛藍深邃的天空和流雲飄去的遠方發呆——這是否就是他嚮往去"遠天的底下"的思想萌芽？

　　但很多時候他又躲不過別人的追打。於是他自小就學會了反抗。只要有人敢欺負他或欺負他的弟妹，他都要還擊，能打得過的要打，打不過的也要打。多半是他被人家七手八腳打得爬不起來了，可他絕不求饒。……他的倔強的反抗終於使別的孩子不敢再欺侮他。

　　我不知道現在的人們是如何看待印度電影《流浪者》中的拉茲。我只是想說，當我回想起我們父母無法給他的應有的照顧、而讓他們兄妹幾個從小在困境中獨自生存的情景，我的心便會再次流淚。當六十年代初那場因"自然災害"引發的"大飢餓"席捲而來時，余純順帶着三個弟妹度日如年。我能給他們留下的微不足道的生活費與當時配給的口糧，遠不能滿足他們兄妹幾個發育成長的需要。於是，他們餓極後，余純順便承擔起做哥哥的責任：他跑到公園去撿遊客削下的蘋果皮，回家洗洗乾淨分給弟妹吃；他還頂着別人的戲弄和服務員的拳腳，一次次到一個大飯店去收拾客人吃剩的殘羹冷菜⋯⋯

作爲余純順的父親，我絲毫不想對自己的兒子用上溢美之詞。但我敢說，正是在他艱難困苦的少年時期，他在對命運的反抗中已滋生了勇猛奮進的獻身精神；他在對弟妹承擔的兄長職責中已懂得了仁愛和人道主義精神。綜觀我的兒子余純順的一生，苦難確實是他最大的財富。他從中磨練了意志，積聚了智慧和力量。知子莫如父。當我看着兒子在如此的困境中一天天長大，自己作主，小學畢業後報考了以體育爲特色的上海五十六中學，能像魚一樣在黄浦江的浪濤中頗有膽量地游過岸去，我便明白：我余家的一位堂堂正正的男子漢誕生了！

正是靠着他的膽略和責任感、使命感，一九六六年"大串聯"時，他身無分文卻跑遍小半個中國，目睹了祖國大好河山的絢麗風光，開闊了眼界——現在想來，這也許是他日後"風雨八年走中國"的序幕吧。隨後的十年安徽農場的"上山下鄉"，他又以一貫的積極苦幹而年年被評爲總場或分場的"先進"與五好職工。返城後，他在一九八〇年十月頂替我(提前退休)進上海電器成套廠當工人後，一方面，他以積極的工作多次被評爲廠級先進工作者，另一方面，他又僅用五年時間(一九八二年至一九八六年)，先後讀完初中、高中、大專、本科的課程(英語除外)，並獲得相應畢業證書。在參加上海教育學院中文大專、本科的自學考試中，除外語外，所有課程都一次通過，顯示出他非凡的才華。

古人云：讀萬卷書，行萬里路。純順的一生似乎就是爲了印證這句古訓。他自小喜愛看書。在農場時，他深感自己文化上的不足，就每天晚上爭分奪秒自學，博覽群書。有時爲了向朋友借讀一本名著，不惜步行幾十里路去取。參加自學考試後，他讀的書自然更多了。也許是對書本知識的不滿足，一九八八年七月一日，他開始了"行萬里路"之"孤身徒步走訪全中國"的壯舉。

促使純順下決心"孤身徒步走訪全中國"的因素很多。他崇拜徐霞客是一方面。但導致他非要於一九八八年起程還有一個更直接的原因，那就是他讀到了一則消息，説有一個英國人要前來徒步走遍中國。這大大震動了他，他跟我説："怎麼能讓外國人捷足先登呢？那樣的話，民族的尊嚴在哪裏？爸，看來我得走了。現在，世界上走得最遠的是阿根廷的托馬斯先生，而他已經年老。中國人應該超過這個紀錄，這個任務就由我來完成……"

於是，我的兒子像一個最勇敢的"壯士"出發了。雖然他明知路途遙遠，行程艱難，他義無反顧地一往直前。"風雨八年"，我的兒子余純順闖過了一個個常人難以想像的艱難險阻，跨(蹚)過了一座座(一條條)常人難以跋涉的惡山險水，特別是全方位地走遍了有"世界第三極"之稱的"世界屋脊"西藏，真可謂是"出生入死，九死一生"。這八年，用他自己的話説，是"從無知走向充實，從浮躁走向穩重，從淺薄走向高尚"。他還由此寫出了《壯士中華行》和幾百萬字的日記。正如他的一位朋友所説：他不僅以雙腳，還以文字向世人證明了他已比任何人都更"靠近"千古奇士徐霞客。

在純順"徒步走訪全中國"的最初幾年裏，他的經費全部由我們家庭承擔。我們全家，包括他的弟妹都一起全力支持他去完成這一追求和壯舉。我和其母的退休金是微薄的，退休後我就搞修理業來補貼生活。爲了他的急需，我們節衣縮食，有時還變賣家中之物接濟他。

作爲做父親的，在這八年中，我還先後十二次到全國各地爲他送錢、送衣、送裝備。近則去過無錫、常州，遠則去過黑龍江哈爾濱、四川重慶、甚至新疆庫爾勒等地。

八年全家的節衣縮食，八年的思念，只盼他能早日完成"壯舉"，平安歸來。其母因日夜思念兒子而常悲傷流淚。她念着兒子浪跡天涯、風餐露宿，常懇求我："你到外地去把純順叫回來吧，不要再在外面吃那麼多苦。"每次我給純順帶去口信，純順總也讓我轉告其母："叫媽媽放心，我命大，不會死的。待我把中國走遍，我就會回家看她。請媽媽保重。"可嘆上蒼無情，其母終因朝思暮念兒子，神志恍惚，於一九九二年十一月十四日造成家中失火而先兒子離開人世。

而今，純順"魂斷羅布泊"。他們母子倆終於在另一個世界獲得"團圓"，一解昔日相思之渴。

一九九三年初，當我與純順再次談及"要盡快破掉托馬斯的九萬多華里的世界紀錄"時，我曾對純順說過以下的這段話，我說："你這一計劃很好。能打破國外紀錄，這本身是愛國主義舉動。但你一個人破，還不'絕'，以後還有可能被人破。除非我也加入這一行列，我們父子雙雙打破世界紀錄，別人就難以超越。讓我們父子雙雙來爲民族爭光吧。"於是那一年，我也以六十五歲高齡踏上"孤身徒步走中國"的征途。我曾走過四個月，行程三千里。後因家庭經濟困難，難以同時支撐我們父子二人在外徒步，我被迫中斷行程。

如今兒子已去，我雖年近古稀，卻責無旁貸地須繼承兒子遺願，把他"走訪全中國"的壯舉進行下去。一旦把兒子的後事料理停當，我便會繼續走向那"遠天的底下"，做一位古稀之"壯士"。

LT